T&P BOOKS

THAÏ

VOCABULAIRE

FRANÇAIS
THAÏ

Les mots les plus utiles
Pour enrichir votre vocabulaire et aiguiser
vos compétences linguistiques

9000 mots

Vocabulaire Français-Thaï pour l'autoformation - 9000 mots

Par Andrey Taranov

Les dictionnaires T&P Books ont pour but de vous aider à apprendre, à mémoriser et à réviser votre vocabulaire en langue étrangère. Ce dictionnaire thématique couvre tous les grands domaines du quotidien: l'économie, les sciences, la culture, etc ...

Acquérir du vocabulaire avec les dictionnaires thématiques T&P Books vous offre les avantages suivants:

- Les données d'origine sont regroupées de manière cohérente, ce qui vous permet une mémorisation lexicale optimale
- La présentation conjointe de mots ayant la même racine vous permet de mémoriser des groupes sémantiques entiers (plutôt que des mots isolés)
- Les sous-groupes sémantiques vous permettent d'associer les mots entre eux de manière logique, ce qui facilite votre consolidation du vocabulaire
- Votre maîtrise de la langue peut être évaluée en fonction du nombre de mots acquis

T&P Books Publishing
www.tpbooks.com

ISBN: 978-1-78767-256-7

Ce livre existe également en format électronique.
Pour plus d'informations, veuillez consulter notre site: www.tpbooks.com ou rendez-vous sur ceux des grandes librairies en ligne.

VOCABULAIRE THAÏ POUR L'AUTOFORMATION
Dictionnaire thématique

Les dictionnaires T&P Books ont pour but de vous aider à apprendre, à mémoriser et à réviser votre vocabulaire en langue étrangère. Ce lexique présente, de façon thématique, plus de 9000 mots les plus fréquents de la langue.

* Ce livre comporte les mots les plus couramment utilisés
* Son usage est recommandé en complément de l'étude de toute autre méthode de langue
* Il répond à la fois aux besoins des débutants et à ceux des étudiants en langues étrangères de niveau avancé
* Il est idéal pour un usage quotidien, des séances de révision ponctuelles et des tests d'auto-évaluation
* Il vous permet de tester votre niveau de vocabulaire

Spécificités de ce dictionnaire thématique:

* Les mots sont présentés de manière sémantique, et non alphabétique
* Ils sont répartis en trois colonnes pour faciliter la révision et l'auto-évaluation
* Les groupes sémantiques sont divisés en sous-groupes pour favoriser l'apprentissage
* Ce lexique donne une transcription simple et pratique de chaque mot en langue étrangère

Ce dictionnaire comporte 256 thèmes, dont:

les notions fondamentales, les nombres, les couleurs, les mois et les saisons, les unités de mesure, les vêtements et les accessoires, les aliments et la nutrition, le restaurant, la famille et les liens de parenté, le caractère et la personnalité, les sentiments et les émotions, les maladies, la ville et la cité, le tourisme, le shopping, l'argent, la maison, le foyer, le bureau, la vie de bureau, l'import-export, le marketing, la recherche d'emploi, les sports, l'éducation, l'informatique, l'Internet, les outils, la nature, les différents pays du monde, les nationalités, et bien d'autres encore ...

TABLE DES MATIÈRES

GUIDE DE PRONONCIATION

Alphabet phonétique T&P	Exemple en thaï	Exemple en français

Voyelles

[a]	ห้า [hâː] – hâa	classe
[e]	เป็นลม [pen lom] – bpen lom	équipe
[i]	วินัย [wiʔ naj] – wí–nai	stylo
[o]	โกน [koːn] – gohn	normal
[u]	ขุนเคือง [kʰûn kʰɯːaŋ] – khùn kheuang	boulevard
[aa]	ราคา [raː kʰaː] – raa–khaa	camarade
[oo]	ภูมิใจ [pʰuːm tɕaj] – phoom jai	tour
[ee]	บัญชี [ban tɕʰiː] – ban–chee	industrie
[eu]	เดือน [dɯːan] – deuan	Une sorte de long schwa [ə]
[er]	เงิน [ŋɤn] – ngern	Comme [o] sans arrondir les lèvres
[ae]	แปล [plɛː] – bplae	hacker
[ay]	เลข [leːk] – lâyk	aller
[ai]	ไปป์ [paj] – bpai	maillot
[oi]	โพย [pʰoːj] – phoi	coyote
[ya]	สัญญา [sǎn jaː] – sǎn–yaa	caviar
[oie]	อบเชย [ʔòp tɕʰɤːj] – òp–choie	Combinaison [əːi]
[ieo]	หน้าเชียว [nâː siːaw] – nâa sieow	KIA (auto)

Consonnes initiales

[b]	บาง [baːŋ] – baang	bureau
[d]	สีแดง [sǐː dɛːŋ] – sěe daeng	document
[f]	มันฝรั่ง [man fà ràŋ] – man fà–ràng	formule
[h]	เฮลซิงกิ [heːn siŋ kìʔ] – hayn–sing–gì	[h] aspiré
[y]	ยี่สิบ [jîː sìp] – yêe sip	maillot
[g]	กรง [kroŋ] – grorng	gris
[kh]	เลขา [le: kʰǎː] – lay–khǎa	[k] aspiré
[l]	เล็ก [lék] – lék	vélo
[m]	เมลอน [me: lɔːn] – may–lorn	minéral
[n]	หนัง [nǎŋ] – nǎng	ananas
[ng]	เงือก [ŋɯːak] – ngêuak	parking
[bp]	เป็น [pen] – bpen	panama
[ph]	เผา [pʰàw] – phào	[p] aspiré
[r]	เบอร์รี่ [bɤː rîː] – ber–rêe	racine, rouge
[s]	ซ่อน [sôn] – sôrn	syndicat
[dt]	ดนตรี [don triː] – don–dtree	tennis

Alphabet phonétique T&P	Exemple en thaï	Exemple en français
[j]	ปั้นจิ่น [pân tɕàn] – bpân jàn	Tchèque
[ch]	วิชา [wí? tɕʰa:] – wí–chaa	[tsch] aspiré
[th]	แถว [tʰɛ:w] – thǎe	[t] aspiré
[w]	เคียว [kʰi:aw] – khieow	iguane

Consonnes finales

[k]	แม่เหล็ก [mɛ: lèk] – mâe lèk	bocal
[m]	เพิ่ม [pʰɤ:m] – phêrm	minéral
[n]	เนียน [ni:an] – nian	ananas
[ng]	เป็นห่วง [pen hù:aŋ] – bpen hùang	parking
[p]	ไม่ขยับ [mâj kʰà ja p] – mâi khà–yàp	panama
[t]	ลูกเป็ด [lû:k pèt] – lôok bpèt	tennis

Remarques

Ton égal - [ā] การดูคน [gaan khon]
Ton bas - [à] แจกจ่าย [jàek jàai]
Ton descendant - [â] แต่ม [dtâem]
Ton haut - [á] แซ็กโซโฟน [sáek-soh-fohn]
Ton montant - [ǎ] เนินเขา [nern khǎo]

ABRÉVIATIONS
employées dans ce livre

Abréviations en français

adj	-	adjective
adv	-	adverbe
anim.	-	animé
conj	-	conjonction
dénombr.	-	dénombrable
etc.	-	et cetera
f	-	nom féminin
f pl	-	féminin pluriel
fam.	-	familiar
fem.	-	féminin
form.	-	formal
inanim.	-	inanimé
indénombr.	-	indénombrable
m	-	nom masculin
m pl	-	masculin pluriel
m, f	-	masculin, féminin
masc.	-	masculin
math	-	mathematics
mil.	-	militaire
pl	-	pluriel
prep	-	préposition
pron	-	pronom
qch	-	quelque chose
qn	-	quelqu'un
sing.	-	singulier
v aux	-	verbe auxiliaire
v imp	-	verbe impersonnel
vi	-	verbe intransitif
vi, vt	-	verbe intransitif, transitif
vp	-	verbe pronominal
vt	-	verbe transitif

CONCEPTS DE BASE

Concepts de base. Partie 1

1. Les pronoms

tu	คุณ	khun
il	เขา	khǎo
elle	เธอ	ther
ça	มัน	man
nous	เรา	rao
vous	คุณทั้งหลาย	khun tháng lǎai
vous (form., sing.)	คุณ	khun
vous (form., pl)	คุณทั้งหลาย	khun tháng lǎai
ils	เขา	khǎo
elles	เธอ	ther

2. Adresser des vœux. Se dire bonjour. Se dire au revoir

Bonjour! (fam.)	สวัสดี!	sà-wàt-dee
Bonjour! (form.)	สวัสดี ครับ/ค่ะ!	sà-wàt-dee khráp/khâ
Bonjour! (le matin)	อรุณสวัสดิ์!	a-run sà-wàt
Bonjour! (après-midi)	สวัสดีตอนบ่าย	sà-wàt-dee dtorn-bàai
Bonsoir!	สวัสดีตอนค่ำ	sà-wàt-dee dtorn-khâm
dire bonjour	ทักทาย	thák thaai
Salut!	สวัสดี!	sà-wàt-dee
salut (m)	คำทักทาย	kham thák thaai
saluer (vt)	ทักทาย	thák thaai
Comment allez-vous?	คุณสบายดีไหม?	khun sà-baai dee mǎi
Comment ça va?	สบายดีไหม?	sà-baai dee mǎi
Quoi de neuf?	มีอะไรไหม?	mee à-rai mài
Au revoir! (form.)	ลาก่อน!	laa gòrn
Au revoir! (fam.)	บาย!	baai
À bientôt!	พบกันใหม่	phóp gan mài
Adieu! (fam.)	ลาก่อน!	laa gòrn
Adieu! (form.)	สวัสดี!	sà-wàt-dee
dire au revoir	บอกลา	bòrk laa
Salut! (À bientôt!)	ลาก่อน!	laa gòrn
Merci!	ขอบคุณ!	khòrp khun
Merci beaucoup!	ขอบคุณมาก!	khòrp khun mâak
Je vous en prie	ยินดีช่วย	yin dee chûay
Il n'y a pas de quoi	ไม่เป็นไร	mâi bpen rai

Pas de quoi	ไม่เป็นไร	mâi bpen rai
Excuse-moi!	ขอโทษที!	khŏr thôht thee
Excusez-moi!	ขอโทษ ครับ/ค่ะ!	khŏr thôht khráp / khâ
excuser (vt)	ให้อภัย	hâi a-phai
s'excuser (vp)	ขอโทษ	khŏr thôht
Mes excuses	ขอโทษ	khŏr thôht
Pardonnez-moi!	ขอโทษ!	khŏr thôht
pardonner (vt)	อภัย	a-phai
C'est pas grave	ไม่เป็นไร!	mâi bpen rai
s'il vous plaît	โปรด	bpròht
N'oubliez pas!	อย่าลืม!	yàa leum
Bien sûr!	แน่นอน!	nâe norn
Bien sûr que non!	ไม่ใช่แน่!	mâi châi nâe
D'accord!	โอเค!	oh-khay
Ça suffit!	พอแล้ว	phor láew

3. Comment s'adresser à quelqu'un

Excusez-moi!	ขอโทษ	khŏr thôht
monsieur	ทาน	thâan
madame	คุณ	khun
madame (mademoiselle)	คุณ	khun
jeune homme	พ่อหนุ่ม	phôr nùm
petit garçon	หนู	nŏo
petite fille	หนู	nŏo

4. Les nombres cardinaux. Partie 1

zéro	ศูนย์	sŏon
un	หนึ่ง	nèung
deux	สอง	sŏrng
trois	สาม	săam
quatre	สี่	sèe
cinq	ห้า	hâa
six	หก	hòk
sept	เจ็ด	jèt
huit	แปด	bpàet
neuf	เก้า	gâo
dix	สิบ	sìp
onze	สิบเอ็ด	sìp èt
douze	สิบสอง	sìp sŏrng
treize	สิบสาม	sìp săam
quatorze	สิบสี่	sìp sèe
quinze	สิบห้า	sìp hâa
seize	สิบหก	sìp hòk
dix-sept	สิบเจ็ด	sìp jèt
dix-huit	สิบแปด	sìp bpàet

dix-neuf	สิบเก้า	sìp gâo
vingt	ยี่สิบ	yêe sìp
vingt et un	ยี่สิบเอ็ด	yêe sìp èt
vingt-deux	ยี่สิบสอง	yêe sìp sŏrng
vingt-trois	ยี่สิบสาม	yêe sìp săam
trente	สามสิบ	săam sìp
trente et un	สามสิบเอ็ด	săam-sìp-èt
trente-deux	สามสิบสอง	săam-sìp-sŏrng
trente-trois	สามสิบสาม	săam-sìp-săam
quarante	สี่สิบ	sèe sìp
quarante et un	สี่สิบเอ็ด	sèe-sìp-èt
quarante-deux	สี่สิบสอง	sèe-sìp-sŏrng
quarante-trois	สี่สิบสาม	sèe-sìp-săam
cinquante	ห้าสิบ	hâa sìp
cinquante et un	ห้าสิบเอ็ด	hâa-sìp-èt
cinquante-deux	ห้าสิบสอง	hâa-sìp-sŏrng
cinquante-trois	หาสิบสาม	hâa-sìp-săam
soixante	หกสิบ	hòk sìp
soixante et un	หกสิบเอ็ด	hòk-sìp-èt
soixante-deux	หกสิบสอง	hòk-sìp-sŏrng
soixante-trois	หกสิบสาม	hòk-sìp-săam
soixante-dix	เจ็ดสิบ	jèt sìp
soixante et onze	เจ็ดสิบเอ็ด	jèt-sìp-èt
soixante-douze	เจ็ดสิบสอง	jèt-sìp-sŏrng
soixante-treize	เจ็ดสิบสาม	jèt-sìp-săam
quatre-vingts	แปดสิบ	bpàet sìp
quatre-vingt et un	แปดสิบเอ็ด	bpàet-sìp-èt
quatre-vingt deux	แปดสิบสอง	bpàet-sìp-sŏrng
quatre-vingt trois	แปดสิบสาม	bpàet-sìp-săam
quatre-vingt-dix	เก้าสิบ	gâo sìp
quatre-vingt et onze	เก้าสิบเอ็ด	gâo-sìp-èt
quatre-vingt-douze	เก้าสิบสอง	gâo-sìp-sŏrng
quatre-vingt-treize	เกาสิบสาม	gâo-sìp-săam

5. Les nombres cardinaux. Partie 2

cent	หนึ่งร้อย	nèung rói
deux cents	สองร้อย	sŏrng rói
trois cents	สามร้อย	săam rói
quatre cents	สี่ร้อย	sèe rói
cinq cents	หารอย	hâa rói
six cents	หกร้อย	hòk rói
sept cents	เจ็ดร้อย	jèt rói
huit cents	แปดร้อย	bpàet rói
neuf cents	เก้าร้อย	gâo rói
mille	หนึ่งพัน	nèung phan

deux mille	สองพัน	sŏrng phan
trois mille	สามพัน	săam phan
dix mille	หนึ่งหมื่น	nèung mèun
cent mille	หนึ่งแสน	nèung săen
million (m)	ล้าน	láan
milliard (m)	พันล้าน	phan láan

6. Les nombres ordinaux

premier (adj)	แรก	râek
deuxième (adj)	ที่สอง	thêe sŏrng
troisième (adj)	ที่สาม	thêe săam
quatrième (adj)	ที่สี่	thêe sèe
cinquième (adj)	ที่ห้า	thêe hâa
sixième (adj)	ที่หก	thêe hòk
septième (adj)	ที่เจ็ด	thêe jèt
huitième (adj)	ที่แปด	thêe bpàet
neuvième (adj)	ที่เก้า	thêe gâo
dixième (adj)	ที่สิบ	thêe sìp

7. Nombres. Fractions

fraction (f)	เศษส่วน	sàyt sùan
un demi	หนึ่งส่วนสอง	nèung sùan sŏrng
un tiers	หนึ่งส่วนสาม	nèung sùan săam
un quart	หนึ่งส่วนสี่	nèung sùan sèe
un huitième	หนึ่งส่วนแปด	nèung sùan bpàet
un dixième	หนึ่งส่วนสิบ	nèung sùan sìp
deux tiers	สองส่วนสาม	sŏrng sùan săam
trois quarts	สามส่วนสี่	săam sùan sèe

8. Les nombres. Opérations mathématiques

soustraction (f)	การลบ	gaan lóp
soustraire (vt)	ลบ	lóp
division (f)	การหาร	gaan hăan
diviser (vt)	หาร	hăan
addition (f)	การบวก	gaan bùak
additionner (vt)	บวก	bùak
ajouter (vt)	เพิ่ม	phêrm
multiplication (f)	การคูณ	gaan khon
multiplier (vt)	คูณ	khoon

9. Les nombres. Divers

| chiffre (m) | ตัวเลข | dtua lâyk |
| nombre (m) | เลข | lâyk |

adjectif (m) numéral	ตัวเลข	dtua lâyk
moins (m)	เครื่องหมายลบ	khrêuang măai lóp
plus (m)	เครื่องหมายบวก	khrêuang măai bùak
formule (f)	สูตร	sòot

calcul (m)	การนับ	gaan náp
compter (vt)	นับ	náp
calculer (vt)	นับ	náp
comparer (vt)	เปรียบเทียบ	bprìap thîap

Combien? (indénombr.)	เท่าไหร่?	thâo rài
Combien? (dénombr.)	กี่...?	gèe...?

somme (f)	ผลรวม	phŏn ruam
résultat (m)	ผลลัพธ์	phŏn láp
reste (m)	ที่เหลือ	thêe lĕua

quelques ...	สองสาม	sŏrng săam
peu de ...	นิดหน่อย	nít nòi
peu de ... (dénombr.)	น้อย	nói
reste (m)	ที่เหลือ	thêe lĕua
un et demi	หนึ่งครึ่ง	nèung khrêung
douzaine (f)	โหล	lŏh

en deux (adv)	เป็นสองส่วน	bpen sŏrng sùan
en parties égales	เท่าเทียมกัน	thâo thiam gan
moitié (f)	ครึ่ง	khrêung
fois (f)	ครั้ง	khráng

10. Les verbes les plus importants. Partie 1

aider (vt)	ช่วย	chûay
aimer (qn)	รัก	rák
aller (à pied)	ไป	bpai
apercevoir (vt)	สังเกต	săng-gàyt
appartenir à ...	เป็นของของ...	bpen khŏrng khŏrng...

appeler (au secours)	เรียก	rîak
attendre (vt)	รอ	ror
attraper (vt)	จับ	jàp
avertir (vt)	เตือน	dteuan

avoir (vt)	มี	mee
avoir confiance	เชื่อ	chêua
avoir faim	หิว	hĭw

avoir peur	กลัว	glua
avoir soif	กระหายน้ำ	grà-hăai náam
cacher (vt)	ซ่อน	sôrn
casser (briser)	แตก	dtàek
cesser (vt)	หยุด	yùt

changer (vt)	เปลี่ยน	bplìan
chasser (animaux)	ลา	lâa

chercher (vt)	หา	hăa
choisir (vt)	เลือก	lêuak
commander (~ le menu)	สั่ง	sàng

commencer (vt)	เริ่ม	rêrm
comparer (vt)	เปรียบเทียบ	bprìap thîap
comprendre (vt)	เข้าใจ	khâo jai
compter (dénombrer)	นับ	náp
compter sur ...	พึ่งพา	phêung phaa

confondre (vt)	สับสน	sàp sŏn
connaître (qn)	รู้จัก	róo jàk
conseiller (vt)	แนะนำ	náe nam
continuer (vt)	ทำต่อไป	tham dtòr bpai
contrôler (vt)	ควบคุม	khûap khum

courir (vi)	วิ่ง	wîng
coûter (vt)	ราคา	raa-khaa
créer (vt)	สร้าง	sâang
creuser (vt)	ขุด	khùt
crier (vi)	ตะโกน	dtà-gohn

11. Les verbes les plus importants. Partie 2

décorer (~ la maison)	ประดับ	bprà-dàp
défendre (vt)	ปกป้อง	bpòk bpôrng
déjeuner (vi)	ทานอาหารเที่ยง	thaan aa-hăan thîang
demander (~ l'heure)	ถาม	thăam
demander (de faire qch)	ขอ	khŏr

descendre (vi)	ลง	long
deviner (vt)	คาดเดา	khâat dao
dîner (vi)	ทานอาหารเย็น	thaan aa-hăan yen
dire (vt)	บอก	bòrk
diriger (~ une usine)	บริหาร	bor-rí-hăan
discuter (vt)	หารือ	hăa-reu

donner (vt)	ให้	hâi
donner un indice	บอกใบ้	bòrk bâi
douter (vt)	สงสัย	sŏng-săi
écrire (vt)	เขียน	khĭan
entendre (bruit, etc.)	ได้ยิน	dâai yin

entrer (vi)	เข้า	khâo
envoyer (vt)	ส่ง	sòng
espérer (vi)	หวัง	wăng
essayer (vt)	พยายาม	phá-yaa-yaam

être (vi)	เป็น	bpen
être d'accord	เห็นด้วย	hĕn dûay
être nécessaire	ต้องการ	dtôrng gaan
être pressé	รีบ	rêep
étudier (vt)	เรียน	rian
excuser (vt)	ให้อภัย	hâi a-phai

exiger (vt)	เรียกร้อง	rîak rórng
exister (vi)	มีอยู่	mee yòo
expliquer (vt)	อธิบาย	à-thí-baai

faire (vt)	ทำ	tham
faire tomber	ทิ้งให้ตก	thíng hâi dtòk
finir (vt)	จบ	jòp
garder (conserver)	รักษา	rák-săa
gronder, réprimander (vt)	ดุดา	dù dàa

informer (vt)	แจ้ง	jâeng
insister (vi)	ยืนยัน	yeun yan
insulter (vt)	ดูถูก	doo thòok
inviter (vt)	เชิญ	chern
jouer (s'amuser)	เล่น	lên

12. Les verbes les plus importants. Partie 3

libérer (ville, etc.)	ปลดปล่อย	bplòt bplòi
lire (vi, vt)	อ่าน	àan
louer (prendre en location)	เช่า	châo
manquer (l'école)	พลาด	phlâat
menacer (vt)	ขู่	khòo

mentionner (vt)	กล่าวถึง	glàao thĕung
montrer (vt)	แสดง	sà-daeng
nager (vi)	ว่ายน้ำ	wâai náam
objecter (vt)	คาน	kháan
observer (vt)	สังเกตการณ์	săng-gàyt gaan

ordonner (mil.)	สั่งการ	sàng gaan
oublier (vt)	ลืม	leum
ouvrir (vt)	เปิด	bpèrt
pardonner (vt)	ให้อภัย	hâi a-phai
parler (vi, vt)	พูด	phôot

participer à ...	มีส่วนร่วม	mee sùan rûam
payer (régler)	จ่าย	jàai
penser (vi, vt)	คิด	khít
permettre (vt)	อนุญาต	a-nú-yâat
plaire (être apprécié)	ชอบ	chôrp

plaisanter (vi)	ล้อเล่น	lór lên
planifier (vt)	วางแผน	waang phăen
pleurer (vi)	ร้องไห้	rórng hâi
posséder (vt)	เป็นเจ้าของ	bpen jâo khŏrng
pouvoir (v aux)	สามารถ	săa-mâat
préférer (vt)	ชอบ	chôrp

prendre (vt)	เอา	ao
prendre en note	จด	jòt
prendre le petit déjeuner	ทานอาหารเช้า	thaan aa-hăan cháo
préparer (le dîner)	ทำอาหาร	tham aa-hăan
prévoir (vt)	คาดหวัง	khâat wăng

prier (~ Dieu)	ภาวนา	phaa-wá-naa
promettre (vt)	สัญญา	săn-yaa
prononcer (vt)	ออกเสียง	òrk sĭang
proposer (vt)	เสนอ	sà-něr
punir (vt)	ลงโทษ	long thôht

13. Les verbes les plus importants. Partie 4

recommander (vt)	แนะนำ	náe nam
regretter (vt)	เสียใจ	sĭa jai
répéter (dire encore)	ซ้ำ	sám
répondre (vi, vt)	ตอบ	dtòrp
réserver (une chambre)	จอง	jorng

rester silencieux	นิ่งเงียบ	nîng ngîap
réunir (regrouper)	สมาน	sà-măan
rire (vi)	หัวเราะ	hŭa rór
s'arrêter (vp)	หยุด	yùt
s'asseoir (vp)	นั่ง	nâng

sauver (la vie à qn)	กู้	gôo
savoir (qch)	รู้	róo
se baigner (vp)	ไปว่ายน้ำ	bpai wâai náam
se plaindre (vp)	บ่น	bòn
se refuser (vp)	ปฏิเสธ	bpà-dtì-sàyt

se tromper (vp)	ทำผิด	tham phìt
se vanter (vp)	โอ้อวด	ôh ùat
s'étonner (vp)	ประหลาดใจ	bprà-làat jai
s'excuser (vp)	ขอโทษ	khŏr thôht
signer (vt)	ลงนาม	long naam

signifier (vt)	หมาย	măai
s'intéresser (vp)	สนใจใน	sŏn jai nai
sortir (aller dehors)	ออกไป	òrk bpai
sourire (vi)	ยิ้ม	yím
sous-estimer (vt)	ดูถูก	doo thòok

suivre … (suivez-moi)	ไปตาม...	bpai dtaam...
tirer (vi)	ยิง	ying
tomber (vi)	ตก	dtòk
toucher (avec les mains)	แตะต้อง	dtàe dtôrng
tourner (~ à gauche)	เลี้ยว	líeow

traduire (vt)	แปล	bplae
travailler (vi)	ทำงาน	tham ngaan
tromper (vt)	หลอก	lòrk
trouver (vt)	พบ	phóp
tuer (vt)	ฆ่า	khâa
vendre (vt)	ขาย	khăai

venir (vi)	มา	maa
voir (vt)	เห็น	hěn
voler (avion, oiseau)	บิน	bin

voler (qch à qn)	ขูโมย	khà-moi
vouloir (vt)	ตองการ	dtôrng gaan

14. Les couleurs

couleur (f)	สี	sěe
teinte (f)	สีออน	sěe òrn
ton (m)	สีสัน	sěe săn
arc-en-ciel (m)	สายรุง	sǎai rúng
blanc (adj)	สีขาว	sěe khǎao
noir (adj)	สีดำ	sěe dam
gris (adj)	สีเทา	sěe thao
vert (adj)	สีเขียว	sěe khǐeow
jaune (adj)	สีเหลือง	sěe lěuang
rouge (adj)	สีแดง	sěe daeng
bleu (adj)	สีน้ำเงิน	sěe nám ngern
bleu clair (adj)	สีฟา	sěe fáa
rose (adj)	สีชุมพู	sěe chom-poo
orange (adj)	สีสม	sěe sôm
violet (adj)	สีมวง	sěe mûang
brun (adj)	สีน้ำตาล	sěe nám dtaan
d'or (adj)	สีทอง	sěe thorng
argenté (adj)	สีเงิน	sěe ngern
beige (adj)	สีน้ำตาลออน	sěe nám dtaan òrn
crème (adj)	สีครีม	sěe khreem
turquoise (adj)	สีเขียวแกม	sěe khǐeow gaem
	น้ำเงิน	náam ngern
rouge cerise (adj)	สีแดงเชอรรี่	sěe daeng cher-rêe
lilas (adj)	สีมวงออน	sěe mûang-òrn
framboise (adj)	สีแดงเขม	sěe daeng khâym
clair (adj)	ออน	òrn
foncé (adj)	แก	gàe
vif (adj)	สด	sòt
de couleur (adj)	สี	sěe
en couleurs (adj)	สี	sěe
noir et blanc (adj)	ขาวดำ	khǎao-dam
unicolore (adj)	สีเดียว	sěe dieow
multicolore (adj)	หลากสี	làak sěe

15. Les questions

Qui?	ใคร?	khrai
Quoi?	อะไร?	a-rai
Où? (~ es-tu?)	ที่ไหน?	thêe nǎi
Où? (~ vas-tu?)	ที่ไหน?	thêe nǎi

D'où?	จากที่ไหน?	jàak thêe nǎi
Quand?	เมื่อไหร่?	mêua rài
Pourquoi? (~ es-tu venu?)	ทำไม?	tham-mai
Pourquoi? (~ t'es pâle?)	ทำไม?	tham-mai

À quoi bon?	เพื่ออะไร?	phêua a-rai
Comment?	อย่างไร?	yàang rai
Quel? (à ~ prix?)	อะไร?	a-rai
Lequel?	ไหน?	nǎi

À qui? (pour qui?)	สำหรับใคร?	sǎm-ràp khrai
De qui?	เกี่ยวกับใคร?	gìeow gàp khrai
De quoi?	เกี่ยวกับอะไร?	gìeow gàp a-rai
Avec qui?	กับใคร?	gàp khrai

Combien? (indénombr.)	เท่าไหร่?	thâo rài
Combien? (dénombr.)	กี่...?	gèe...?
À qui? (~ est ce livre?)	ของใคร?	khǒrng khrai

16. Les prépositions

avec (~ toi)	กับ	gàp
sans (~ sucre)	ปราศจาก	bpràat-sà-jàak
à (aller ~ ...)	ไปที่	bpai thêe
de (au sujet de)	เกี่ยวกับ	gìeow gàp
avant (~ midi)	ก่อน	gòrn
devant (~ la maison)	หน้า	nâa

sous (~ la commode)	ใต้	dtâi
au-dessus de ...	เหนือ	nǔea
sur (dessus)	บน	bon
de (venir ~ Paris)	จาก	jàak
en (en bois, etc.)	ทำใช้	tham chái

| dans (~ deux heures) | ใน | nai |
| par dessus | ขาม | khâam |

17. Les mots-outils. Les adverbes. Partie 1

Où? (~ es-tu?)	ที่ไหน?	thêe nǎi
ici (c'est ~)	ที่นี่	thêe nêe
là-bas (c'est ~)	ที่นั่น	thêe nân

| quelque part (être) | ที่ใดที่หนึ่ง | thêe dai thêe nèung |
| nulle part (adv) | ไม่มีที่ไหน | mâi mee thêe nǎi |

| près de ... | ข้าง | khâang |
| près de la fenêtre | ข้างหน้าต่าง | khâang nâa dtàang |

Où? (~ vas-tu?)	ที่ไหน?	thêe nǎi
ici (Venez ~)	ที่นี่	thêe nêe
là-bas (j'irai ~)	ที่นั่น	thêe nân

d'ici (adv)	จากที่นี่	jàak thêe nêe
de là-bas (adv)	จากที่นั่น	jàak thêe nân
près (pas loin)	ใกล้	glâi
loin (adv)	ไกล	glai
près de (~ Paris)	ใกล้	glâi
tout près (adv)	ใกล้ๆ	glâi glâi
pas loin (adv)	ไม่ไกล	mâi glai
gauche (adj)	ซ้าย	sáai
à gauche (être ~)	ข้างซ้าย	khâang sáai
à gauche (tournez ~)	ซ้าย	sáai
droit (adj)	ขวา	khwǎa
à droite (être ~)	ข้างขวา	khâang kwǎa
à droite (tournez ~)	ขวา	khwǎa
devant (adv)	ข้างหน้า	khâang nâa
de devant (adj)	หน้า	nâa
en avant (adv)	หน้า	nâa
derrière (adv)	ข้างหลัง	khâang lǎng
par derrière (adv)	จากข้างหลัง	jàak khâang lǎng
en arrière (regarder ~)	หลัง	lǎng
milieu (m)	กลาง	glaang
au milieu (adv)	ตรงกลาง	dtrorng glaang
de côté (vue ~)	ข้าง	khâang
partout (adv)	ทุกที่	thúk thêe
autour (adv)	รอบ	rôrp
de l'intérieur	จากข้างใน	jàak khâang nai
quelque part (aller)	ที่ไหน	thêe nǎi
tout droit (adv)	ตรงไป	dtrorng bpai
en arrière (revenir ~)	กลับ	glàp
de quelque part (n'import d'où)	จากที่ใด	jàak thêe dai
de quelque part (on ne sait pas d'où)	จากที่ใด	jàak thêe dai
premièrement (adv)	ข้อที่หนึ่ง	khôr thêe nèung
deuxièmement (adv)	ข้อที่สอง	khôr thêe sǒrng
troisièmement (adv)	ข้อที่สาม	khôr thêe sǎam
soudain (adv)	ในทันที	nai than thee
au début (adv)	ตอนแรก	dtorn-râek
pour la première fois	เป็นครั้งแรก	bpen khráng râek
bien avant ...	นานก่อน	naan gòrn
de nouveau (adv)	ใหม่	mài
pour toujours (adv)	ให้จบสิ้น	hâi jòp sîn
jamais (adv)	ไม่เคย	mâi khoie
de nouveau, encore (adv)	อีกครั้งหนึ่ง	èek khráng nèung

maintenant (adv)	ตอนนี้	dtorn-née
souvent (adv)	บอย	bòi
alors (adv)	เวลานั้น	way-laa nán
d'urgence (adv)	อยางเรงดวน	yàang râyng dùan
d'habitude (adv)	มักจะ	mák jà

à propos, ...	อนึ่ง	à-nèung
c'est possible	เป็นไปได้	bpen bpai dâai
probablement (adv)	อาจจะ	àat jà
peut-être (adv)	อาจจะ	àat jà
en plus, ...	นอกจากนั้น...	nôrk jàak nán...
c'est pourquoi ...	นั้นเป็นเหตุผลที่...	nân bpen hàyt phǒn thêe...
malgré ...	แมวา...	máe wâa...
grâce à ...	เนื่องจาก...	nêuang jàak...

quoi (pron)	อะไร	a-rai
que (conj)	ที่	thêe
quelque chose	อะไร	a-rai
(Il m'est arrivé ~)		
quelque chose	อะไรก็ตาม	a-rai gôr dtaam
(peut-on faire ~)		
rien (m)	ไม่มีอะไร	mâi mee a-rai

qui (pron)	ใคร	khrai
quelqu'un (on ne sait pas qui)	บางคน	baang khon
quelqu'un (n'importe qui)	บางคน	baang khon

personne (pron)	ไม่มีใคร	mâi mee khrai
nulle part (aller ~)	ไมไปไหน	mâi bpai nǎi
de personne	ไมเป็นของ ของใคร	mâi bpen khǒrng khǒrng khrai
de n'importe qui	ของคนหนึ่ง	khǒrng khon nèung

comme ça (adv)	มาก	mâak
également (adv)	ดวย	dûay
aussi (adv)	ดวย	dûay

18. Les mots-outils. Les adverbes. Partie 2

Pourquoi?	ทำไม?	tham-mai
pour une certaine raison	เพราะเหตุผลอะไร	phrór hàyt phǒn à-rai
parce que ...	เพราะวา...	phrór wâa
pour une raison quelconque	ดวยจุดประสงค์อะไร	dûay jùt bprà-sǒng a-rai

et (conj)	และ	láe
ou (conj)	หรือ	rěu
mais (conj)	แต	dtàe
pour ... (prep)	สำหรับ	sǎm-ràp

trop (adv)	เกินไป	gern bpai
seulement (adv)	เทานั้น	thâo nán
précisément (adv)	ตรง	dtrorng
près de ... (prep)	ประมาณ	bprà-maan
approximativement	ประมาณ	bprà-maan

approximatif (adj)	ประมาณ	bprà-maan
presque (adv)	เกือบ	gèuap
reste (m)	ที่เหลือ	thêe lĕua
l'autre (adj)	อีก	èek
autre (adj)	อื่น	èun
chaque (adj)	ทุก	thúk
n'importe quel (adj)	ใดๆ	dai dai
beaucoup de (indénombr.)	มาก	mâak
beaucoup de (dénombr.)	หลาย	lăai
plusieurs (pron)	หลายคน	lăai khon
tous	ทุกๆ	thúk thúk
en échange de …	ที่จะเปลี่ยนเป็น	thêe jà bplìan bpen
en échange (adv)	แทน	thaen
à la main (adv)	ใช้มือ	chái meu
peu probable (adj)	แทบจะไม่	thâep jà mâi
probablement (adv)	อาจจะ	àat jà
exprès (adv)	โดยเจตนา	doi jàyt-dtà-naa
par accident (adv)	บังเอิญ	bang-ern
très (adv)	มาก	mâak
par exemple (adv)	ยกตัวอย่าง	yók dtua yàang
entre (prep)	ระหว่าง	rá-wàang
parmi (prep)	ทามกลาง	tâam-glaang
autant (adv)	มากมาย	mâak maai
surtout (adv)	โดยเฉพาะ	doi chà-phór

Concepts de base. Partie 2

19. Les contraires

riche (adj)	รวย	ruay
pauvre (adj)	จน	jon
malade (adj)	เจ็บป่วย	jèp bpùay
en bonne santé	สบายดี	sà-baai dee
grand (adj)	ใหญ่	yài
petit (adj)	เล็ก	lék
vite (adv)	อย่างเร็ว	yàang reo
lentement (adv)	อยางชา	yàang cháa
rapide (adj)	เร็ว	reo
lent (adj)	ชา	cháa
joyeux (adj)	ยินดี	yin dee
triste (adj)	เสียใจ	sĭa jai
ensemble (adv)	ด้วยกัน	dûay gan
séparément (adv)	ตางหาก	dtàang hàak
à haute voix	ออกเสียง	òrk sĭang
en silence	อย่างเงียบๆ	yàang ngîap ngîap
haut (adj)	สูง	sŏong
bas (adj)	ต่ำ	dtàm
profond (adj)	ลึก	léuk
peu profond (adj)	ตื้น	dtêun
oui (adv)	ใช่	châi
non (adv)	ไม่ใช่	mâi châi
lointain (adj)	ไกล	glai
proche (adj)	ใกล	glâi
loin (adv)	ไกล	glai
près (adv)	ใกลๆ	glâi glâi
long (adj)	ยาว	yaao
court (adj)	สั้น	sân
bon (au bon cœur)	ใจดี	jai dee
méchant (adj)	เลวร้าย	leo ráai

| marié (adj) | แต่งงานแล้ว | dtàeng ngaan láew |
| célibataire (adj) | เป็นโสด | bpen sòht |

| interdire (vt) | ห้าม | hâam |
| permettre (vt) | อนุญาต | a-nú-yâat |

| fin (f) | จบ | jòp |
| début (m) | จุดเริ่มต้น | jùt rêrm-dtôn |

| gauche (adj) | ซ้าย | sáai |
| droit (adj) | ขวา | khwǎa |

| premier (adj) | แรก | râek |
| dernier (adj) | สุดท้าย | sùt tháai |

| crime (m) | อาชญากรรม | àat-yaa-gam |
| punition (f) | การลงโทษ | gaan long thôht |

| ordonner (vt) | สั่ง | sàng |
| obéir (vt) | เชื่อฟัง | chêua fang |

| droit (adj) | ตรง | dtrorng |
| courbé (adj) | โค้ง | khóhng |

| paradis (m) | สวรรค์ | sà-wǎn |
| enfer (m) | นรก | ná-rók |

| naître (vi) | เกิด | gèrt |
| mourir (vi) | ตาย | dtaai |

| fort (adj) | แข็งแรง | khǎeng raeng |
| faible (adj) | อ่อนแอ | òrn ae |

| vieux (adj) | แก่ | gàe |
| jeune (adj) | หนุ่ม | nùm |

| vieux (adj) | เก่าแก่ | gào gàe |
| neuf (adj) | ใหม่ | mài |

| dur (adj) | แข็ง | khǎeng |
| mou (adj) | อ่อน | òrn |

| chaud (tiède) | อุ่น | ùn |
| froid (adj) | หนาว | nǎao |

| gros (adj) | อ้วน | ûan |
| maigre (adj) | ผอม | phǒrm |

| étroit (adj) | แคบ | khâep |
| large (adj) | กว้าง | gwâang |

| bon (adj) | ดี | dee |
| mauvais (adj) | ไม่ดี | mâi dee |

| vaillant (adj) | กล้าหาญ | glâa hǎan |
| peureux (adj) | ขี้ขลาด | khêe khlàat |

20. Les jours de la semaine

lundi (m)	วันจันทร์	wan jan
mardi (m)	วันอังคาร	wan ang-khaan
mercredi (m)	วันพุธ	wan phút
jeudi (m)	วันพฤหัสบดี	wan phá-réu-hàt-sà-bor-dee
vendredi (m)	วันศุกร์	wan sùk
samedi (m)	วันเสาร์	wan săo
dimanche (m)	วันอาทิตย์	wan aa-thít
aujourd'hui (adv)	วันนี้	wan née
demain (adv)	พรุ่งนี้	phrûng-née
après-demain (adv)	วันมะรืนนี้	wan má-reun née
hier (adv)	เมื่อวานนี้	mêua waan née
avant-hier (adv)	เมื่อวานซืนนี้	mêua waan-seun née
jour (m)	วัน	wan
jour (m) ouvrable	วันทำงาน	wan tham ngaan
jour (m) férié	วันนักขัตฤกษ์	wan nák-khàt-rêrk
jour (m) de repos	วันหยุด	wan yùt
week-end (m)	วันสุดสัปดาห์	wan sùt sàp-daa
toute la journée	ทั้งวัน	tháng wan
le lendemain	วันรุ่งขึ้น	wan rûng khêun
il y a 2 jours	สองวันก่อน	sŏrng wan gòrn
la veille	วันก่อนหน้านี้	wan gòrn nâa née
quotidien (adj)	รายวัน	raai wan
tous les jours	ทุกวัน	thúk wan
semaine (f)	สัปดาห์	sàp-daa
la semaine dernière	สัปดาห์ก่อน	sàp-daa gòrn
la semaine prochaine	สัปดาห์หน้า	sàp-daa nâa
hebdomadaire (adj)	รายสัปดาห์	raai sàp-daa
chaque semaine	ทุกสัปดาห์	thúk sàp-daa
2 fois par semaine	สัปดาห์ละสองครั้ง	sàp-daa lá sŏrng khráng
tous les mardis	ทุกวันอังคาร	túk wan ang-khaan

21. Les heures. Le jour et la nuit

matin (m)	เช้า	cháo
le matin	ตอนเช้า	dtorn cháo
midi (m)	เที่ยงวัน	thîang wan
dans l'après-midi	ตอนบ่าย	dtorn bàai
soir (m)	เย็น	yen
le soir	ตอนเย็น	dtorn yen
nuit (f)	คืน	kheun
la nuit	กลางคืน	glaang kheun
minuit (f)	เที่ยงคืน	thîang kheun
seconde (f)	วินาที	wí-naa-thee
minute (f)	นาที	naa-thee
heure (f)	ชั่วโมง	chûa mohng

demi-heure (f)	ครึ่งชั่วโมง	khrêung chûa mohng
un quart d'heure	สิบห้านาที	sìp hâa naa-thee
quinze minutes	สิบห้านาที	sìp hâa naa-thee
vingt-quatre heures	24 ชั่วโมง	yêe sìp sèe · chûa mohng

lever (m) du soleil	พระอาทิตย์ขึ้น	phrá aa-thít khêun
aube (f)	ใกล้รุ่ง	glâi rûng
point (m) du jour	เช้า	cháo
coucher (m) du soleil	พระอาทิตย์ตก	phrá aa-thít dtòk

tôt le matin	ตอนเช้า	dtorn cháo
ce matin	เช้านี้	cháo née
demain matin	พรุ่งนี้เช้า	phrûng-née cháo

cet après-midi	บ่ายนี้	bàai née
dans l'après-midi	ตอนบ่าย	dtorn bàai
demain après-midi	พรุ่งนี้บ่าย	phrûng-née bàai

| ce soir | คืนนี้ | kheun née |
| demain soir | คืนพรุ่งนี้ | kheun phrûng-née |

à 3 heures précises	3 โมงตรง	săam mohng dtrorng
autour de 4 heures	ประมาณ 4 โมง	bprà-maan sèe mohng
vers midi	ภายใน 12 โมง	phaai nai sìp sŏng mohng

dans 20 minutes	อีก 20 นาที	èek yêe sìp naa-thee
dans une heure	อีกหนึ่งชั่วโมง	èek nèung chûa mohng
à temps	ทันเวลา	than way-laa

... moins le quart	อีกสิบห้านาที	èek sìp hâa naa-thee
en une heure	ภายในหนึ่งชั่วโมง	phaai nai nèung chûa mohng
tous les quarts d'heure	ทุก 15 นาที	thúk sìp hâa naa-thee
24 heures sur 24	ทั้งวัน	tháng wan

22. Les mois. Les saisons

janvier (m)	มกราคม	mók-gà-raa khom
février (m)	กุมภาพันธ์	gum-phaa phan
mars (m)	มีนาคม	mee-naa khom
avril (m)	เมษายน	may-săa-yon
mai (m)	พฤษภาคม	phréut-sà-phaa khom
juin (m)	มิถุนายน	mí-thù-naa-yon

juillet (m)	กรกฎาคม	gà-rá-gà-daa-khom
août (m)	สิงหาคม	sĭng hăa khom
septembre (m)	กันยายน	gan-yaa-yon
octobre (m)	ตุลาคม	dtù-laa khom
novembre (m)	พฤศจิกายน	phréut-sà-jì-gaa-yon
décembre (m)	ธันวาคม	than-waa khom

printemps (m)	ฤดูใบไม้ผลิ	réu-doo bai máai phlì
au printemps	ฤดูใบไม้ผลิ	réu-doo bai máai phlì
de printemps (adj)	ฤดูใบไม้ผลิ	réu-doo bai máai phlì
été (m)	ฤดูร้อน	réu-doo rórn

en été	ฤดูร้อน	réu-doo rórn
d'été (adj)	ฤดูร้อน	réu-doo rórn
automne (m)	ฤดูใบไม้ร่วง	réu-doo bai máai rûang
en automne	ฤดูใบไม้ร่วง	réu-doo bai máai rûang
d'automne (adj)	ฤดูใบไม้รวง	réu-doo bai máai rûang
hiver (m)	ฤดูหนาว	réu-doo nǎao
en hiver	ฤดูหนาว	réu-doo nǎao
d'hiver (adj)	ฤดูหนาว	réu-doo nǎao
mois (m)	เดือน	deuan
ce mois	เดือนนี้	deuan née
le mois prochain	เดือนหน้า	deuan nâa
le mois dernier	เดือนที่แลว	deuan thêe láew
il y a un mois	หนึ่งเดือนก่อนหน้านี้	nèung deuan gòrn nâa née
dans un mois	อีกหนึ่งเดือน	èek nèung deuan
dans 2 mois	อีกสองเดือน	èek sǒrng deuan
tout le mois	ทั้งเดือน	tháng deuan
tout un mois	ตลอดทั้งเดือน	dtà-lòrt tháng deuan
mensuel (adj)	รายเดือน	raai deuan
mensuellement	ทุกเดือน	thúk deuan
chaque mois	ทุกเดือน	thúk deuan
2 fois par mois	เดือนละสองครั้ง	deuan lá sǒrng kráng
année (f)	ปี	bpee
cette année	ปีนี้	bpee née
l'année prochaine	ปีหน้า	bpee nâa
l'année dernière	ปีที่แลว	bpee thêe láew
il y a un an	หนึ่งปีก่อน	nèung bpee gòrn
dans un an	อีกหนึ่งปี	èek nèung bpee
dans 2 ans	อีกสองปี	èek sǒng bpee
toute l'année	ทั้งปี	tháng bpee
toute une année	ตลอดทั้งปี	dtà-lòrt tháng bpee
chaque année	ทุกปี	thúk bpee
annuel (adj)	รายปี	raai bpee
annuellement	ทุกปี	thúk bpee
4 fois par an	ปีละสี่ครั้ง	bpee lá sèe khráng
date (f) (jour du mois)	วันที่	wan thêe
date (f) (~ mémorable)	วันเดือนปี	wan deuan bpee
calendrier (m)	ปฏิทิน	bpà-dtì-thin
six mois	ครึ่งปี	khrêung bpee
semestre (m)	หกเดือน	hòk deuan
saison (f)	ฤดูกาล	réu-doo gaan
siècle (m)	ศตวรรษ	sà-dtà-wát

23. La notion de temps. Divers

temps (m)	เวลา	way-laa
moment (m)	ครู่หนึ่ง	khrôo nèung

instant (m)	ครู่เดียว	khrôo dieow
instantané (adj)	เพียงครู่เดียว	phiang khrôo dieow
laps (m) de temps	ช่วงเวลา	chûang way-laa
vie (f)	ชีวิต	chee-wít
éternité (f)	ตลอดกาล	dtà-lòrt gaan

époque (f)	สมัย	sà-măi
ère (f)	ยุค	yúk
cycle (m)	วัฏจักร	wát-dtà-jàk
période (f)	ช่วง	chûang
délai (m)	ระยะเวลา	rá-yá way-laa

avenir (m)	อนาคต	a-naa-khót
prochain (adj)	อนาคตู	a-naa-khót
la fois prochaine	ครั้งหน้า	khráng nâa
passé (m)	อดีต	a-dèet
passé (adj)	ที่ผ่านมา	thêe phàan maa
la fois passée	ครั้งที่แล้ว	khráng thêe láew
plus tard (adv)	ภายหลัง	phaai lăng
après (prep)	หลังจาก	lăng jàak
à présent (adv)	เวลานี้	way-laa née
maintenant (adv)	ตอนนี้	dtorn-née
immédiatement	ทันที	than thee
bientôt (adv)	อีกไม่นาน	èek mâi naan
d'avance (adv)	ล่วงหน้า	lûang nâa

il y a longtemps	นานมาแล้ว	naan maa láew
récemment (adv)	เมื่อเร็ว ๆ นี้	mêua reo reo née
destin (m)	ชะตากรรม	chá-dtaa gam
souvenirs (m pl)	ความทรงจำ	khwaam song jam
archives (f pl)	จดหมายเหตุ	jòt măai hàyt
pendant ... (prep)	ระหว่าง...	rá-wàang...
longtemps (adv)	นาน	naan
pas longtemps (adv)	ไม่นาน	mâi naan
tôt (adv)	ล่วงหน้า	lûang nâa
tard (adv)	ช้า	cháa

pour toujours (adv)	ตลอดกาล	dtà-lòrt gaan
commencer (vt)	เริ่ม	rêrm
reporter (retarder)	เลื่อน	lêuan

en même temps (adv)	ในเวลาเดียวกัน	nai way-laa dieow gan
en permanence (adv)	อย่างถาวร	yàang thăa-won
constant (bruit, etc.)	ต่อเนื่อง	dtòr nêuang
temporaire (adj)	ชั่วคราว	chûa khraao

parfois (adv)	บางครั้ง	baang khráng
rarement (adv)	ไม่บ่อย	mâi bòi
souvent (adv)	บ่อย	bòi

24. Les lignes et les formes

| carré (m) | สี่เหลี่ยมจัตุรัส | sèe lìam jàt-dtù-ràt |
| carré (adj) | สี่เหลี่ยมจัตุรัส | sèe lìam jàt-dtù-ràt |

cercle (m)	วงกลม	wong glom
rond (adj)	กลม	glom
triangle (m)	รูปสามเหลี่ยม	rôop sǎam lìam
triangulaire (adj)	สามเหลี่ยม	sǎam lìam

ovale (m)	รูปกลมรี	rôop glom ree
ovale (adj)	กลมรี	glom ree
rectangle (m)	สี่เหลี่ยมมุมฉาก	sèe lìam mum chàak
rectangulaire (adj)	สี่เหลี่ยมมุมฉาก	sèe lìam mum chàak

pyramide (f)	พีระมิด	phee-rá-mít
losange (m)	รูปสี่เหลี่ยม ขนมเปียกปูน	rôop sèe lìam khà-nǒm bpìak bpoon
trapèze (m)	รูปสี่เหลี่ยมคางหมู	rôop sèe lìam khaang mǒo
cube (m)	ลูกบาศก์	lôok bàat
prisme (m)	ปริซึม	bprì seum

circonférence (f)	เส้นรอบวง	sên rôrp wong
sphère (f)	ทรงกลม	song glom
globe (m)	ลูกกลม	lôok glom
diamètre (m)	เส้นผ่านศูนย์กลาง	sên phàan sǒon-glaang
rayon (m)	เส้นรัศมี	sên rát-sà-mǎe
périmètre (m)	เส้นรอบวง	sên rôrp wong
centre (m)	กลาง	glaang

horizontal (adj)	แนวนอน	naew norn
vertical (adj)	แนวตั้ง	naew dtâng
parallèle (f)	เส้นขนาน	sên khà-nǎan
parallèle (adj)	ขนาน	khà-nǎan

ligne (f)	เส้น	sên
trait (m)	เส้น	sên
ligne (f) droite	เส้นตรง	sên dtrorng
courbe (f)	เส้นโค้ง	sên khóhng
fin (une ~ ligne)	บาง	baang
contour (m)	เส้นขอบ	sâyn khòrp

intersection (f)	เส้นตัด	sên dtàt
angle (m) droit	มุมฉาก	mum chàak
segment (m)	เซกเมนต์	sâyk-mayn
secteur (m)	เซกเตอร์	sâyk-dtêr
côté (m)	ขาง	khâang
angle (m)	มุม	mum

25. Les unités de mesure

poids (m)	น้ำหนัก	nám nàk
longueur (f)	ความยาว	khwaam yaao
largeur (f)	ความกวาง	khwaam gwâang
hauteur (f)	ความสูง	khwaam sǒong
profondeur (f)	ความลึก	khwaam léuk
volume (m)	ปริมาณ	bpà-rí-maan
aire (f)	บริเวณ	bor-rí-wayn
gramme (m)	กรัม	gram

milligramme (m)	มิลลิกรัม	min-lí gram
kilogramme (m)	กิโลกรัม	gì-loh gram
tonne (f)	ตัน	dtan
livre (f)	ปอนด์	bporn
once (f)	ออนซ์	orn

mètre (m)	เมตร	máyt
millimètre (m)	มิลลิเมตร	min-lí mâyt
centimètre (m)	เซ็นติเมตร	sen dtì mâyt
kilomètre (m)	กิโลเมตร	gì-loh máyt
mille (m)	ไมล์	mai

pouce (m)	นิ้ว	níw
pied (m)	ฟุต	fút
yard (m)	หลา	lǎa

| mètre (m) carré | ตารางเมตร | dtaa-raang máyt |
| hectare (m) | เฮกตาร์ | hêek dtaa |

litre (m)	ลิตร	lít
degré (m)	องศา	ong-sǎa
volt (m)	โวลต์	wohn
ampère (m)	แอมแปร์	aem-bpae
cheval-vapeur (m)	แรงมา	raeng máa

quantité (f)	จำนวน	jam-nuan
un peu de ...	นิดนอย	nít nói
moitié (f)	ครึ่ง	khrêung
douzaine (f)	โหล	lǒh
pièce (f)	สวน	sùan

| dimension (f) | ขนาด | khà-nàat |
| échelle (f) (de la carte) | มาตราสวน | mâat-dtraa sùan |

minimal (adj)	นอยที่สุด	nói thêe sùt
le plus petit (adj)	เล็กที่สุด	lék thêe sùt
moyen (adj)	กลาง	glaang
maximal (adj)	สูงสุด	sǒong sùt
le plus grand (adj)	ใหญ่ที่สุด	yài têe sùt

26. Les récipients

bocal (m) en verre	ขวดโหล	khùat lǒh
boîte, canette (f)	กระปอง	grà-bpǒrng
seau (m)	ถัง	thǎng
tonneau (m)	ถัง	thǎng

bassine, cuvette (f)	กะทะ	gà-thá
cuve (f)	ถังเก็บน้ำ	thǎng gèp nám
flasque (f)	กระติกน้ำ	grà-dtìk nám
jerrican (m)	ภาชนะ	phaa-chá-ná
citerne (f)	ถังบรรจุ	thǎng ban-jù
tasse (f), mug (m)	แกว	gâew
tasse (f)	ถวย	thûay

soucoupe (f)	จานรอง	jaan rorng
verre (m) (~ d'eau)	แก้ว	gâew
verre (m) à vin	แก้วไวน์	gâew wai
faitout (m)	หม้อ	môr
bouteille (f)	ขวด	khùat
goulot (m)	ปาก	bpàak
carafe (f)	คนโท	khon-thoh
pichet (m)	เหยือก	yèuak
récipient (m)	ภาชนะ	phaa-chá-ná
pot (m)	หม้อ	môr
vase (m)	แจกัน	jae-gan
flacon (m)	กระติก	grà-dtìk
fiole (f)	ขวดเล็ก	khùat lék
tube (m)	หลอด	lòrt
sac (m) (grand ~)	ถุง	thŭng
sac (m) (~ en plastique)	ถุง	thŭng
paquet (m) (~ de cigarettes)	ซอง	sorng
boîte (f)	กล่อง	glòrng
caisse (f)	ลัง	lang
panier (m)	ตะกร้า	dtà-grâa

27. Les matériaux

matériau (m)	วัสดุ	wát-sà-dù
bois (m)	ไม้	máai
en bois (adj)	ไม้	máai
verre (m)	แก้ว	gâew
en verre (adj)	แกว	gâew
pierre (f)	หิน	hĭn
en pierre (adj)	หิน	hĭn
plastique (m)	พลาสติก	pláat-dtìk
en plastique (adj)	พลาสติก	pláat-dtìk
caoutchouc (m)	ยาง	yaang
en caoutchouc (adj)	ยาง	yaang
tissu (m)	ผ้า	phâa
en tissu (adj)	ผา	phâa
papier (m)	กระดาษ	grà-dàat
de papier (adj)	กระดาษ	grà-dàat
carton (m)	กระดาษแข็ง	grà-dàat khăeng
en carton (adj)	กระดาษแข็ง	grà-dàat khăeng
polyéthylène (m)	โพลีเอทิลีน	phoh-lee-ay-thí-leen
cellophane (f)	เซลโลเฟน	sayn loh-fayn

| linoléum (m) | เสื่อน้ำมัน | sèua náam man |
| contreplaqué (m) | ไม้อัด | máai àt |

porcelaine (f)	เครื่องเคลือบดินเผา	khrêuang khlêuap din phǎo
de porcelaine (adj)	เครื่องเคลือบดินเผา	khrêuang khlêuap din phǎo
argile (f)	ดินเหนียว	din nǐeow
de terre cuite (adj)	ดินเหนียว	din nǐeow
céramique (f)	เซรามิก	say-raa mík
en céramique (adj)	เซรามิก	say-raa mík

28. Les métaux

métal (m)	โลหะ	loh-hà
métallique (adj)	โลหะ	loh-hà
alliage (m)	โลหะสัมฤทธิ์	loh-hà sǎm-rít

or (m)	ทอง	thorng
en or (adj)	ทอง	thorng
argent (m)	เงิน	ngern
en argent (adj)	เงิน	ngern

fer (m)	เหล็ก	lèk
en fer (adj)	เหล็ก	lèk
acier (m)	เหล็กกล้า	lèk glâa
en acier (adj)	เหล็กกล้า	lèk glâa
cuivre (m)	ทองแดง	thorng daeng
en cuivre (adj)	ทองแดง	thorng daeng

aluminium (m)	อะลูมิเนียม	a-loo-mí-niam
en aluminium (adj)	อะลูมิเนียม	a-loo-mí-niam
bronze (m)	ทองบรอนซ์	thorng-bron
en bronze (adj)	ทองบรอนซ์	thorng-bron

laiton (m)	ทองเหลือง	thorng lěuang
nickel (m)	นิกเกิล	ník-gêrn
platine (f)	ทองคำขาว	thorng kham khǎao
mercure (m)	ปรอท	bpa -ròrt
étain (m)	ดีบุก	dee-bùk
plomb (m)	ตะกั่ว	dtà-gùa
zinc (m)	สังกะสี	sǎng-gà-sěe

L'HOMME

L'homme. Le corps humain

29. L'homme. Notions fondamentales

être (m) humain	มนุษย์	má-nút
homme (m)	ผู้ชาย	phôo chaai
femme (f)	ผู้หญิง	phôo yĭng
enfant (m, f)	เด็ก, ลูก	dèk, lôok
fille (f)	เด็กผู้หญิง	dèk phôo yĭng
garçon (m)	เด็กผู้ชาย	dèk phôo chaai
adolescent (m)	วัยรุ่น	wai rûn
vieillard (m)	ชายชรา	chaai chá-raa
vieille femme (f)	หญิงชรา	yĭng chá-raa

30. L'anatomie humaine

organisme (m)	ร่างกาย	râang gaai
cœur (m)	หัวใจ	hŭa jai
sang (m)	เลือด	lêuat
artère (f)	เส้นเลือดแดง	sâyn lêuat daeng
veine (f)	เสนเลือดดำ	sâyn lêuat dam
cerveau (m)	สมอง	sà-mŏrng
nerf (m)	เส้นประสาท	sên bprà-sàat
nerfs (m pl)	เสนประสาท	sên bprà-sàat
vertèbre (f)	กระดูกสันหลัง	grà-dòok săn-lăng
colonne (f) vertébrale	สันหลัง	săn lăng
estomac (m)	กระเพาะอาหาร	grà phór aa-hăan
intestins (m pl)	ลำไส้	lam sâi
intestin (m)	ลำไส้	lam sâi
foie (m)	ตับ	dtàp
rein (m)	ไต	dtai
os (m)	กระดูก	grà-dòok
squelette (f)	โครงกระดูก	khrohng grà-dòok
côte (f)	ซี่โครง	sêe khrohng
crâne (m)	กะโหลก	gà-lòhk
muscle (m)	กล้ามเนื้อ	glâam néua
biceps (m)	กล้ามเนื้อไบเซ็ปส์	glâam néua bai-sép
triceps (m)	กล้ามเนื้อไทรเซปส์	gglâam néua thrai-sâyp
tendon (m)	เส้นเอ็น	sâyn en
articulation (f)	ขอตอ	khôr dtòr

poumons (m pl)	ปอด	bpòrt
organes (m pl) génitaux	อวัยวะเพศ	a-wai-wá phâyt
peau (f)	ผิวหนัง	phĭw năng

31. La téte

tête (f)	หัว	hŭa
visage (m)	หนา	nâa
nez (m)	จมูก	jà-mòok
bouche (f)	ปาก	bpàak

œil (m)	ตา	dtaa
les yeux	ตา	dtaa
pupille (f)	รูมานตา	roo mâan dtaa
sourcil (m)	คิ้ว	khíw
cil (m)	ขนตา	khŏn dtaa
paupière (f)	เปลือกตา	bplèuak dtaa

langue (f)	ลิ้น	lín
dent (f)	ฟัน	fan
lèvres (f pl)	ริมฝีปาก	rim fĕe bpàak
pommettes (f pl)	โหนกแก้ม	nòhk gâem
gencive (f)	เหงือก	ngèuak
palais (m)	เพดานปาก	phay-daan bpàak

narines (f pl)	รูจมูก	roo jà-mòok
menton (m)	คาง	khaang
mâchoire (f)	ขากรรไกร	khăa gan-grai
joue (f)	แก้ม	gâem

front (m)	หน้าผาก	nâa phàak
tempe (f)	ขมับ	khà-màp
oreille (f)	หู	hŏo
nuque (f)	หลังศรีษะ	lăng sĕe-sà
cou (m)	คอ	khor
gorge (f)	ลำคอ	lam khor

cheveux (m pl)	ผม	phŏm
coiffure (f)	ทรงผม	song phŏm
coupe (f)	ทรงผม	song phŏm
perruque (f)	ผมปลอม	phŏm bplorm

moustache (f)	หนวด	nùat
barbe (f)	เครา	krao
porter (~ la barbe)	ลองไว้	lorng wái
tresse (f)	ผมเปีย	phŏm bpia
favoris (m pl)	จอน	jorn

roux (adj)	ผมแดง	phŏm daeng
gris, grisonnant (adj)	ผมหงอก	phŏm ngòrk
chauve (adj)	หัวล้าน	hŭa láan
calvitie (f)	หัวล้าน	hŭa láan
queue (f) de cheval	ผมทรงหางม้า	phŏm song hăang máa
frange (f)	ผมม้า	phŏm máa

32. Le corps humain

main (f)	มือ	meu
bras (m)	แขน	khăen
doigt (m)	นิ้ว	níw
orteil (m)	นิ้วเท้า	níw tháo
pouce (m)	นิ้วโป้ง	níw bpôhng
petit doigt (m)	นิ้วก้อย	níw gôi
ongle (m)	เล็บ	lép
poing (m)	กำปั้น	gam bpân
paume (f)	ฝ่ามือ	fàa meu
poignet (m)	ข้อมือ	khôr meu
avant-bras (m)	แขนช่วงล่าง	khăen chûang lâang
coude (m)	ข้อศอก	khôr sòrk
épaule (f)	ไหล่	lài
jambe (f)	ขา	khăa
pied (m)	เท้า	tháo
genou (m)	หัวเข่า	hŭa khào
mollet (m)	น่อง	nôrng
hanche (f)	สะโพก	sà-phôhk
talon (m)	ส้นเท้า	sôn tháo
corps (m)	ร่างกาย	râang gaai
ventre (m)	ท้อง	thórng
poitrine (f)	อก	òk
sein (m)	หน้าอก	nâa òk
côté (m)	ข้าง	khâang
dos (m)	หลัง	lăng
reins (région lombaire)	หลังส่วนล่าง	lăng sùan lâang
taille (f) (~ de guêpe)	เอว	eo
nombril (m)	สะดือ	sà-deu
fesses (f pl)	ก้น	gôn
derrière (m)	ก้น	gôn
grain (m) de beauté	ไฝเสน่ห์	făi sà-này
tache (f) de vin	ปาน	bpaan
tatouage (m)	รอยสัก	roi sàk
cicatrice (f)	แผลเป็น	phlăe bpen

Les vêtements & les accessoires

33. Les vêtements d'extérieur

vêtement (m)	เสื้อผ้า	sêua phâa
survêtement (m)	เสื้อนอก	sêua nôk
vêtement (m) d'hiver	เสื้อกันหนาว	sêua gan năao
manteau (m)	เสื้อโค้ท	sêua khóht
manteau (m) de fourrure	เสื้อโคทขนสัตว์	sêua khóht khŏn sàt
veste (f) de fourrure	แจคเก็ตขนสัตว์	jáek-gèt khŏn sàt
manteau (m) de duvet	แจ็คเก็ตกันหนาว	jàek-gèt gan năao
veste (f) (~ en cuir)	แจ๊คเก็ต	jáek-gèt
imperméable (m)	เสื้อกันฝน	sêua gan fŏn
imperméable (adj)	ซึ่งกันน้ำได้	sêung gan náam dâai

34. Les vêtements

chemise (f)	เสื้อ	sêua
pantalon (m)	กางเกง	gaang-gayng
jean (m)	กางเกงยีนส์	gaang-gayng yeen
veston (m)	แจ็คเก็ตสูท	jàek-gèt sòot
complet (m)	ชุดสูท	chút sòot
robe (f)	ชุดเดรส	chút draet
jupe (f)	กระโปรง	grà bprohng
chemisette (f)	เสื้อ	sêua
veste (f) en laine	แจ๊คเก็ตถัก	jáek-gèt thàk
jaquette (f), blazer (m)	แจคเก็ต	jáek-gèt
tee-shirt (m)	เสื้อยืด	sêua yêut
short (m)	กางเกงขาสั้น	gaang-gayng khăa sân
costume (m) de sport	ชุดวอรม	chút wom
peignoir (m) de bain	เสื้อคลุมอาบน้ำ	sêua khlum àap náam
pyjama (m)	ชุดนอน	chút norn
chandail (m)	เสื้อไหมพรม	sêua măi phrom
pull-over (m)	เสื้อกันหนาวแบบสวม	sêua gan năao bàep sŭam
gilet (m)	เสื้อกั๊ก	sêua gák
queue-de-pie (f)	เสื้อเทลโค้ต	sêua thayn-khóht
smoking (m)	ชุดทักซิโด	chút thák sí dôh
uniforme (m)	เครื่องแบบ	khrêuang bàep
tenue (f) de travail	ชุดทำงาน	chút tam ngaan
salopette (f)	ชุดเอี๊ยม	chút íam
blouse (f) (d'un médecin)	เสื้อคลุม	sêua khlum

35. Les sous-vêtements

sous-vêtements (m pl)	ชุดชั้นใน	chút chán nai
boxer (m)	กางเกงในชาย	gaang-gayng nai chaai
slip (m) de femme	กางเกงในสตรี	gaang-gayng nai sàt-dtree
maillot (m) de corps	เสื้อชั้นใน	sêua chán nai
chaussettes (f pl)	ถุงเท้า	thŭng tháo
chemise (f) de nuit	ชุดนอนสตรี	chút norn sàt-dtree
soutien-gorge (m)	ยกทรง	yók song
chaussettes (f pl) hautes	ถุงเท้ายาว	thŭng tháo yaao
collants (m pl)	ถุงน่องเต็มตัว	thŭng nôrng dtem dtua
bas (m pl)	ถุงน่อง	thŭng nôrng
maillot (m) de bain	ชุดว่ายน้ำ	chút wâai náam

36. Les chapeaux

chapeau (m)	หมวก	mùak
chapeau (m) feutre	หมวก	mùak
casquette (f) de base-ball	หมวกเบสบอล	mùak bàyt-bon
casquette (f)	หมวกติงลี่	mùak dting lêe
béret (m)	หมวกเบเร่ต์	mùak bay-rây
capuche (f)	ฮูด	hóot
panama (m)	หมวกปานามา	mùak bpaa-naa-maa
bonnet (m) de laine	หมวกไหมพรม	mùak măi phrom
foulard (m)	ผ้าโพกศีรษะ	phâa phôhk sĕe-sà
chapeau (m) de femme	หมวกสตรี	mùak sàt-dtree
casque (m) (d'ouvriers)	หมวกนิรภัย	mùak ní-rá-phai
calot (m)	หมวกหนีบ	mùak nèep
casque (m) (~ de moto)	หมวกกันน็อค	mùak ní-rá-phai
melon (m)	หมวกกลมทรงสูง	mùak glom song sŏong
haut-de-forme (m)	หมวกทรงสูง	mùak song sŏong

37. Les chaussures

chaussures (f pl)	รองเท้า	rorng tháo
bottines (f pl)	รองเท้า	rorng tháo
souliers (m pl) (~ plats)	รองเท้า	rorng tháo
bottes (f pl)	รองเท้าบูท	rorng tháo bòot
chaussons (m pl)	รองเท้าแตะในบ้าน	rorng tháo dtàe nai bâan
tennis (m pl)	รองเท้ากีฬา	rorng tháo gee-laa
baskets (f pl)	รองเท้าผ้าใบ	rorng tháo phâa bai
sandales (f pl)	รองเทาแตะ	rorng tháo dtàe
cordonnier (m)	คนซ่อมรองเท้า	khon sôrm rorng tháo
talon (m)	สนรองเทา	sôn rorng tháo

paire (f)	คู่	khôo
lacet (m)	เชือกรองเท้า	chêuak rorng tháo
lacer (vt)	ผูกเชือกรองเท้า	phòok chêuak rorng tháo
chausse-pied (m)	ที่ชอนรองเท้า	thêe chón rorng tháo
cirage (m)	ยาขัดรองเท้า	yaa khàt rorng tháo

38. Le textile. Les tissus

coton (m)	ฝ้าย	fâai
de coton (adj)	ฝ้าย	fâai
lin (m)	แฟลกซ์	fláek
de lin (adj)	แฟลกซ์	fláek

soie (f)	ไหม	mǎi
de soie (adj)	ไหม	mǎi
laine (f)	ขนสัตว์	khǒn sàt
en laine (adj)	ขนสัตว์	khǒn sàt

velours (m)	กำมะหยี่	gam-má-yèe
chamois (m)	หนังกลับ	nǎng glàp
velours (m) côtelé	ผ้าลูกฟูก	phâa lôok fôok

nylon (m)	ไนลอน	nai-lorn
en nylon (adj)	ไนลอน	nai-lorn
polyester (m)	โพลีเอสเตอร์	poh-lee-àyt-dtêr
en polyester (adj)	โพลีเอสเตอร์	poh-lee-àyt-dtêr

cuir (m)	หนัง	nǎng
en cuir (adj)	หนัง	nǎng
fourrure (f)	ขนสัตว์	khǒn sàt
en fourrure (adj)	ขนสัตว์	khǒn sàt

39. Les accessoires personnels

gants (m pl)	ถุงมือ	thǔng meu
moufles (f pl)	ถุงมือ	thǔng meu
écharpe (f)	ผ้าพันคอ	phâa phan khor

lunettes (f pl)	แว่นตา	wâen dtaa
monture (f)	กรอบแว่น	gròrp wâen
parapluie (m)	ร่ม	rôm
canne (f)	ไม้เท้า	máai tháo
brosse (f) â cheveux	แปรงหวีผม	bpraeng wěe phǒm
éventail (m)	พัด	phát

cravate (f)	เนคไท	nâyk-thai
nœud papillon (m)	โบว์หูกระต่าย	boh hǒo grà-dtàai
bretelles (f pl)	สายเอี่ยม	sǎai íam
mouchoir (m)	ผ้าเช็ดหน้า	phâa chét-nâa

peigne (m)	หวี	wěe
barrette (f)	ที่หนีบผม	têe nèep phǒm

| épingle (f) â cheveux | กิ๊บ | gíp |
| boucle (f) | หัวเข็มขัด | hŭa khĕm khàt |

| ceinture (f) | เข็มขัด | khĕm khàt |
| bandoulière (f) | สายกระเป๋า | săai grà-bpăo |

sac (m)	กระเป๋า	grà-bpăo
sac (m) â main	กระเป๋าถือ	grà-bpăo thĕu
sac (m) â dos	กระเป๋าสะพายหลัง	grà-bpăo sà-phaai lăng

40. Les vêtements. Divers

mode (f)	แฟชั่น	fae-chân
â la mode (adj)	คานิยม	khâa ní-yom
couturier, créateur de mode	นักออกแบบแฟชั่น	nák òrk bàep fae-chân

col (m)	คอปกเสื้อ	khor bpòk sêua
poche (f)	กระเป๋า	grà-bpăo
de poche (adj)	กระเป๋า	grà-bpăo
manche (f)	แขนเสื้อ	khăen sêua
bride (f)	ที่แขวนเสื้อ	thêe khwăen sêua
braguette (f)	ซิปกางเกง	síp gaang-gayng

fermeture (f) â glissière	ซิป	síp
agrafe (f)	ซิป	síp
bouton (m)	กระดุม	grà dum
boutonnière (f)	รูกระดุม	roo grà dum
s'arracher (bouton)	หลุดออก	lùt òrk

coudre (vi, vt)	เย็บ	yép
broder (vt)	ปัก	bpàk
broderie (f)	ลายปัก	laai bpàk
aiguille (f)	เข็มเย็บผ้า	khĕm yép phâa
fil (m)	เสนดาย	sây-dâai
couture (f)	รอยเย็บ	roi yép

se salir (vp)	สกปรก	sòk-gà-bpròk
tache (f)	รอยเปื้อน	roi bpêuan
se froisser (vp)	พับเป็นรอยยน	pháp bpen roi yôn
déchirer (vt)	ฉีก	chèek
mite (f)	แมลงกินผ้า	má-laeng gin phâa

41. L'hygiène corporelle. Les cosmétiques

dentifrice (m)	ยาสีฟัน	yaa sĕe fan
brosse (f) â dents	แปรงสีฟัน	bpraeng sĕe fan
se brosser les dents	แปรงฟัน	bpraeng fan

rasoir (m)	มีดโกน	mêet gohn
crème (f) â raser	ครีมโกนหนวด	khreem gohn nùat
se raser (vp)	โกน	gohn
savon (m)	สบู่	sà-bòo

shampooing (m)	แชมพู	chaem-phoo
ciseaux (m pl)	กรรไกร	gan-grai
lime (f) â ongles	ตะไบเล็บ	dtà-bai lép
pinces (f pl) â ongles	กรรไกรตัดเล็บ	gan-grai dtàt lép
pince (f) â épiler	แหนบ	nàep
produits (m pl) de beauté	เครื่องสำอาง	khrêuang săm-aang
masque (m) de beauté	มาสกหน้า	mâak nâa
manucure (f)	การแต่งเล็บ	gaan dtàeng lép
se faire les ongles	แต่งเล็บ	dtàeng lép
pédicurie (f)	การแต่งเล็บเท้า	gaan dtàeng lép táo
trousse (f) de toilette	กระเป๋าเครื่องสำอาง	grà-bpăo khrêuang săm-aang
poudre (f)	แป้งฝุ่น	bpâeng-fùn
poudrier (m)	ตลับแป้ง	dtà-làp bpâeng
fard (m) â joues	แป้งทาแก้ม	bpâeng thaa gâem
parfum (m)	น้ำหอม	nám hŏrm
eau (f) de toilette	น้ำหอมออนๆ	náam hŏrm òn òn
lotion (f)	โลชั่น	loh-chân
eau de Cologne (f)	โคโลญจ์	khoh-lohn
fard (m) â paupières	อายแชโดว์	aai-chae-doh
crayon (m) â paupières	อายไลเนอร์	aai lai-ner
mascara (m)	มาสคารา	mâat-khaa-râa
rouge (m) â lèvres	ลิปสติก	líp-sà-dtìk
vernis (m) â ongles	น้ำยาทาเล็บ	nám yaa-thaa lép
laque (f) pour les cheveux	สเปรย์ฉีดผม	sà-bpray chèet phŏm
déodorant (m)	ยาดับกลิ่น	yaa dàp glìn
crème (f)	ครีม	khreem
crème (f) pour le visage	ครีมทาหน้า	khreem thaa nâa
crème (f) pour les mains	ครีมทามือ	khreem thaa meu
crème (f) anti-rides	ครีมลดริ้วรอย	khreem lót ríw roi
crème (f) de jour	ครีมกลางวัน	khreem klaang wan
crème (f) de nuit	ครีมกลางคืน	khreem klaang kheun
de jour (adj)	กลางวัน	glaang wan
de nuit (adj)	กลางคืน	glaang kheun
tampon (m)	ผ้าอนามัยแบบสอด	phâa a-naa-mai bàep sòrt
papier (m) de toilette	กระดาษชำระ	grà-dàat cham-rá
sèche-cheveux (m)	เครื่องเป่าผม	khrêuang bpào phŏm

42. Les bijoux. La bijouterie

bijoux (m pl)	เครื่องเพชรพลอย	khrêuang phét phloi
précieux (adj)	เพชรพลอย	phét phloi
poinçon (m)	ตราฮอลมาร์ค	dtraa hon-mâak
bague (f)	แหวน	wăen
alliance (f)	แหวนแต่งงาน	wăen dtàeng ngaan
bracelet (m)	กำไลขอมือ	gam-lai khôr meu
boucles (f pl) d'oreille	ตุ้มหู	dtûm hŏo

collier (m) (de perles)	สร้อยคอ	sôi khor
couronne (f)	มงกุฎ	mong-gùt
collier (m) (en verre, etc.)	สร้อยคอลูกปัด	sôi khor lôok bpàt

diamant (m)	เพชร	phét
émeraude (f)	มรกต	mor-rá-gòt
rubis (m)	พลอยสีทับทิม	phloi sěe tháp-thim
saphir (m)	ไพลิน	phai-lin
perle (f)	ไข่มุก	khài múk
ambre (m)	อำพัน	am phan

43. Les montres. Les horloges

montre (f)	นาฬิกา	naa-lí-gaa
cadran (m)	หน้าปัด	nâa bpàt
aiguille (f)	เข็ม	khěm
bracelet (m)	สายนาฬิกาข้อมือ	sǎai naa-lí-gaa khôr meu
bracelet (m) (en cuir)	สายรัดข้อมือ	sǎai rát khôr meu

pile (f)	แบตเตอรี่	bàet-dter-rêe
être déchargé	หมด	mòt
changer de pile	เปลี่ยนแบตเตอรี่	bplìan bàet-dter-rêe
avancer (vi)	เดินเร็วเกินไป	dern reo gern bpai
retarder (vi)	เดินช้า	dern cháa

pendule (f)	นาฬิกาแขวนผนัง	naa-lí-gaa khwǎen phà-nǎng
sablier (m)	นาฬิกาทราย	naa-lí-gaa saai
cadran (m) solaire	นาฬิกาแดด	naa-lí-gaa dàet
réveil (m)	นาฬิกาปลุก	naa-lí-gaa bplùk
horloger (m)	ช่างซ่อมนาฬิกา	châang sôrm naa-lí-gaa
réparer (vt)	ซ่อม	sôrm

Les aliments. L'alimentation

44. Les aliments

viande (f)	เนื้อ	néua
poulet (m)	ไก่	gài
poulet (m) (poussin)	เนื้อลูกไก่	néua lôok gài
canard (m)	เป็ด	bpèt
oie (f)	ห่าน	hàan
gibier (m)	สัตว์ที่ล่า	sàt thêe lâa
dinde (f)	ไก่งวง	gài nguang
du porc	เนื้อหมู	néua mŏo
du veau	เนื้อลูกวัว	néua lôok wua
du mouton	เนื้อแกะ	néua gàe
du bœuf	เนื้อวัว	néua wua
lapin (m)	เนื้อกระต่าย	néua grà-dtàai
saucisson (m)	ไส้กรอก	sâi gròrk
saucisse (f)	ไส้กรอกเวียนนา	sâi gròrk wian-naa
bacon (m)	หมูเบคอน	mŏo bay-khorn
jambon (m)	แฮม	haem
cuisse (f)	แฮมแกมมอน	haem gaem-morn
pâté (m)	ปาเต	bpaa dtay
foie (m)	ตับ	dtàp
farce (f)	เนื้อสับ	néua sàp
langue (f)	ลิ้น	lín
œuf (m)	ไข่	khài
les œufs	ไข่	khài
blanc (m) d'œuf	ไข่ขาว	khài khăao
jaune (m) d'œuf	ไขแดง	khài daeng
poisson (m)	ปลา	bplaa
fruits (m pl) de mer	อาหารทะเล	aa hăan thá-lay
crustacés (m pl)	สัตว์พวกกุ้งกั้งปู	sàt phûak gûng gâng bpoo
caviar (m)	ไข่ปลา	khài-bplaa
crabe (m)	ปู	bpoo
crevette (f)	กุ้ง	gûng
huître (f)	หอยนางรม	hŏi naang rom
langoustine (f)	กุ้งมังกร	gûng mang-gon
poulpe (m)	ปลาหมึก	bplaa mèuk
calamar (m)	ปลาหมึกกล้วย	bplaa mèuk-glûay
esturgeon (m)	ปลาสเตอร์เจียน	bpláa sà-dtêr jian
saumon (m)	ปลาแซลมอน	bplaa saen-morn
flétan (m)	ปลาตาเดียว	bplaa dtaa-dieow
morue (f)	ปลาค็อด	bplaa khót

maquereau (m)	ปลาแม็คเคอเร็ล	bplaa máek-kay-a-rěn
thon (m)	ปลาทูนา	bplaa thoo-nâa
anguille (f)	ปลาไหล	bplaa lǎi
truite (f)	ปลาเทราท์	bplaa thrau
sardine (f)	ปลาซาร์ดีน	bplaa saa-deen
brochet (m)	ปลาไพค์	bplaa phai
hareng (m)	ปลาเฮอร์ริง	bplaa her-ring
pain (m)	ขนมปัง	khà-nǒm bpang
fromage (m)	เนยแข็ง	noie khǎeng
sucre (m)	น้ำตาล	nám dtaan
sel (m)	เกลือ	gleua
riz (m)	ข้าว	khâao
pâtes (m pl)	พาสต้า	phâat-dtâa
nouilles (f pl)	ก๋วยเตี๋ยว	gǔay-dtǐeow
beurre (m)	เนย	noie
huile (f) végétale	น้ำมันพืช	nám man phêut
huile (f) de tournesol	น้ำมันดอกทานตะวัน	nám man dòrk thaan dtà-wan
margarine (f)	เนยเทียม	noie thiam
olives (f pl)	มะกอก	má-gòrk
huile (f) d'olive	น้ำมันมะกอก	nám man má-gòrk
lait (m)	นม	nom
lait (m) condensé	นมข้น	nom khôn
yogourt (m)	โยเกิร์ต	yoh-gèrt
crème (f) aigre	ชาวรครีม	saao khreem
crème (f) (de lait)	ครีม	khreem
sauce (f) mayonnaise	มาย็องเนส	maa-yorng-nâyt
crème (f) au beurre	ส่วนผสมของเนย และน้ำตาล	sùan phà-sǒm khǒrng noie láe nám dtaan
gruau (m)	เมล็ดธัญพืช	má-lét than-yá-phêut
farine (f)	แป้ง	bpâeng
conserves (f pl)	อาหารกระป๋อง	aa-hǎan grà-bpǒrng
pétales (m pl) de maïs	คอร์นเฟลค	khorn-flâyk
miel (m)	น้ำผึ้ง	nám phêung
confiture (f)	แยม	yaem
gomme (f) à mâcher	หมากฝรั่ง	màak fà-ràng

45. Les boissons

eau (f)	น้ำ	nám
eau (f) potable	น้ำดื่ม	nám dèum
eau (f) minérale	น้ำแร่	nám râe
plate (adj)	ไม่มีฟอง	mâi mee forng
gazeuse (l'eau ~)	น้ำอัดลม	nám àt lom
pétillante (adj)	มีฟอง	mee forng

glace (f)	น้ำแข็ง	nám khǎeng
avec de la glace	ใส่น้ำแข็ง	sài nám khǎeng
sans alcool	ไม่มีแอลกอฮอล์	mâi mee aen-gor-hor
boisson (f) non alcoolisée	เครื่องดื่มที่ไม่มีแอลกอฮอล	krêuang dèum têe mâi mee aen-gor-hor
rafraîchissement (m)	เครื่องดื่มให้ความสดชื่น	khrêuang dèum hâi khwaam sòt chêun
limonade (f)	น้ำเลมอนเนด	nám lay-morn-nâyt
boissons (f pl) alcoolisées	เหล้า	lâu
vin (m)	ไวน์	wai
vin (m) blanc	ไวน์ขาว	wai khǎao
vin (m) rouge	ไวน์แดง	wai daeng
liqueur (f)	สุรา	sù-raa
champagne (m)	แชมเปญ	chaem-bpayn
vermouth (m)	เหล้าองุ่นขาวซึ่งมีกลิ่นหอม	lâo a-ngùn khǎao sêung mee glìn hǒrm
whisky (m)	เหล้าวิสกี้	lǎu wít-sa -gêe
vodka (f)	เหล้าวอดก้า	lǎu wórt-gâa
gin (m)	เหล้ายิน	lǎu yin
cognac (m)	เหล้าคอนยัก	lǎu khorn yák
rhum (m)	เหล้ารัม	lǎu ram
café (m)	กาแฟ	gaa-fae
café (m) noir	กาแฟดำ	gaa-fae dam
café (m) au lait	กาแฟใส่นม	gaa-fae sài nom
cappuccino (m)	กาแฟคาปูชิโน	gaa-fae khaa bpoo chí noh
café (m) soluble	กาแฟสำเร็จรูป	gaa-fae sǎm-rèt rôop
lait (m)	นม	nom
cocktail (m)	ค็อกเทล	khók-tayn
cocktail (m) au lait	มิลค์เชค	min-châyk
jus (m)	น้ำผลไม้	nám phǒn-lá-máai
jus (m) de tomate	น้ำมะเขือเทศ	nám má-khěua thâyt
jus (m) d'orange	น้ำส้ม	nám sôm
jus (m) pressé	น้ำผลไม้คั้นสด	nám phǒn-lá-máai khán sòt
bière (f)	เบียร์	bia
bière (f) blonde	เบียร์ไลท์	bia lai
bière (f) brune	เบียร์ดารค	bia dàak
thé (m)	ชา	chaa
thé (m) noir	ชาดำ	chaa dam
thé (m) vert	ชาเขียว	chaa khǐeow

46. Les légumes

légumes (m pl)	ผัก	phàk
verdure (f)	ผักใบเขียว	phàk bai khǐeow
tomate (f)	มะเขือเทศ	má-khěua thâyt

concombre (m)	แตงกวา	dtaeng-gwaa
carotte (f)	แครอท	khae-rót
pomme (f) de terre	มันฝรั่ง	man fà-ràng
oignon (m)	หัวหอม	hǔa hǒrm
ail (m)	กระเทียม	grà-thiam

chou (m)	กะหล่ำปลี	gà-làm bplee
chou-fleur (m)	ดอกกะหล่ำ	dòrk gà-làm
chou (m) de Bruxelles	กะหล่ำดาว	gà-làm-daao
brocoli (m)	บร็อคโคลี่	bròrk-khoh-lêe

betterave (f)	บีทรูท	bee-trôot
aubergine (f)	มะเขือยาว	má-khěua-yaao
courgette (f)	แตงซูคินี	dtaeng soo-khí-nee
potiron (m)	ฟักทอง	fák-thorng
navet (m)	หัวผักกาด	hǔa-phàk-gàat

persil (m)	ผักชีฝรั่ง	phàk chee fà-ràng
fenouil (m)	ผักชีลาว	phàk-chee-laao
laitue (f) (salade)	ผักกาดหอม	phàk gàat hǒrm
céleri (m)	คื่นช่าย	khêun-châai
asperge (f)	หน่อไม้ฝรั่ง	nòr máai fà-ràng
épinard (m)	ผักขม	phàk khǒm

pois (m)	ถั่วลันเตา	thùa-lan-dtao
fèves (f pl)	ถั่ว	thùa
maïs (m)	ข้าวโพด	khâao-phôht
haricot (m)	ถั่วรูปไต	thùa rôop dtai

poivron (m)	พริกหยวก	phrík-yùak
radis (m)	หัวไชเท้า	hǔa chai tháo
artichaut (m)	อาร์ติโชค	aa dtì chôhk

47. Les fruits. Les noix

fruit (m)	ผลไม้	phǒn-lá-máai
pomme (f)	แอปเปิ้ล	àep-bpêrn
poire (f)	แพร	phae
citron (m)	มะนาว	má-naao
orange (f)	ส้ม	sôm
fraise (f)	สตรอว์เบอร์รี่	sà-dtror-ber-rêe

mandarine (f)	ส้มแมนดาริน	sôm maen daa rin
prune (f)	พลัม	phlam
pêche (f)	ลูกทอ	lôok thór
abricot (m)	แอปริคอท	ae-bprì-khôrt
framboise (f)	ราสเบอร์รี	râat-ber-rêe
ananas (m)	สับปะรด	sàp-bpà-rót

banane (f)	กล้วย	glûay
pastèque (f)	แตงโม	dtaeng moh
raisin (m)	องุ่น	a-ngùn
cerise (f)	เชอร์รี่	cher-rêe
merise (f)	เชอร์รี่ป่า	cher-rêe bpàa

melon (m)	เมลอน	may-lorn
pamplemousse (m)	สมโอ	sôm oh
avocat (m)	อะโวคาโด	a-who-khaa-doh
papaye (f)	มะละกอ	má-lá-gor
mangue (f)	มะม่วง	má-mûang
grenade (f)	ทับทิม	tháp-thim

groseille (f) rouge	เรดเคอร์แรนท์	râyt-khêr-raen
cassis (m)	แบล็คเคอร์แรนท์	blàek khêr-raen
groseille (f) verte	กูสเบอร์รี่	gòot-ber-rêe
myrtille (f)	บิลเบอร์รี่	bil-ber-rêe
mûre (f)	แบล็คเบอร์รี่	blàek ber-rêe

raisin (m) sec	ลูกเกด	lôok gàyt
figue (f)	มะเดื่อฝรั่ง	má dèua fà-ràng
datte (f)	ลูกอินทผลัม	lôok in-thá-plăm

cacahuète (f)	ถั่วลิสง	thùa-lí-sŏng
amande (f)	อัลมอนด์	an-morn
noix (f)	วอลนัต	wor-lá-nát
noisette (f)	เฮเซลนัท	hay sayn nát
noix (f) de coco	มะพร้าว	má-phráao
pistaches (f pl)	ถั่วพิสตาชิโอ	thùa phít dtaa chí oh

48. Le pain. Les confiseries

confiserie (f)	ขนม	khà-nŏm
pain (m)	ขนมปัง	khà-nŏm bpang
biscuit (m)	คุกกี้	khúk-gêe

chocolat (m)	ช็อกโกแลต	chók-goh-láet
en chocolat (adj)	ช็อกโกแลต	chók-goh-láet
bonbon (m)	ลูกกวาด	lôok gwàat
gâteau (m), pâtisserie (f)	ขนมเค้ก	khà-nŏm kháyk
tarte (f)	ขนมเค้ก	khà-nŏm kháyk

| gâteau (m) | ขนมพาย | khà-nŏm phaai |
| garniture (f) | ไส้ในขนม | sâi nai khà-nŏm |

confiture (f)	แยม	yaem
marmelade (f)	แยมผิวส้ม	yaem phĭw sôm
gaufre (f)	วาฟเฟิล	waaf-fern
glace (f)	ไอศกรีม	ai-sà-greem
pudding (m)	พุดดิ้ง	phút-dîng

49. Les plats cuisinés

plat (m)	มื้ออาหาร	méu aa-hăan
cuisine (f)	อาหาร	aa-hăan
recette (f)	ตำราอาหาร	dtam-raa aa-hăan
portion (f)	สวน	sùan
salade (f)	สลัด	sà-làt

soupe (f)	ซุป	súp
bouillon (m)	ซุปน้ำใส	súp nám-sǎi
sandwich (m)	แซนด์วิช	saen-wít
les œufs brouillés	ไข่ทอด	khài thôrt
hamburger (m)	แฮมเบอร์เกอร์	haem-ber-gêr
steak (m)	สเต็กเนื้อ	sà-dtèk néua
garniture (f)	เครื่องเคียง	khrêuang khiang
spaghettis (m pl)	สปาเก็ตตี้	sà-bpaa-gèt-dtêe
purée (f)	มันฝรั่งบด	man fà-ràng bòt
pizza (f)	พิซซ่า	phít-sâa
bouillie (f)	ข้าวต้ม	khâao-dtôm
omelette (f)	ไข่เจียว	khài jieow
cuit à l'eau (adj)	ต้ม	dtôm
fumé (adj)	รมควัน	rom khwan
frit (adj)	ทอด	thôrt
sec (adj)	ตากแห้ง	dtàak hâeng
congelé (adj)	แช่แข็ง	châe khǎeng
mariné (adj)	ดอง	dorng
sucré (adj)	หวาน	wǎan
salé (adj)	เค็ม	khem
froid (adj)	เย็น	yen
chaud (adj)	ร้อน	rórn
amer (adj)	ขม	khǒm
bon (savoureux)	อร่อย	à-ròi
cuire à l'eau	ต้ม	dtôm
préparer (le dîner)	ทำอาหาร	tham aa-hǎan
faire frire	ทอด	thôrt
réchauffer (vt)	อุ่น	ùn
saler (vt)	ใส่เกลือ	sài gleua
poivrer (vt)	ใส่พริกไทย	sài phrík thai
râper (vt)	ขูด	khòot
peau (f)	เปลือก	bplèuak
éplucher (vt)	ปอกเปลือก	bpòrk bplêuak

50. Les épices

sel (m)	เกลือ	gleua
salé (adj)	เค็ม	khem
saler (vt)	ใส่เกลือ	sài gleua
poivre (m) noir	พริกไทย	phrík thai
poivre (m) rouge	พริกแดง	phrík daeng
moutarde (f)	มัสตาร์ด	mát-dtàat
raifort (m)	ฮอสแรดิช	hórt rae dìt
condiment (m)	เครื่องปรุงรส	khrêuang bprung rót
épice (f)	เครื่องเทศ	khrêuang thâyt
sauce (f)	ซอส	sós

vinaigre (m)	น้ำส้มสายชู	nám sôm săai choo
anis (m)	เทียนสัตตบุษย์	thian-sàt-dtà-bùt
basilic (m)	ใบโหระพา	bai hŏh rá phaa
clou (m) de girofle	กานพลู	gaan-phloo
gingembre (m)	ขิง	khĭng
coriandre (m)	ผักชีลา	pàk-chee-laa
cannelle (f)	อบเชย	òp-choie
sésame (m)	งา	ngaa
feuille (f) de laurier	ใบกระวาน	bai grà-waan
paprika (m)	พริกปน	phrík bpòn
cumin (m)	เทียนตากบ	thian dtaa gòp
safran (m)	หญ้าฝรั่น	yâa fà-ràn

51. Les repas

nourriture (f)	อาหาร	aa-hăan
manger (vi, vt)	กิน	gin
petit déjeuner (m)	อาหารเช้า	aa-hăan cháo
prendre le petit déjeuner	ทานอาหารเช้า	thaan aa-hăan cháo
déjeuner (m)	ข้าวเที่ยง	khâao thîang
déjeuner (vi)	ทานอาหารเที่ยง	thaan aa-hăan thîang
dîner (m)	อาหารเย็น	aa-hăan yen
dîner (vi)	ทานอาหารเย็น	thaan aa-hăan yen
appétit (m)	ความอยากอาหาร	kwaam yàak aa hăan
Bon appétit!	กินให้อร่อย!	gin hâi a-ròi
ouvrir (vt)	เปิด	bpèrt
renverser (liquide)	ทำหก	tham hòk
se renverser (liquide)	ทำหกออกมา	tham hòk òrk maa
bouillir (vi)	ต้ม	dtôm
faire bouillir	ต้ม	dtôm
bouilli (l'eau ~e)	ตม	dtôm
refroidir (vt)	แช่เย็น	châe yen
se refroidir (vp)	แช่เย็น	châe yen
goût (m)	รสชาติ	rót châat
arrière-goût (m)	รส	rót
suivre un régime	ลดน้ำหนัก	lót nám nàk
régime (m)	อาหารพิเศษ	aa-hăan phí-sàyt
vitamine (f)	วิตามิน	wí-dtaa-min
calorie (f)	แคลลอรี่	khae-lor-rêe
végétarien (m)	คนกินเจ	khon gin jay
végétarien (adj)	มังสวิรัติ	mang-sà-wí-rát
lipides (m pl)	ไขมัน	khăi man
protéines (f pl)	โปรตีน	bproh-dteen
glucides (m pl)	คาร์โบไฮเดรต	kaa-boh-hai-dràyt
tranche (f)	แผน	phàen
morceau (m)	ชิ้น	chín
miette (f)	เศษ	sàyt

52. Le dressage de la table

cuillère (f)	ช้อน	chórn
couteau (m)	มีด	mêet
fourchette (f)	สอม	sôrm
tasse (f)	แก้ว	gâew
assiette (f)	จาน	jaan
soucoupe (f)	จานรอง	jaan rorng
serviette (f)	ผ้าเช็ดปาก	phâa chét bpàak
cure-dent (m)	ไม้จิ้มฟัน	máai jîm fan

53. Le restaurant

restaurant (m)	ร้านอาหาร	ráan aa-hǎan
salon (m) de café	ร้านกาแฟ	ráan gaa-fae
bar (m)	ร้านเหล้า	ráan lâo
salon (m) de thé	รานน้ำชา	ráan nám chaa
serveur (m)	คนเสิร์ฟชาย	khon sèrf chaai
serveuse (f)	คนเสิร์ฟหญิง	khon sèrf yǐng
barman (m)	บาร์เทนเดอร์	baa-thayn-dêr
carte (f)	เมนู	may-noo
carte (f) des vins	รายการไวน์	raai gaan wai
réserver une table	จองโต๊ะ	jorng dtó
plat (m)	มื้ออาหาร	méu aa-hǎan
commander (vt)	สั่ง	sàng
faire la commande	สั่งอาหาร	sàng aa-hǎan
apéritif (m)	เครื่องดื่มเหล้า	khrêuang dèum lâo
	กอนอาหาร	gòrn aa-hǎan
hors-d'œuvre (m)	ของกินเล่น	khǒrng gin lâyn
dessert (m)	ของหวาน	khǒrng wǎan
addition (f)	คิดเงิน	khít ngern
régler l'addition	จ่ายคาอาหาร	jàai khâa aa hǎan
rendre la monnaie	ใหเงินทอน	hâi ngern thorn
pourboire (m)	เงินทิป	ngern thíp

La famille. Les parents. Les amis

54. Les données personnelles. Les formulaires

prénom (m)	ชื่อ	chêu
nom (m) de famille	นามสกุล	naam sà-gun
date (f) de naissance	วันเกิด	wan gèrt
lieu (m) de naissance	สถานที่เกิด	sà-thăan thêe gèrt
nationalité (f)	สัญชาติ	săn-châat
domicile (m)	ที่อยู่อาศัย	thêe yòo aa-săi
pays (m)	ประเทศ	bprà-thâyt
profession (f)	อาชีพ	aa-chêep
sexe (m)	เพศ	phâyt
taille (f)	ความสูง	khwaam sŏong
poids (m)	น้ำหนัก	nám nàk

55. La famille. Les liens de parenté

mère (f)	มารดา	maan-daa
père (m)	บิดา	bì-daa
fils (m)	ลูกชาย	lôok chaai
fille (f)	ลูกสาว	lôok săao
fille (f) cadette	ลูกสาวคนเล็ก	lôok săao khon lék
fils (m) cadet	ลูกชายคนเล็ก	lôok chaai khon lék
fille (f) aînée	ลูกสาวคนโต	lôok săao khon dtoh
fils (m) aîné	ลูกชายคนโต	lôok chaai khon dtoh
frère (m) aîné	พี่ชาย	phêe chaai
frère (m) cadet	น้องชาย	nórng chaai
sœur (f) aînée	พี่สาว	phêe săao
sœur (f) cadette	น้องสาว	nórng săao
cousin (m)	ลูกพี่ลูกน้อง	lôok phêe lôok nórng
cousine (f)	ลูกพี่ลูกน้อง	lôok phêe lôok nórng
maman (f)	แม่	mâe
papa (m)	พ่อ	phôr
parents (m pl)	พ่อแม่	phôr mâe
enfant (m, f)	เด็ก, ลูก	dèk, lôok
enfants (pl)	เด็กๆ	dèk dèk
grand-mère (f)	ย่า, ยาย	yâa, yaai
grand-père (m)	ปู่, ตา	bpòo, dtaa
petit-fils (m)	หลานชาย	lăan chaai
petite-fille (f)	หลานสาว	lăan săao

petits-enfants (pl)	หลานๆ	lăan
oncle (m)	ลุง	lung
tante (f)	ป้า	bpâa
neveu (m)	หลานชาย	lăan chaai
nièce (f)	หลานสาว	lăan săao

belle-mère (f)	แม่ยาย	mâe yaai
beau-père (m)	พ่อสามี	phôr săa-mee
gendre (m)	ลูกเขย	lôok khŏie
belle-mère (f)	แม่เลี้ยง	mâe líang
beau-père (m)	พ่อเลี้ยง	phôr líang

nourrisson (m)	ทารก	thaa-rók
bébé (m)	เด็กเล็ก	dèk lék
petit (m)	เด็ก	dèk

femme (f)	ภรรยา	phan-rá-yaa
mari (m)	สามี	săa-mee
époux (m)	สามี	săa-mee
épouse (f)	ภรรยา	phan-rá-yaa

marié (adj)	แต่งงานแล้ว	dtàeng ngaan láew
mariée (adj)	แตงงานแลว	dtàeng ngaan láew
célibataire (adj)	เป็นโสด	bpen sòht
célibataire (m)	ชายโสด	chaai sòht
divorcé (adj)	หย่าแลว	yàa láew
veuve (f)	แม่หม้าย	mâe mâai
veuf (m)	พ่อหม้าย	phôr mâai

parent (m)	ญาติ	yâat
parent (m) proche	ญาติใกล้ชิด	yâat glâi chít
parent (m) éloigné	ญาติห่างๆ	yâat hàang hàang
parents (m pl)	ญาติๆ	yâat

orphelin (m)	เด็กชายกำพร้า	dèk chaai gam phráa
orpheline (f)	เด็กหญิงกำพรา	dèk yĭng gam phráa
tuteur (m)	ผู้ปกครอง	phôo bpòk khrorng
adopter (un garçon)	บุญธรรม	bun tham
adopter (une fille)	บุญธรรม	bun tham

56. Les amis. Les collègues

ami (m)	เพื่อน	phêuan
amie (f)	เพื่อน	phêuan
amitié (f)	มิตรภาพ	mít-dtrà-phâap
être ami	เป็นเพื่อน	bpen phêuan

copain (m)	เพื่อนสนิท	phêuan sà-nìt
copine (f)	เพื่อนสนิท	phêuan sà-nìt
partenaire (m)	หุ้นส่วน	hûn sùan

chef (m)	หัวหน้า	hŭa-nâa
supérieur (m)	ผู้บังคับบัญชา	phôo bang-kháp ban-chaa
propriétaire (m)	เจ้าของ	jâo khŏrng

| subordonné (m) | ลูกน้อง | lôok nórng |
| collègue (m, f) | เพื่อนรวมงาน | phêuan rûam ngaan |

connaissance (f)	ผู้คุ้นเคย	phôo khún khoie
compagnon (m) de route	เพื่อนร่วมทาง	pêuan rûam thaang
copain (m) de classe	เพื่อนรุ่น	phêuan rûn

voisin (m)	เพื่อนบ้านผู้ชาย	phêuan bâan pôo chaai
voisine (f)	เพื่อนบ้านผู้หญิง	phêuan bâan phôo yǐng
voisins (m pl)	เพื่อนบ้าน	phêuan bâan

57. L'homme. La femme

femme (f)	ผู้หญิง	phôo yǐng
jeune fille (f)	หญิงสาว	yǐng sǎao
fiancée (f)	เจ้าสาว	jâo sǎao

belle (adj)	สวย	sǔay
de grande taille	สูง	sǒong
svelte (adj)	ผอม	phǒrm
de petite taille	เตี้ย	dtîa

| blonde (f) | ผมสีทอง | phǒm sěe thorng |
| brune (f) | ผมสีคล้ำ | phǒm sěe khlám |

de femme (adj)	สตรี	sàt-dtree
vierge (f)	บริสุทธิ์	bor-rí-sùt
enceinte (adj)	ตั้งครรภ์	dtâng khan

homme (m)	ผู้ชาย	phôo chaai
blond (m)	ผมสีทอง	phǒm sěe thorng
brun (m)	ผมสีคล้ำ	phǒm sěe khlám
de grande taille	สูง	sǒong
de petite taille	เตี้ย	dtîa

rude (adj)	หยาบคาย	yàap kaai
trapu (adj)	แข็งแรง	khǎeng raeng
robuste (adj)	กำยำ	gam-yam
fort (adj)	แข็งแรง	khǎeng raeng
force (f)	ความแข็งแรง	khwaam khǎeng raeng

gros (adj)	ท้วม	thúam
basané (adj)	ผิวดำ	phǐw dam
svelte (adj)	ผอม	phǒrm
élégant (adj)	สง่า	sà-ngàa

58. L'age

âge (m)	อายุ	aa-yú
jeunesse (f)	วัยเยาว์	wai yao
jeune (adj)	หนุ่ม	nùm
plus jeune (adj)	อายุน้อยกว่า	aa-yú nói gwàa

plus âgé (adj)	อายุสูงกว่า	aa-yú sŏong gwàa
jeune homme (m)	ชายหนุ่ม	chaai nùm
adolescent (m)	วัยรุ่น	wai rûn
gars (m)	คนหนุ่ม	khon nùm

vieillard (m)	ชายชรา	chaai chá-raa
vieille femme (f)	หญิงชรา	yĭng chá-raa

adulte (m)	ผู้ใหญ่	phôo yài
d'âge moyen (adj)	วัยกลาง	wai glaang
âgé (adj)	วัยชรา	wai chá-raa
vieux (adj)	แก	gàe

retraite (f)	การเกษียณอายุ	gaan gà-sĭan aa-yú
prendre sa retraite	เกษียณ	gà-sĭan
retraité (m)	ผู้เกษียณอายุ	phôo gà-sĭan aa-yú

59. Les enfants. Les adolescents

enfant (m, f)	เด็ก, ลูก	dèk, lôok
enfants (pl)	เด็กๆ	dèk dèk
jumeaux (m pl)	แฝด	fàet

berceau (m)	เปล	bplay
hochet (m)	ของเล่นกุ๊งกิ๊ง	khŏrng lên gúng-gîng
couche (f)	ผ้าอ้อม	phâa ôrm

tétine (f)	จุกนม	jùk-nom
poussette (m)	รถเข็นเด็ก	rót khĕn dèk
école (f) maternelle	โรงเรียนอนุบาล	rohng rian a-nú-baan
baby-sitter (m, f)	คนเฝ้าเด็ก	khon fâo dèk

enfance (f)	วัยเด็ก	wai dèk
poupée (f)	ตุกตา	dtúk-dtaa
jouet (m)	ของเล่น	khŏrng lên
jeu (m) de construction	ชุดของเล่นก่อสร้าง	chút khŏrng lên gòr sâang

bien élevé (adj)	มีกิริยา มารยาทดี	mee gì-rí-yaa maa-rá-yâat dee
mal élevé (adj)	ไม่มีมารยาท	mâi mee maa-rá-yâat
gâté (adj)	เสียคน	sĭa khon

faire le vilain	ซน	son
vilain (adj)	ซน	son

espièglerie (f)	ความเกเร	kwaam gay-ray
vilain (m)	เด็กเกเร	dèk gay-ray

obéissant (adj)	ที่เชื่อฟัง	thêe chêua fang
désobéissant (adj)	ที่ไม่เชื่อฟัง	thêe mâi chêua fang

sage (adj)	ที่เชื่อฟังผู้ใหญ่	thée chêua fang phôo yài
intelligent (adj)	ฉลาด	chà-làat
l'enfant prodige	เด็กมีพรสวรรค์	dèk mee phon sà-wăn

60. Les couples mariés. La vie de famille

embrasser (sur les lèvres)	จูบ	jòop
s'embrasser (vp)	จูบ	jòop
famille (f)	ครอบครัว	khrôrp khrua
familial (adj)	ครอบครัว	khrôrp khrua
couple (m)	ตัวเมีย	phǔa mia
mariage (m) (~ civil)	การแต่งงาน	gaan dtàeng ngaan
foyer (m) familial	บ้าน	bâan
dynastie (f)	วงศ์ตระกูล	wong dtrà-goon
rendez-vous (m)	การออกเดท	gaan òrk dàyt
baiser (m)	การจูบ	gaan jòop
amour (m)	ความรัก	khwaam rák
aimer (qn)	รัก	rák
aimé (adj)	ที่รัก	thêe rák
tendresse (f)	ความละเมียดละไม	khwaam lá-mîat lá-mai
tendre (affectueux)	ละเมียดละไม	lá-mîat lá-mai
fidélité (f)	ความซื่อ	khwaam sêu
fidèle (adj)	ซื่อ	sêu
soin (m) (~ de qn)	การดูแล	gaan doo lae
attentionné (adj)	ชอบดูแล	chôrp doo lae
jeunes mariés (pl)	คู่แต่งงานใหม่	khôo dtàeng ngaan mài
lune (f) de miel	ฮันนีมูน	han-nee-moon
se marier (prendre pour époux)	แต่งงาน	dtàeng ngaan
se marier (prendre pour épouse)	แต่งงาน	dtàeng ngaan
mariage (m)	การสมรส	gaan sǒm rót
les noces d'or	การสมรสครบรอบ50ปี	gaan sǒm rót khróp rôrp hâa-sìp bpee
anniversaire (m)	วันครบรอบ	wan khróp rôrp
amant (m)	คู่รัก	khôo rák
maîtresse (f)	เมียน้อย	mia nói
adultère (m)	การคบชู้	gaan khóp chóo
commettre l'adultère	คบชู้	khóp chóo
jaloux (adj)	หึงหวง	hěung hǔang
être jaloux	หึง	hěung
divorce (m)	การหย่าร้าง	gaan yàa ráang
divorcer (vi)	หย่า	yàa
se disputer (vp)	ทะเลาะ	thá-lór
se réconcilier (vp)	ประนีประนอม	bprà-nee-bprà-nom
ensemble (adv)	ด้วยกัน	dûay gan
sexe (m)	เพศสัมพันธ์	phâyt sǎm-phan
bonheur (m)	ความสุข	khwaam sùk
heureux (adj)	มีความสุข	mee khwaam sùk
malheur (m)	เหตุร้าย	hàyt ráai
malheureux (adj)	ไม่มีความสุข	mâi mee khwaam sùk

Le caractère. Les émotions

61. Les sentiments. Les émotions

sentiment (m)	ความรู้สึก	khwaam róo sèuk
sentiments (m pl)	ความรู้สึก	khwaam róo sèuk
sentir (vt)	รู้สึก	róo sèuk
faim (f)	ความหิว	khwaam hǐw
avoir faim	หิว	hǐw
soif (f)	ความกระหาย	khwaam grà-hǎai
avoir soif	กระหาย	grà-hǎai
somnolence (f)	ความง่วง	khwaam ngûang
avoir sommeil	ง่วง	ngûang
fatigue (f)	ความเหนื่อย	khwaam nèuay
fatigué (adj)	เหนื่อย	nèuay
être fatigué	เหนื่อย	nèuay
humeur (f) (de bonne ~)	อารมณ์	aa-rom
ennui (m)	ความเบื่อ	khwaam bèua
s'ennuyer (vp)	เบื่อ	bèua
solitude (f)	ความเหงา	khwaam ngǎo
s'isoler (vp)	ปลีกวิเวก	bplèek wí-wâyk
inquiéter (vt)	ทำให้...เป็นห่วง	tham hâi...bpen hùang
s'inquiéter (vp)	กังวล	gang-won
inquiétude (f)	ความเป็นห่วง	khwaam bpen hùang
préoccupation (f)	ความวิตกกังวล	khwaam wí-dtòk gang-won
soucieux (adj)	เป็นห่วงใหญ่	bpen hùang yài
s'énerver (vp)	กระวนกระวาย	grà won grà waai
paniquer (vi)	ตื่นตระหนก	dtèun dtrà-nòk
espoir (m)	ความหวัง	khwaam wǎng
espérer (vi)	หวัง	wǎng
certitude (f)	ความแน่ใจ	khwaam nâe jai
certain (adj)	แน่ใจ	nâe jai
incertitude (f)	ความไม่มั่นใจ	khwaam mâi mân jai
incertain (adj)	ไม่มั่นใจ	mâi mân jai
ivre (adj)	เมา	mao
sobre (adj)	ไม่เมา	mâi mao
faible (adj)	อ่อนแอ	òrn ae
heureux (adj)	มีความสุข	mee khwaam sùk
faire peur	ทำให้...กลัว	tham hâi...glua
fureur (f)	ความโกรธเคือง	khwaam gròht kheuang
rage (f), colère (f)	ความเดือดดาล	khwaam dèuat daan
dépression (f)	ความหดหู่	khwaam hòt-hòo
inconfort (m)	อึดอัด	èut àt

confort (m)	สบาย	sà-baai
regretter (vt)	เสียดาย	sĭa daai
regret (m)	ความเสียดาย	khwaam sĭa daai
malchance (f)	โชคราย	chôhk ráai
tristesse (f)	ความเศร้า	khwaam sâo

honte (f)	ความละอายใจ	khwaam lá-aai jai
joie, allégresse (f)	ความปิติ	khwaam bpì-dtì
enthousiasme (m)	ความกระตือรือร้น	khwaam grà-dteu-reu-rón
enthousiaste (m)	คนที่กระตือรือร้น	khon thêe grà-dteu-reu-rón
avoir de l'enthousiasme	แสดงความ กระตือรือรน	sà-daeng khwaam grà-dteu-reu-rón

62. Le caractère. La personnalité

caractère (m)	นิสัย	ní-sǎi
défaut (m)	ขอเสีย	khôr sĭa
esprit (m)	สติ	sà-dtì
raison (f)	สติ	sà-dtì

conscience (f)	มโนธรรม	má-noh tham
habitude (f)	นิสัย	ní-sǎi
capacité (f)	ความสามารถ	khwaam sǎa-mâat
savoir (faire qch)	สามารถ	sǎa-mâat

patient (adj)	อดทน	òt thon
impatient (adj)	ใจรอนใจเร็ว	jai rórn jai reo
curieux (adj)	อยากรู้อยากเห็น	yàak róo yàak hĕn
curiosité (f)	ความอยากรู้อยากเห็น	khwaam yàak róo yàak hĕn

modestie (f)	ความถ่อมตน	khwaam thòrm dton
modeste (adj)	ถอมตน	thòrm dton
vaniteux (adj)	หยาบโลน	yàap lohn

paresse (f)	ความขี้เกียจ	khwaam khêe gìat
paresseux (adj)	ขี้เกียจ	khêe gìat
paresseux (m)	คนขี้เกียจ	khon khêe gìat

astuce (f)	ความเจ้าเล่ห์	khwaam jâo lây
rusé (adj)	เจาเลห	jâo lây
méfiance (f)	ความหวาดระแวง	khwaam wàat rá-waeng
méfiant (adj)	เคลือบแคลง	khlêuap-khlaeng

générosité (f)	ความเอื้อเฟื้อ	khwaam êua féua
généreux (adj)	มีน้ำใจ	mee nám jai
doué (adj)	มีพรสวรรค์	mee phon sà-wǎn
talent (m)	พรสวรรค	phon sà-wǎn

courageux (adj)	กล้าหาญ	glâa hǎan
courage (m)	ความกล้าหาญ	khwaam glâa hǎan
honnête (adj)	ซื่อสัตย	sêu sàt
honnêteté (f)	ความซื่อสัตย์	khwaam sêu sàt
prudent (adj)	ระมัดระวัง	rá mát rá-wang
courageux (adj)	กลา	glâa

sérieux (adj)	เอาจริงเอาจัง	ao jing ao jang
sévère (adj)	เข้มงวด	khêm ngûat
décidé (adj)	เด็ดเดี่ยว	dèt dìeow
indécis (adj)	ไม่เด็ดขาด	mâi dèt khàat
timide (adj)	อาย	aai
timidité (f)	ความขวยอาย	khwaam khŭay aai
confiance (f)	ความไว้ใจ	khwaam wái jai
croire (qn)	ไว้เนื้อเชื่อใจ	wái néua chêua jai
confiant (adj)	เชื่อใจ	chêua jai
sincèrement (adv)	อย่างจริงใจ	yàang jing jai
sincère (adj)	จริงใจ	jing jai
sincérité (f)	ความจริงใจ	khwaam jing jai
ouvert (adj)	เปิดเผย	bpèrt phŏie
calme (adj)	ใจเย็น	jai yen
franc (sincère)	จริงใจ	jing jai
naïf (adj)	หลงเชื่อ	lŏng chêua
distrait (adj)	ใจลอย	jai loi
drôle, amusant (adj)	ตลก	dtà-lòk
avidité (f)	ความโลภ	khwaam lôhp
avare (adj)	โลภ	lôhp
radin (adj)	ขี้เหนียว	khêe nĭeow
méchant (adj)	เลว	leo
têtu (adj)	ดื้อ	dêu
désagréable (adj)	ไม่น่าพึงพอใจ	mâi nâa pheung phor jai
égoïste (m)	คนที่เห็นแก่ตัว	khon thêe hĕn gàe dtua
égoïste (adj)	เห็นแก่ตัว	hĕn gàe dtua
peureux (m)	คนขี้ขลาด	khon khêe khlàat
peureux (adj)	ขี้ขลาด	khêe khlàat

63. Le sommeil. Les rêves

dormir (vi)	นอน	norn
sommeil (m)	ความนอน	khwaam norn
rêve (m)	ความฝัน	khwaam făn
rêver (en dormant)	ฝัน	făn
endormi (adj)	งวง	ngûang
lit (m)	เตียง	dtiang
matelas (m)	ฟูกนอน	fôok norn
couverture (f)	ผ้าห่ม	phâa hòm
oreiller (m)	หมอน	mŏrn
drap (m)	ผ้าปูที่นอน	phâa bpoo thêe norn
insomnie (f)	อาการนอนไม่หลับ	aa-gaan norn mâi làp
sans sommeil (adj)	นอนไม่หลับ	norn mâi làp
somnifère (m)	ยานอนหลับ	yaa-norn-làp
prendre un somnifère	กินยานอนหลับ	gin yaa-norn-làp
avoir sommeil	งวง	ngûang

bâiller (vi)	หาว	hăao
aller se coucher	ไปนอน	bpai norn
faire le lit	ปูที่นอน	bpoo thêe norn
s'endormir (vp)	หลับ	làp

cauchemar (m)	ฝันร้าย	făn ráai
ronflement (m)	การกรน	gaan-kron
ronfler (vi)	กรน	gron

réveil (m)	นาฬิกาปลุก	naa-lí-gaa bplùk
réveiller (vt)	ปลุก	bplùk
se réveiller (vp)	ตื่น	dtèun
se lever (tôt, tard)	ลุกขึ้น	lúk khêun
se laver (le visage)	ล้างหน้าล้างตา	láang nâa láang dtaa

64. L'humour. Le rire. La joie

humour (m)	อารมณ์ขัน	aa-rom khăn
sens (m) de l'humour	อารมณ์	aa-rom
s'amuser (vp)	เริงรื่น	rerng rêun
joyeux (adj)	เริงรื่น	rerng rêun
joie, allégresse (f)	ความรื่นเริง	khwaam rêun-rerng

sourire (m)	รอยยิ้ม	roi yím
sourire (vi)	ยิ้ม	yím
se mettre à rire	เริ่มหัวเราะ	rêrm hŭa rór
rire (vi)	หัวเราะ	hŭa rór
rire (m)	การหัวเราะ	gaan hŭa rór

anecdote (f)	เรื่องขำขัน	rêuang khăm khăn
drôle, amusant (adj)	ตลก	dtà-lòk
comique, ridicule (adj)	ขบขัน	khòp khăn

plaisanter (vi)	ล้อเล่น	lór lên
plaisanterie (f)	ตลก	dtà-lòk
joie (f) (émotion)	ความสุขสันต์	khwaam sùk-săn
se réjouir (vp)	โมทนา	moh-thá-naa
joyeux (adj)	ยินดี	yin dee

65. Dialoguer et communiquer. Partie 1

| communication (f) | การสื่อสาร | gaan sèu săan |
| communiquer (vi) | สื่อสาร | sèu săan |

conversation (f)	การสนทนา	gaan sŏn-thá-naa
dialogue (m)	บทสนทนา	bòt sŏn-thá-naa
discussion (f) (débat)	การหารือ	gaan hăa-reu
débat (m)	การโต้แย้ง	gaan dtôh yáeng
discuter (vi)	โต้แย้ง	dtôh yáeng

| interlocuteur (m) | คู่สนทนา | khôo sŏn-tá-naa |
| sujet (m) | หัวข้อ | hŭa khôr |

point (m) de vue	แง่คิด	ngâe khít
opinion (f)	ความคิดเห็น	khwaam khít hĕn
discours (m)	สุนทรพจน์	sŭn tha ra phót

discussion (f) (d'un rapport)	การหารือ	gaan hăa-reu
discuter (vt)	หารือ	hăa-reu
conversation (f)	การสนทนา	gaan sŏn-thá-naa
converser (vi)	คุยกัน	khui gan
rencontre (f)	การพบกัน	gaan phóp gan
se rencontrer (vp)	พบ	phóp

proverbe (m)	สุภาษิต	sù-phaa-sìt
dicton (m)	คำกล่าว	kham glàao
devinette (f)	ปริศนา	bprìt-sà-năa
poser une devinette	ถามปริศนา	thăam bprìt-sà-năa
mot (m) de passe	รหัสผ่าน	rá-hàt phàan
secret (m)	ความลับ	khwaam láp

serment (m)	คำสาบาน	kham săa-baan
jurer (de faire qch)	สาบาน	săa baan
promesse (f)	คำสัญญา	kham săn-yaa
promettre (vt)	สัญญา	săn-yaa

conseil (m)	คำแนะนำ	kham náe nam
conseiller (vt)	แนะนำ	náe nam
suivre le conseil (de qn)	ทำตามคำแนะนำ	tham dtaam kham náe nam
écouter (~ ses parents)	เชื่อฟัง	chêua fang

nouvelle (f)	ข่าว	khàao
sensation (f)	ข่าวดัง	khàao dang
renseignements (m pl)	ข้อมูล	khôr moon
conclusion (f)	ข้อสรุป	khôr sà-rùp
voix (f)	เสียง	sĭang
compliment (m)	คำชมเชย	kham chom choie
aimable (adj)	ใจดี	jai dee

mot (m)	คำ	kham
phrase (f)	วลี	wá-lee
réponse (f)	คำตอบ	kham dtòrp

| vérité (f) | ความจริง | khwaam jing |
| mensonge (m) | การโกหก | gaan goh-hòk |

pensée (f)	ความคิด	khwaam khít
idée (f)	ความคิด	khwaam khít
fantaisie (f)	จินตนาการ	jin-dtà-naa gaan

66. Dialoguer et communiquer. Partie 2

respecté (adj)	ที่นับถือ	thêe náp thĕu
respecter (vt)	นับถือ	náp thĕu
respect (m)	ความนับถือ	khwaam náp thĕu
Cher ...	ทาน	thâan
présenter (faire connaître)	แนะนำ	náe nam

faire la connaissance	รู้จัก	róo jàk
intention (f)	ความตั้งใจ	khwaam dtâng jai
avoir l'intention	ตั้งใจ	dtâng jai
souhait (m)	การขอพร	gaan khŏr phon
souhaiter (vt)	ขอ	khŏr

étonnement (m)	ความประหลาดใจ	khwaam bprà-làat jai
étonner (vt)	ทำให้...ประหลาดใจ	tham hâi...bprà-làat jai
s'étonner (vp)	ประหลาดใจ	bprà-làat jai

donner (vt)	ให้	hâi
prendre (vt)	รับ	ráp
rendre (vt)	ให้คืน	hâi kheun
retourner (vt)	เอาคืน	ao kheun

s'excuser (vp)	ขอโทษ	khŏr thôht
excuse (f)	คำขอโทษ	kham khŏr thôht
pardonner (vt)	ให้อภัย	hâi a-phai

parler (~ avec qn)	คุยกัน	khui gan
écouter (vt)	ฟัง	fang
écouter jusqu'au bout	ฟังจนจบ	fang jon jòp
comprendre (vt)	เขาใจ	khâo jai

montrer (vt)	แสดง	sà-daeng
regarder (vt)	ดู	doo
appeler (vt)	เรียก	rîak
distraire (déranger)	รบกวน	róp guan
ennuyer (déranger)	รบกวน	róp guan
passer (~ le message)	ส่ง	sòng

prière (f) (demande)	ข้อร้องขอ	khŏr rórng khŏr
demander (vt)	ร้องขอ	rórng khŏr
exigence (f)	ข้อเรียกร้อง	khŏr rîak rórng
exiger (vt)	เรียกร้อง	rîak rórng

taquiner (vt)	แซว	saew
se moquer (vp)	ล้อเลียน	lór lian
moquerie (f)	ข้อล้อเลียน	khŏr lór lian
surnom (m)	ชื่อเล่น	chêu lên

allusion (f)	การพูดเป็นนัย	gaan phôot bpen nai
faire allusion	พูดเป็นนัย	phôot bpen nai
sous-entendre (vt)	หมายความว่า	măai khwaam wâa

description (f)	คำพรรณนา	kham phan-ná-naa
décrire (vt)	พรรณนา	phan-ná-naa
éloge (m)	คำชม	kham chom
louer (vt)	ชม	chom

déception (f)	ความผิดหวัง	khwaam phìt wăng
décevoir (vt)	ทำให้...ผิดหวัง	tham hâi...phìt wăng
être déçu	ผิดหวัง	phìt wăng

| supposition (f) | ข้อสมมุติ | khŏr sŏm mút |
| supposer (vt) | สมมุติ | sŏm mút |

| avertissement (m) | คำเตือน | kham dteuan |
| prévenir (vt) | เตือน | dteuan |

67. Dialoguer et communiquer. Partie 3

| convaincre (vt) | เกลี้ยกล่อม | glîak-glôrm |
| calmer (vt) | ทำให้...สงบ | tham hâi...sà-ngòp |

silence (m) (~ est d'or)	ความเงียบ	khwaam ngîap
rester silencieux	เงียบ	ngîap
chuchoter (vi, vt)	กระซิบ	grà síp
chuchotement (m)	เสียงกระซิบ	sĭang grà síp

| sincèrement (adv) | พูดตรงๆ | phôot dtrorng dtrorng |
| à mon avis ... | ในสายตาของ ผม/ฉัน... | nai sǎai dtaa-kŏrng phŏm/chǎn... |

détail (m) (d'une histoire)	รายละเอียด	raai lá-ìat
détaillé (adj)	โดยละเอียด	doi lá-ìat
en détail (adv)	อย่างละเอียด	yàang lá-ìat

| indice (m) | คำบอกใบ้ | kham bòrk bâi |
| donner un indice | บอกใบ้ | bòrk bâi |

regard (m)	การมอง	gaan morng
jeter un coup d'oeil	มอง	morng
fixe (un regard ~)	จอง	jôrng
clignoter (vi)	กระพริบตา	grà phríp dtaa
cligner de l'oeil	ขยิบตา	khà-yìp dtaa
hocher la tête	พยักหน้า	phá-yák nâa

soupir (m)	การถอนหายใจ	gaan thŏrn hǎai jai
soupirer (vi)	ถอนหายใจ	thŏrn hǎai-jai
tressaillir (vi)	สั่น	sàn
geste (m)	อิริยาบถ	i-rí-yaa-bòt
toucher (de la main)	สัมผัส	sǎm-phàt
saisir (par le bras)	จับ	jàp
taper (sur l'épaule)	แตะ	dtàe

Attention!	ระวัง!	rá-wang
Vraiment?	จริงหรือ?	jing rěu
Tu es sûr?	คุณแน่ใจหรือ?	khun nâe jai rěu
Bonne chance!	ขอให้โชคดี!	khŏr hâi chôhk dee
Compris!	ฉันเข้าใจ!	chǎn khâo jai
Dommage!	น่าเสียดาย!	nâa sǐa-daai

68. L'accord. Le refus

accord (m)	การยินยอม	gaan yin yorm
être d'accord	ยินยอม	yin yorm
approbation (f)	คำอนุมัติ	kham a-nú-mát
approuver (vt)	อนุมัติ	a-nú-mát

| refus (m) | คำปฏิเสธ | kham bpà-dtì-sàyt |
| se refuser (vp) | ปฏิเสธ | bpà-dtì-sàyt |

Super!	เยี่ยม!	yîam
Bon!	ดีเลย!	dee loie
D'accord!	โอเค!	oh-khay

interdit (adj)	ไม่ได้รับอนุญาต	mâi dâai ráp a-nú-yâat
c'est interdit	ห้าม	hâam
c'est impossible	มันเป็นไปไม่ได้	man bpen bpai mâi dâai
incorrect (adj)	ไม่ถูกต้อง	mâi thòok dtôrng

décliner (vt)	ปฏิเสธ	bpà-dtì-sàyt
soutenir (vt)	สนับสนุน	sà-nàp-sà-nǔn
accepter (condition, etc.)	ยอมรับ	yorm ráp

confirmer (vt)	ยืนยัน	yeun yan
confirmation (f)	คำยืนยัน	kham yeun yan
permission (f)	คำอนุญาต	kham a-nú-yâat
permettre (vt)	อนุญาต	a-nú-yâat
décision (f)	การตัดสินใจ	gaan dtàt sǐn jai
ne pas dire un mot	ไม่พูดอะไร	mâi phôot a-rai

condition (f)	เงื่อนไข	ngêuan khǎi
excuse (f) (prétexte)	ขออ้าง	khǒr âang
éloge (m)	คำชม	kham chom
louer (vt)	ชม	chom

69. La réussite. La chance. L'échec

succès (m)	ความสำเร็จ	khwaam sǎm-rèt
avec succès (adv)	ให้เป็นผลสำเร็จ	hâi bpen phǒn sǎm-rèt
réussi (adj)	ที่สำเร็จ	thêe sǎm-rèt

chance (f)	โชค	chôhk
Bonne chance!	ขอให้โชคดี!	khǒr hâi chôhk dee
de chance (jour ~)	มีโชค	mee chôhk
chanceux (adj)	มีโชคดี	mee chôhk dee

échec (m)	ความล้มเหลว	khwaam lóm lěo
infortune (f)	โชคร้าย	chôhk ráai
malchance (f)	โชคร้าย	chôhk ráai
raté (adj)	ไม่ประสบ	mâi bprà-sòp
	ความสำเร็จ	khwaam sǎm-rèt
catastrophe (f)	ความล้มเหลว	khwaam lóm lěo

fierté (f)	ความภาคภูมิใจ	khwaam phâak phoom jai
fier (adj)	ภูมิใจ	phoom jai
être fier	ภูมิใจ	phoom jai

gagnant (m)	ผู้ชนะ	phôo chá-ná
gagner (vi)	ชนะ	chá-ná
perdre (vi)	แพ้	pháe
tentative (f)	ความพยายาม	khwaam phá-yaa-yaam

| essayer (vt) | พยายาม | phá-yaa-yaam |
| chance (f) | โอกาส | oh-gàat |

70. Les disputes. Les émotions négatives

cri (m)	เสียงตะโกน	sĭang dtà-gohn
crier (vi)	ตะโกน	dtà-gohn
se mettre à crier	เริ่มตะโกน	rêrm dtà-gohn

dispute (f)	การทะเลาะ	gaan thá-lór
se disputer (vp)	ทะเลาะ	thá-lór
scandale (m) (dispute)	ความทะเลาะ	khwaam thá-lór
faire un scandale	ตีโพยตีพาย	dtee phoi dtee phaai
conflit (m)	ความขัดแย้ง	khwaam khàt yáeng
malentendu (m)	การเขาใจผิด	gaan khâo jai phìt

insulte (f)	คำดูถูก	kham doo thòok
insulter (vt)	ดูถูก	doo thòok
insulté (adj)	โดนดูถูก	dohn doo thòok
offense (f)	ความเคียดแค้น	khwaam khîat-kháen
offenser (vt)	ลวงเกิน	lûang gern
s'offenser (vp)	ถือสา	thěu săa

indignation (f)	ความโกรธแค้น	khwaam gròht kháen
s'indigner (vp)	ขุ่นเคือง	khùn kheuang
plainte (f)	คำร้อง	kham rórng
se plaindre (vp)	บ่น	bòn

excuse (f)	คำขอโทษ	kham khŏr thôht
s'excuser (vp)	ขอโทษ	khŏr thôht
demander pardon	ขออภัย	khŏr a-phai

critique (f)	คำวิจารณ์	kham wí-jaan
critiquer (vt)	วิจารณ์	wí-jaan
accusation (f)	การกล่าวหา	gaan glàao hăa
accuser (vt)	กล่าวหา	glàao hăa

vengeance (f)	การแก้แค้น	gaan gâe kháen
se venger (vp)	แก้แค้น	gâe kháen
faire payer (qn)	แก้แค้น	gâe kháen

mépris (m)	ความดูหมิ่น	khwaam doo mìn
mépriser (vt)	ดูหมิ่น	doo mìn
haine (f)	ความเกลียดชัง	khwaam glìat chang
haïr (vt)	เกลียด	glìat

nerveux (adj)	กระวนกระวาย	grà won grà waai
s'énerver (vp)	กระวนกระวาย	grà won grà waai
fâché (adj)	โกรธ	gròht
fâcher (vt)	ทำให้...โกรธ	tham hâi...gròht

humiliation (f)	ความเสียดเย้ย	khwaam sìat yóie
humilier (vt)	ฉีกหน้า	chèek nâa
s'humilier (vp)	ฉีกหน้าตนเอง	chèek nâa dton ayng

| choc (m) | ความตกตะลึง | khwaam dtòk dtà-leung |
| choquer (vt) | ทำให้...ตกตะลึง | tham hâi...dtòk dtà-leung |

| ennui (m) (problème) | ปัญหา | bpan-hǎa |
| désagréable (adj) | ไม่น่าพึงพอใจ | mâi nâa pheung phor jai |

peur (f)	ความกลัว	khwaam glua
terrible (tempête, etc.)	แย	yâe
effrayant (histoire ~e)	น่ากลัว	nâa glua
horreur (f)	ความกลัว	khwaam glua
horrible (adj)	แย่มาก	yâe mâak

commencer à trembler	เริ่มตัวสั่น	rêrm dtua sàn
pleurer (vi)	ร้องไห้	rórng hâi
se mettre à pleurer	เริ่มร้องไห้	rêrm rórng hâi
larme (f)	น้ำตา	nám dtaa

faute (f)	ความผิด	khwaam phìt
culpabilité (f)	ผิด	phìt
déshonneur (m)	เสียเกียรติ	sǐa gìat
protestation (f)	การประท้วง	gaan bprà-thúang
stress (m)	ความว้าวุ่นใจ	khwaam wáa-wûn-jai

déranger (vt)	รบกวน	róp guan
être furieux	โกรธจัด	gròht jàt
en colère, fâché (adj)	โกรธ	gròht
rompre (relations)	ยุติ	yút-dtì
réprimander (vt)	ดุดา	dù dàa

prendre peur	ตกใจ	dtòk jai
frapper (vt)	ตี	dtee
se battre (vp)	สู้	sôo

régler (~ un conflit)	ยุติ	yút-dtì
mécontent (adj)	ไม่พอใจ	mâi phor jai
enragé (adj)	โกรธจัด	gròht jàt

| Ce n'est pas bien! | มันไม่ค่อยดี | man mâi khôi dee |
| C'est mal! | มันไม่ดีเลย | man mâi dee loie |

La médecine

71. Les maladies

maladie (f)	โรค	rôhk
être malade	ป่วย	bpùay
santé (f)	สุขภาพ	sùk-khà-phâap

rhume (m) (coryza)	น้ำมูกไหล	nám môok lǎi
angine (f)	ตอมทอนซิลอักเสบ	dtòm thorn-sin àk-sàyp
refroidissement (m)	หวัด	wàt
prendre froid	เป็นหวัด	bpen wàt

bronchite (f)	โรคหลอดลมอักเสบ	rôhk lòrt lom àk-sàyp
pneumonie (f)	โรคปอดบวม	rôhk bpòrt-buam
grippe (f)	ไขหวัดใหญ่	khâi wàt yài

myope (adj)	สายตาสั้น	sǎai dtaa sân
presbyte (adj)	สายตายาว	sǎai dtaa yaao
strabisme (m)	ตาเหล	dtaa làay
strabique (adj)	เป็นตาเหล	bpen dtaa kǎy rěu làay
cataracte (f)	ตอกระจก	dtôr grà-jòk
glaucome (m)	ตอหิน	dtôr hǐn

insulte (f)	โรคหลอดเลือดสมอง	rôhk lòrt lêuat sà-mǒrng
crise (f) cardiaque	อาการหัวใจวาย	aa-gaan hǔa jai waai
infarctus (m) de myocarde	กลามเนื้อหัวใจตาย	glâam néua hǔa jai dtaai
	เหตุขาดเลือด	hàyt khàat lêuat
paralysie (f)	อัมพาต	am-má-phâat
paralyser (vt)	ทำใหเป็นอัมพาต	tham hâi bpen am-má-phâat

allergie (f)	ภูมิแพ้	phoom pháe
asthme (m)	โรคหืด	rôhk hèut
diabète (m)	โรคเบาหวาน	rôhk bao wǎan

| mal (m) de dents | อาการปวดฟัน | aa-gaan bpùat fan |
| carie (f) | ฟันผุ | fan phù |

diarrhée (f)	อาการทองเสีย	aa-gaan thórng sǐa
constipation (f)	อาการทองผูก	aa-gaan thórng phòok
estomac (m) barbouillé	อาการปวดทอง	aa-gaan bpùat thórng
intoxication (f) alimentaire	ภาวะอาหารเป็นพิษ	phaa-wá aa hǎan bpen pít
être intoxiqué	กินอาหารเป็นพิษ	gin aa hǎan bpen phít

arthrite (f)	โรคขออักเสบ	rôhk khôr àk-sàyp
rachitisme (m)	โรคกระดูกออน	rôhk grà-dòok òrn
rhumatisme (m)	โรครูมาติก	rôhk roo-maa-dtìk
athérosclérose (f)	ภาวะหลอดเลือดแข็ง	phaa-wá lòrt lêuat khǎeng
gastrite (f)	โรคกระเพาะอาหาร	rôhk grà-phór aa-hǎan
appendicite (f)	ไสติงอักเสบ	sâi dtìng àk-sàyp

| cholécystite (f) | โรคถุงน้ำดีอักเสบ | rôhk thǔng nám dee àk-sàyp |
| ulcère (m) | แผลเปื่อย | phlǎe bpèuay |

rougeole (f)	โรคหัด	rôhk hàt
rubéole (f)	โรคหัดเยอรมัน	rôhk hàt yer-rá-man
jaunisse (f)	โรคดีซ่าน	rôhk dee sâan
hépatite (f)	โรคตับอักเสบ	rôhk dtàp àk-sàyp

schizophrénie (f)	โรคจิตเภท	rôhk jìt-dtà-phâyt
rage (f) (hydrophobie)	โรคพิษสุนัขบ้า	rôhk phít sù-nák bâa
névrose (f)	โรคประสาท	rôhk bprà-sàat
commotion (f) cérébrale	สมองกระทบ กระเทือน	sà-mǒrng grà-thóp grà-theuan

cancer (m)	มะเร็ง	má-reng
sclérose (f)	การแข็งตัวของ เนื้อเยื่อรางกาย	gaan kǎeng dtua kǒng néua yêua râang gaai
sclérose (f) en plaques	โรคปลอกประสาท เสื่อมแข็ง	rôhk bplòk bprà-sàat sèuam kǎeng

alcoolisme (m)	โรคพิษสุราเรื้อรัง	rôhk phít sù-raa réua rang
alcoolique (m)	คนขี้เหล้า	khon khêe lâo
syphilis (f)	โรคซิฟิลิส	rôhk sí-fí-lít
SIDA (m)	โรคเอดส์	rôhk àyt

tumeur (f)	เนื้องอก	néua ngôk
maligne (adj)	ราย	ráai
bénigne (adj)	ไมราย	mâi ráai

fièvre (f)	ไข้	khâi
malaria (f)	ไข้มาลาเรีย	kâi maa-laa-ria
gangrène (f)	เนื้อตายเน่า	néua dtaai nâo
mal (m) de mer	ภาวะเมาคลื่น	phaa-wá mao khlêun
épilepsie (f)	โรคลมบาหมู	rôhk lom bâa-mǒo

épidémie (f)	โรคระบาด	rôhk rá-bàat
typhus (m)	โรครากสาดใหญ่	rôhk râak-sàat yài
tuberculose (f)	วัณโรค	wan-ná-rôhk
choléra (m)	อหิวาตกโรค	a-hì-wâat-gà-rôhk
peste (f)	กาฬโรค	gaan-lá-rôhk

72. Les symptômes. Le traitement. Partie 1

symptôme (m)	อาการ	aa-gaan
température (f)	อุณหภูมิ	un-hà-phoom
fièvre (f)	อุณหภูมิสูง	un-hà-phoom sǒong
pouls (m)	ชีพจร	chêep-phá-jon

vertige (m)	อาการเวียนหัว	aa-gaan wian hǔa
chaud (adj)	รอน	rórn
frisson (m)	หนาวสั่น	nǎao sàn
pâle (adj)	หนาเซียว	nâa sieow
toux (f)	การไอ	gaan ai
tousser (vi)	ไอ	ai

éternuer (vi)	จาม	jaam
évanouissement (m)	การเป็นลม	gaan bpen lom
s'évanouir (vp)	เป็นลม	bpen lom

bleu (m)	ฟกช้ำ	fók chám
bosse (f)	บวม	buam
se heurter (vp)	ชน	chon
meurtrissure (f)	รอยฟกช้ำ	roi fók chám
se faire mal	ได้รอยช้ำ	dâai roi chám

boiter (vi)	กะโผลกกะเผลก	gà-phlòhk-gà-phlàyk
foulure (f)	ขอหลุด	khôr lùt
se démettre (l'épaule, etc.)	ทำขอหลุด	tham khôr lùt
fracture (f)	กระดูกหัก	grà-dòok hàk
avoir une fracture	หักกระดูก	hàk grà-dòok

coupure (f)	รอยบาด	roi bàat
se couper (~ le doigt)	ทำบาด	tham bàat
hémorragie (f)	การเลือดไหล	gaan lêuat lǎi

| brûlure (f) | แผลไฟไหม้ | phlǎe fai mâi |
| se brûler (vp) | ได้รับแผลไฟไหม้ | dâai ráp phlǎe fai mâi |

se piquer (le doigt)	ตำ	dtam
se piquer (vp)	ตำตัวเอง	dtam dtua ayng
blesser (vt)	ทำให้บาดเจ็บ	tham hâi bàat jèp
blessure (f)	การบาดเจ็บ	gaan bàat jèp
plaie (f) (blessure)	แผล	phlǎe
trauma (m)	แผลบาดเจ็บ	phlǎe bàat jèp

délirer (vi)	คลุ้มคลั่ง	khlúm khlâng
bégayer (vi)	พูดตะกุกตะกัก	phôot dtà-gùk-dtà-gàk
insolation (f)	โรคลมแดด	rôhk lom dàet

73. Les symptômes. Le traitement. Partie 2

| douleur (f) | ความเจ็บปวด | khwaam jèp bpùat |
| écharde (f) | เสี้ยน | sîan |

sueur (f)	เหงื่อ	ngèua
suer (vi)	เหงื่อออก	ngèua òrk
vomissement (m)	การอาเจียน	gaan aa-jian
spasmes (m pl)	การชัก	gaan chák

enceinte (adj)	ตั้งครรภ์	dtâng khan
naître (vi)	เกิด	gèrt
accouchement (m)	การคลอด	gaan khlôrt
accoucher (vi)	คลอดบุตร	khlôrt bùt
avortement (m)	การแทงบุตร	gaan tháeng bùt

respiration (f)	การหายใจ	gaan hǎai-jai
inhalation (f)	การหายใจเข้า	gaan hǎai-jai khâo
expiration (f)	การหายใจออก	gaan hǎai-jai òrk
expirer (vi)	หายใจออก	hǎai-jai òrk

inspirer (vi)	หายใจเข้า	hăai-jai khâo
invalide (m)	คนพิการ	khon phí-gaan
handicapé (m)	พิการ	phí-gaan
drogué (m)	ผู้ติดยาเสพติด	phôo dtìt yaa-sàyp-dtìt

sourd (adj)	หูหนวก	hŏo nùak
muet (adj)	เป็นใบ้	bpen bâi
sourd-muet (adj)	หูหนวกเป็นใบ้	hŏo nùak bpen bâi

fou (adj)	บ้า	bâa
fou (m)	คนบ้า	khon bâa
folle (f)	คนบ้า	khon bâa
devenir fou	เสียสติ	sĭa sà-dtì

gène (m)	ยีน	yeun
immunité (f)	ภูมิคุ้มกัน	phoom khúm gan
héréditaire (adj)	เป็นกรรมพันธุ์	bpen gam-má-phan
congénital (adj)	แต่กำเนิด	dtàe gam-nèrt

virus (m)	เชื้อไวรัส	chéua wai-rát
microbe (m)	จุลินทรีย์	jù-lin-see
bactérie (f)	แบคทีเรีย	bàek-tee-ria
infection (f)	การติดเชื้อ	gaan dtìt chéua

74. Les symptômes. Le traitement. Partie 3

| hôpital (m) | โรงพยาบาล | rohng phá-yaa-baan |
| patient (m) | ผู้ป่วย | phôo bpùay |

diagnostic (m)	การวินิจฉัยโรค	gaan wí-nít-chăi rôhk
cure (f) (faire une ~)	การรักษา	gaan rák-săa
traitement (m)	การรักษา ทางการแพทย์	gaan rák-săa thaang gaan phâet

se faire soigner	รับการรักษา	ráp gaan rák-săa
traiter (un patient)	รักษา	rák-săa
soigner (un malade)	รักษา	rák-săa
soins (m pl)	การดูแลรักษา	gaan doo lae rák-săa

opération (f)	การผ่าตัด	gaan phàa dtàt
panser (vt)	พันแผล	phan phlăe
pansement (m)	การพันแผล	gaan phan phlăe

vaccination (f)	การฉีดวัคซีน	gaan chèet wák-seen
vacciner (vt)	ฉีดวัคซีน	chèet wák-seen
piqûre (f)	การฉีดยา	gaan chèet yaa
faire une piqûre	ฉีดยา	chèet yaa

crise, attaque (f)	มีอาการเฉียบพลัน	mee aa-gaan chìap phlan
amputation (f)	การตัดอวัยวะออก	gaan dtàt a-wai-wá òrk
amputer (vt)	ตัด	dtàt
coma (m)	อาการโคม่า	aa-gaan khoh-mâa
être dans le coma	อยู่ในอาการโคม่า	yòo nai aa-gaan khoh-mâa
réanimation (f)	หน่วยอภิบาล	nùay à-phí-baan
se rétablir (vp)	ฟื้นตัว	féun dtua

état (m) (de santé)	อาการ	aa-gaan
conscience (f)	สติสัมปชัญญะ	sà-dtì săm-bpà-chan-yá
mémoire (f)	ความทรงจำ	khwaam song jam
arracher (une dent)	ถอน	thŏrn
plombage (m)	การอุด	gaan ùt
plomber (vt)	อุด	ùt
hypnose (f)	การสะกดจิต	gaan sà-gòt jìt
hypnotiser (vt)	สะกดจิต	sà-gòt jìt

75. Les médecins

médecin (m)	แพทย์	phâet
infirmière (f)	พยาบาล	phá-yaa-baan
médecin (m) personnel	แพทย์ส่วนตัว	phâet sùan dtua
dentiste (m)	ทันตแพทย์	than-dtà phâet
ophtalmologiste (m)	จักษุแพทย์	jàk-sù phâet
généraliste (m)	อายุรแพทย์	aa-yú-rá-phâet
chirurgien (m)	ศัลยแพทย์	săn-yá-phâet
psychiatre (m)	จิตแพทย์	jìt-dtà-phâet
pédiatre (m)	กุมารแพทย์	gù-maan phâet
psychologue (m)	นักจิตวิทยา	nák jìt wít-thá-yaa
gynécologue (m)	นรีแพทย์	ná-ree phâet
cardiologue (m)	หทัยแพทย์	hà-thai phâet

76. Les médicaments. Les accessoires

médicament (m)	ยา	yaa
remède (m)	ยา	yaa
prescrire (vt)	จ่ายยา	jàai yaa
ordonnance (f)	ใบสั่งยา	bai sàng yaa
comprimé (m)	ยาเม็ด	yaa mét
onguent (m)	ยาทา	yaa thaa
ampoule (f)	หลอดยา	lòrt yaa
mixture (f)	ยาส่วนผสม	yaa sùan phà-sŏm
sirop (m)	น้ำเชื่อม	nám chêuam
pilule (f)	ยาเม็ด	yaa mét
poudre (f)	ยาผง	yaa phŏng
bande (f)	ผ้าพันแผล	phâa phan phlăe
coton (m) (ouate)	สำลี	săm-lee
iode (m)	ไอโอดีน	ai oh-deen
sparadrap (m)	พลาสเตอร์	phláat-dtêr
compte-gouttes (m)	ที่หยอดตา	thêe yòrt dtaa
thermomètre (m)	ปรอท	bpa -ròrt
seringue (f)	เข็มฉีดยา	khěm chèet-yaa
fauteuil (m) roulant	รถเข็นคนพิการ	rót khěn khon phí-gaan

béquilles (f pl)	ไม้ค้ำยัน	máai khám yan
anesthésique (m)	ยาแก้ปวด	yaa gâe bpùat
purgatif (m)	ยาระบาย	yaa rá-baai
alcool (m)	เอธานอล	ay-thaa-norn
herbe (f) médicinale	สมุนไพร ทางการแพทย์	sà-mǔn phrai thaang gaan phâet
d'herbes (adj)	สมุนไพร	sà-mǔn phrai

77. Le tabac et ses produits dérivés

tabac (m)	ยาสูบ	yaa sòop
cigarette (f)	บุหรี่	bù rèe
cigare (f)	ซิการ์	sí-gâa
pipe (f)	ไปป์	bpai
paquet (m)	ซอง	sorng

allumettes (f pl)	ไม้ขีด	máai khèet
boîte (f) d'allumettes	กลองไม้ขีด	glòrng máai khèet
briquet (m)	ไฟแช็ก	fai cháek
cendrier (m)	ที่เขี่ยบุหรี่	thêe khìa bù rèe
étui (m) à cigarettes	กลองใส่บุหรี่	glòrng sài bù rèe

| fume-cigarette (m) | ที่ต่อบุหรี่ | thêe dtòr bù rèe |
| filtre (m) | ตัวกรองบุหรี่ | dtua grorng bù rèe |

fumer (vi, vt)	สูบ	sòop
allumer une cigarette	จุดบุหรี่	jùt bù rèe
tabagisme (m)	การสูบบุหรี่	gaan sòop bù rèe
fumeur (m)	ผู้สูบบุหรี่	pôo sòop bù rèe

mégot (m)	ก้นบุหรี่	gôn bù rèe
fumée (f)	ควันบุหรี่	khwan bù rèe
cendre (f)	ขี้บุหรี่	khêe bù rèe

L'HABITAT HUMAIN

La ville

ville (f)	เมือง	meuang
capitale (f)	เมืองหลวง	meuang lǔang
village (m)	หมู่บ้าน	mòo bâan
plan (m) de la ville	แผนที่เมือง	phǎen thêe meuang
centre-ville (m)	ใจกลางเมือง	jai glaang-meuang
banlieue (f)	ชานเมือง	chaan meuang
de banlieue (adj)	ชานเมือง	chaan meuang
périphérie (f)	รอบนอกเมือง	rôrp nôrk meuang
alentours (m pl)	เขตรอบเมือง	khàyt rôrp-meuang
quartier (m)	บล็อกผังเมือง	blòrk phǎng meuang
quartier (m) résidentiel	บล็อกที่อยู่อาศัย	blòrk thêe yòo aa-sǎi
trafic (m)	การจราจร	gaan jà-raa-jon
feux (m pl) de circulation	ไฟจราจร	fai jà-raa-jon
transport (m) urbain	ขนส่งมวลชน	khǒn sòng muan chon
carrefour (m)	สี่แยก	sèe yâek
passage (m) piéton	ทางม้าลาย	thaang máa laai
passage (m) souterrain	อุโมงค์คนเดิน	u-mohng kon dern
traverser (vt)	ข้าม	khâam
piéton (m)	คนเดินเท้า	khon dern tháo
trottoir (m)	ทางเท้า	thaang tháo
pont (m)	สะพาน	sà-phaan
quai (m)	ทางเลียบแม่น้ำ	thaang lîap mâe náam
fontaine (f)	น้ำพุ	nám phú
allée (f)	ทางเลียบสวน	thaang lîap sǔan
parc (m)	สวน	sǔan
boulevard (m)	ถนนกว้าง	thà-nǒn gwâang
place (f)	จัตุรัส	jàt-dtù-ràt
avenue (f)	ถนนใหญ่	thà-nǒn yài
rue (f)	ถนน	thà-nǒn
ruelle (f)	ซอย	soi
impasse (f)	ทางตัน	thaang dtan
maison (f)	บ้าน	bâan
édifice (m)	อาคาร	aa-khaan
gratte-ciel (m)	ตึกระฟ้า	dtèuk rá-fáa
façade (f)	ด้านหน้าอาคาร	dâan-nâa aa-khaan
toit (m)	หลังคา	lǎng khaa

fenêtre (f)	หน้าต่าง	nâa dtàang
arc (m)	ซุ้มประตู	súm bprà-dtoo
colonne (f)	เสา	sǎo
coin (m)	มุม	mum

vitrine (f)	หน้าต่างร้านค้า	nâa dtàang ráan kháa
enseigne (f)	ป้ายราน	bpâai ráan
affiche (f)	โปสเตอร์	bpòht-dtêr
affiche (f) publicitaire	ป้ายโฆษณา	bpâai khôht-sà-naa
panneau-réclame (m)	กระดานปิดประกาศ โฆษณา	grà-daan bpìt bprà-gàat khôht-sà-naa

ordures (f pl)	ขยะ	khà-yà
poubelle (f)	ถุงขยะ	thǎng khà-yà
jeter à terre	ทิ้งขยะ	thíng khà-yà
décharge (f)	ที่ทิ้งขยะ	thêe thíng khà-yà

cabine (f) téléphonique	ตู้โทรศัพท์	dtôo thoh-rá-sàp
réverbère (m)	เสาโคม	sǎo khohm
banc (m)	ม้านั่ง	máa nâng

policier (m)	เจ้าหน้าที่ตำรวจ	jâo nâa-thêe dtam-rùat
police (f)	ตำรวจ	dtam-rùat
clochard (m)	ขอทาน	khǒr thaan
sans-abri (m)	คนไร้บ้าน	khon rái bâan

79. Les institutions urbaines

magasin (m)	ร้านค้า	ráan kháa
pharmacie (f)	ร้านขายยา	ráan khǎai yaa
opticien (m)	รานตัดแว่น	ráan dtàt wâen
centre (m) commercial	ศูนย์การค้า	sǒon gaan kháa
supermarché (m)	ซูเปอร์มาร์เก็ต	soo-bper-maa-gèt

boulangerie (f)	ร้านขนมปัง	ráan khà-nǒm bpang
boulanger (m)	คนอบขนมปัง	khon òp khà-nǒm bpang
pâtisserie (f)	ร้านขนม	ráan khà-nǒm
épicerie (f)	ร้านขายของชำ	ráan khǎai khǒrng cham
boucherie (f)	รานขายเนื้อ	ráan khǎai néua

| magasin (m) de légumes | ร้านขายผัก | ráan khǎai phàk |
| marché (m) | ตลาด | dtà-làat |

salon (m) de café	ร้านกาแฟ	ráan gaa-fae
restaurant (m)	รานอาหาร	ráan aa-hǎan
brasserie (f)	บาร์	baa
pizzeria (f)	รานพิซซ่า	ráan phís-sâa

salon (m) de coiffure	ร้านทำผม	ráan tham phǒm
poste (f)	โรงไปรษณีย์	rohng bprai-sà-nee
pressing (m)	รานซักแหง	ráan sák hâeng
atelier (m) de photo	ห้องถ่ายภาพ	hôrng thàai phâap
magasin (m) de chaussures	ร้านขายรองเท้า	ráan khǎai rorng táo
librairie (f)	รานขายหนังสือ	ráan khǎai nǎng-sěu

magasin (m) d'articles de sport	ร้านขายอุปกรณ์กีฬา	ráan khǎai u-bpà-gon gee-laa
atelier (m) de retouche	ร้านซ่อมเสื้อผ้า	ráan sôrm sêua phâa
location (f) de vêtements	ร้านเช่าเสื้อออกงาน	ráan châo sêua òrk ngaan
location (f) de films	ร้านเช่าวิดีโอ	ráan châo wí-dee-oh
cirque (m)	โรงละครสัตว์	rohng lá-khon sàt
zoo (m)	สวนสัตว์	sǔan sàt
cinéma (m)	โรงภาพยนตร์	rohng phâap-phá-yon
musée (m)	พิพิธภัณฑ์	phí-phítha phan
bibliothèque (f)	ห้องสมุด	hôrng sà-mùt
théâtre (m)	โรงละคร	rohng lá-khon
opéra (m)	โรงอุปรากร	rohng ù-bpà-raa-gon
boîte (f) de nuit	ไนท์คลับ	nai-khláp
casino (m)	คาสิโน	khaa-sì-noh
mosquée (f)	สุเหร่า	sù-rào
synagogue (f)	โบสถ์ยิว	bòht yiw
cathédrale (f)	อาสนวิหาร	aa sǒn wí-hǎan
temple (m)	วิหาร	wí-hǎan
église (f)	โบสถ์	bòht
institut (m)	วิทยาลัย	wít-thá-yaa-lai
université (f)	มหาวิทยาลัย	má-hǎa wít-thá-yaa-lai
école (f)	โรงเรียน	rohng rian
préfecture (f)	ศาลากลางจังหวัด	sǎa-laa glaang jang-wàt
mairie (f)	ศาลาเทศบาล	sǎa-laa thâyt-sà-baan
hôtel (m)	โรงแรม	rohng raem
banque (f)	ธนาคาร	thá-naa-khaan
ambassade (f)	สถานทูต	sà-thǎan thôot
agence (f) de voyages	บริษัททัวร์	bor-rí-sàt thua
bureau (m) d'information	สำนักงาน ศูนย์ข้อมูล	sǎm-nák ngaan sǒon khôr moon
bureau (m) de change	ร้านแลกเงิน	ráan lâek ngern
métro (m)	รถไฟใต้ดิน	rót fai dtâi din
hôpital (m)	โรงพยาบาล	rohng phá-yaa-baan
station-service (f)	ปั๊มน้ำมัน	bpám náam man
parking (m)	ลานจอดรถ	laan jòrt rót

80. Les enseignes. Les panneaux

enseigne (f)	ป้ายร้าน	bpâai ráan
pancarte (f)	ป้ายเตือน	bpâai dteuan
poster (m)	โปสเตอร์	bpòht-dtêr
indicateur (m) de direction	ป้ายบอกทาง	bpâai bòrk thaang
flèche (f)	ลูกศร	lôok sǒn
avertissement (m)	คำเตือน	kham dteuan
panneau d'avertissement	ป้ายเตือน	bpâai dteuan
avertir (vt)	เตือน	dteuan

jour (m) de repos	วันหยุด	wan yùt
horaire (m)	ตารางเวลา	dtaa-raang way-laa
heures (f pl) d'ouverture	เวลาทำการ	way-laa tham gaan
BIENVENUE!	ยินดีต้อนรับ!	yin dee dtôrn ráp
ENTRÉE	ทางเขา	thaang khâo
SORTIE	ทางออก	thaang òrk
POUSSER	ผลัก	phlàk
TIRER	ดึง	deung
OUVERT	เปิด	bpèrt
FERMÉ	ปิด	bpìt
FEMMES	หญิง	yǐng
HOMMES	ชาย	chaai
RABAIS	ลดราคา	lót raa-khaa
SOLDES	ขายของลดราคา	khǎai khǒrng lót raa-khaa
NOUVEAU!	ใหม่!	mài
GRATUIT	ฟรี	free
ATTENTION!	โปรดทราบ!	bpròht sâap
COMPLET	ไม่มีห้องว่าง	mâi mee hôrng wâang
RÉSERVÉ	จองแล้ว	jorng láew
ADMINISTRATION	สำนักงาน	sǎm-nák ngaan
RÉSERVÉ AU PERSONNEL	เฉพาะพนักงาน	chà-phór phá-nák ngaan
ATTENTION CHIEN MÉCHANT	ระวังสุนัข!	rá-wang sù-nák
DÉFENSE DE FUMER	ห้ามสูบบุหรี่	hâam sòop bù rèe
PRIÈRE DE NE PAS TOUCHER	หามแตะ!	hâam dtàe
DANGEREUX	อันตราย	an-dtà-raai
DANGER	อันตราย	an-dtà-raai
HAUTE TENSION	ไฟฟ้าแรงสูง	fai fáa raeng sǒong
BAIGNADE INTERDITE	หามวายน้ำ!	hâam wâai náam
HORS SERVICE	เสีย	sǐa
INFLAMMABLE	อันตรายติดไฟ	an-dtà-raai dtìt fai
INTERDIT	หาม	hâam
PASSAGE INTERDIT	หามผาน!	hâam phàan
PEINTURE FRAÎCHE	สีพื้นเปียก	sǎe phéun bpìak

81. Les transports en commun

autobus (m)	รถเมล์	rót may
tramway (m)	รถราง	rót raang
trolleybus (m)	รถโดยสารประจำ ทางไฟฟ้า	rót doi sǎan bprà-jam thaang fai fáa
itinéraire (m)	เส้นทาง	sên thaang
numéro (m)	หมวยเลข	mǎai lâyk
prendre ...	ไปด้วย	bpai dûay

| monter (dans l'autobus) | ขึ้น | khêun |
| descendre de ... | ลง | long |

arrêt (m)	ป้าย	bpâai
arrêt (m) prochain	ป้ายถัดไป	bpâai thàt bpai
terminus (m)	ป้ายสุดท้าย	bpâai sùt tháai
horaire (m)	ตารางเวลา	dtaa-raang way-laa
attendre (vt)	รอ	ror

| ticket (m) | ตั๋ว | dtǔa |
| prix (m) du ticket | ค่าตั๋ว | khâa dtǔa |

caissier (m)	คนขายตั๋ว	khon khǎai dtǔa
contrôle (m) des tickets	การตรวจตั๋ว	gaan dtrùat dtǔa
contrôleur (m)	พนักงานตรวจตั๋ว	phá-nák ngaan dtrùat dtǔa

être en retard	ไปสาย	bpai sǎai
rater (~ le train)	พลาด	phlâat
se dépêcher	รีบเร่ง	rêep râyng

taxi (m)	แท็กซี่	tháek-sêe
chauffeur (m) de taxi	คนขับแท็กซี่	khon khàp tháek-sêe
en taxi	โดยแท็กซี่	doi tháek-sêe
arrêt (m) de taxi	ป้ายจอดแท็กซี่	bpâai jòrt tháek sêe
appeler un taxi	เรียกแท็กซี่	rîak tháek sêe
prendre un taxi	ขึ้นรถแท็กซี่	khêun rót tháek-sêe

trafic (m)	การจราจร	gaan jà-raa-jon
embouteillage (m)	การจราจรติดขัด	gaan jà-raa-jon dtìt khàt
heures (f pl) de pointe	ชั่วโมงเร่งด่วน	chûa mohng râyng dùan
se garer (vp)	จอด	jòrt
garer (vt)	จอด	jòrt
parking (m)	ลานจอดรถ	laan jòrt rót

métro (m)	รถไฟใต้ดิน	rót fai dtâi din
station (f)	สถานี	sà-thǎa-nee
prendre le métro	ขึ้นรถไฟใต้ดิน	khêun rót fai dtâi din
train (m)	รถไฟ	rót fai
gare (f)	สถานีรถไฟ	sà-thǎa-nee rót fai

82. Le tourisme

monument (m)	อนุสาวรีย์	a-nú-sǎa-wá-ree
forteresse (f)	ป้อม	bpôrm
palais (m)	วัง	wang
château (m)	ปราสาท	bpraa-sàat
tour (f)	หอ	hǒr
mausolée (m)	สุสาน	sù-sǎan

architecture (f)	สถาปัตยกรรม	sà-thǎa-bpàt-dtà-yá-gam
médiéval (adj)	ยุคกลาง	yúk glaang
ancien (adj)	โบราณ	boh-raan
national (adj)	แห่งชาติ	hàeng châat
connu (adj)	ที่มีชื่อเสียง	thêe mee chêu-sǐang

touriste (m)	นักท่องเที่ยว	nák thôrng thîeow
guide (m) (personne)	มัคคุเทศก์	mák-khú-thâyt
excursion (f)	ทัศนศึกษา	thát-sà-ná-sèuk-săa
montrer (vt)	แสดง	sà-daeng
raconter (une histoire)	เลา	lâo

trouver (vt)	หาพบ	hăa phóp
se perdre (vp)	หลงทาง	lŏng thaang
plan (m) (du metro, etc.)	แผนที่	phăen thêe
carte (f) (de la ville, etc.)	แผนที่	phăen thêe

souvenir (m)	ของที่ระลึก	khŏrng thêe rá-léuk
boutique (f) de souvenirs	รานขาย	ráan khăai
	ของที่ระลึก	khŏrng thêe rá-léuk
prendre en photo	ถ่ายภาพ	thàai phâap
se faire prendre en photo	ได้รับการ	dâai ráp gaan
	ถายภาพให	thàai phâap hâi

83. Le shopping

acheter (vt)	ซื้อ	séu
achat (m)	ของซื้อ	khŏrng séu
faire des achats	ไปซื้อของ	bpai séu khŏrng
shopping (m)	การชอปปิง	gaan chôp bping

être ouvert	เปิด	bpèrt
être fermé	ปิด	bpìt

chaussures (f pl)	รองเท้า	rorng tháo
vêtement (m)	เสื้อผา	sêua phâa
produits (m pl) de beauté	เครื่องสำอาง	khrêuang săm-aang
produits (m pl) alimentaires	อาหาร	aa-hăan
cadeau (m)	ของขวัญ	khŏrng khwăn

vendeur (m)	พนักงานขาย	phá-nák ngaan khăai
vendeuse (f)	พนักงานขาย	phá-nák ngaan khăai

caisse (f)	ที่จ่ายเงิน	thêe jàai ngern
miroir (m)	กระจก	grà-jòk
comptoir (m)	เคานเตอร์	khao-dtêr
cabine (f) d'essayage	หองลองเสื้อผา	hôrng lorng sêua phâa

essayer (robe, etc.)	ลอง	lorng
aller bien (robe, etc.)	เหมาะ	mò
plaire (être apprécié)	ชอบ	chôrp

prix (m)	ราคา	raa-khaa
étiquette (f) de prix	ป้ายราคา	bpâai raa-khaa
coûter (vt)	ราคา	raa-khaa
Combien?	ราคาเท่าไหร่?	raa-khaa thâo rài
rabais (m)	ลดราคา	lót raa-khaa

pas cher (adj)	ไม่แพง	mâi phaeng
bon marché (adj)	ถูก	thòok

cher (adj)	แพง	phaeng
C'est cher	มันราคาแพง	man raa-khaa phaeng

location (f)	การเช่า	gaan châo
louer (une voiture, etc.)	เช่า	châo
crédit (m)	สินเชื่อ	sĭn chêua
à crédit (adv)	ซื้อเงินเชื่อ	séu ngern chêua

84. L'argent

argent (m)	เงิน	ngern
échange (m)	การแลกเปลี่ยนสกุลเงิน	gaan lâek bplìan sà-gun ngern
cours (m) de change	อัตราแลกเปลี่ยนสกุลเงิน	àt-dtraa lâek bplìan sà-gun ngern
distributeur (m)	เอทีเอ็ม	ay-thee-em
monnaie (f)	เหรียญ	rĭan

dollar (m)	ดอลลาร์	dorn-lâa
euro (m)	ยูโร	yoo-roh

lire (f)	ลีราอิตาลี	lee-raa ì-dtaa-lee
mark (m) allemand	มารค์	mâak
franc (m)	ฟรังค์	frang
livre sterling (f)	ปอนด์สเตอร์ลิง	bporn sà-dtêr-ling
yen (m)	เยน	yayn

dette (f)	หนี้	nêe
débiteur (m)	ลูกหนี้	lôok nêe
prêter (vt)	ให้ยืม	hâi yeum
emprunter (vt)	ขอยืม	khŏr yeum

banque (f)	ธนาคาร	thá-naa-khaan
compte (m)	บัญชี	ban-chee
verser (dans le compte)	ฝาก	fàak
verser dans le compte	ฝากเงินเข้าบัญชี	fàak ngern khâo ban-chee
retirer du compte	ถอน	thŏrn

carte (f) de crédit	บัตรเครดิต	bàt khray-dìt
espèces (f pl)	เงินสด	ngern sòt
chèque (m)	เช็ค	chék
faire un chèque	เขียนเช็ค	khĭan chék
chéquier (m)	สมุดเช็ค	sà-mùt chék

portefeuille (m)	กระเป๋าเงิน	grà-bpăo ngern
bourse (f)	กระเป๋าสตางค์	grà-bpăo sà-dtaang
coffre fort (m)	ตู้เซฟ	dtôo sâyf

héritier (m)	ทายาท	thaa-yâat
héritage (m)	มรดก	mor-rá-dòrk
fortune (f)	เงินจำนวนมาก	ngern jam-nuan mâak

location (f)	สัญญาเช่า	săn-yaa châo
loyer (m) (argent)	ค่าเช่า	kâa châo

louer (prendre en location)	เช่า	châo
prix (m)	ราคา	raa-khaa
coût (m)	ราคา	raa-khaa
somme (f)	จำนวนเงินรวม	jam-nuan ngern ruam
dépenser (vt)	จ่าย	jàai
dépenses (f pl)	ค่าจ่าย	khâa jàai
économiser (vt)	ประหยัด	bprà-yàt
économe (adj)	ประหยัด	bprà-yàt
payer (régler)	จ่าย	jàai
paiement (m)	การจ่ายเงิน	gaan jàai ngern
monnaie (f) (rendre la ~)	เงินทอน	ngern thorn
impôt (m)	ภาษี	phaa-sěe
amende (f)	ค่าปรับ	khâa bpràp
mettre une amende	ปรับ	bpràp

85. La poste. Les services postaux

poste (f)	โรงไปรษณีย์	rohng bprai-sà-nee
courrier (m) (lettres, etc.)	จดหมาย	jòt măai
facteur (m)	บุรุษไปรษณีย์	bù-rùt bprai-sà-nee
heures (f pl) d'ouverture	เวลาทำการ	way-laa tham gaan
lettre (f)	จดหมาย	jòt măai
recommandé (m)	จดหมายลงทะเบียน	jòt măai long thá-bian
carte (f) postale	ไปรษณียบัตร	bprai-sà-nee-yá-bàt
télégramme (m)	โทรเลข	thoh-rá-lâyk
colis (m)	พัสดุ	phát-sà-dù
mandat (m) postal	การโอนเงิน	gaan ohn ngern
recevoir (vt)	รับ	ráp
envoyer (vt)	ฝาก	fàak
envoi (m)	การฝาก	gaan fàak
adresse (f)	ที่อยู่	thêe yòo
code (m) postal	รหัสไปรษณีย์	rá-hàt bprai-sà-nee
expéditeur (m)	ผู้ฝาก	phôo fàak
destinataire (m)	ผู้รับ	phôo ráp
prénom (m)	ชื่อ	chêu
nom (m) de famille	นามสกุล	naam sà-gun
tarif (m)	อัตราค่าส่ง ไปรษณีย	àt-dtraa khâa sòng bprai-sà-nee
normal (adj)	มาตรฐาน	mâat-dtrà-thăan
économique (adj)	ประหยัด	bprà-yàt
poids (m)	น้ำหนัก	nám nàk
peser (~ les lettres)	มีน้ำหนัก	mee nám nàk
enveloppe (f)	ซอง	sorng
timbre (m)	แสตมป์ไปรษณีย์	sà-dtaem bprai-sà-nee
timbrer (vt)	แสตมป์ตราประทับบนซอง	sà-dtaem dtraa bprà-tháp bon song

Le logement. La maison. Le foyer

86. La maison. Le logis

maison (f)	บ้าน	bâan
chez soi	ที่บาน	thêe bâan
cour (f)	สนาม	sà-năam
clôture (f)	รั้ว	rúa
brique (f)	อิฐ	ìt
en brique (adj)	อิฐ	ìt
pierre (f)	หิน	hĭn
en pierre (adj)	หิน	hĭn
béton (m)	คอนกรีต	khorn-grèet
en béton (adj)	คอนกรีต	khorn-grèet
neuf (adj)	ใหม่	mài
vieux (adj)	เก่า	gào
délabré (adj)	เสื่อมสภาพ	sèuam sà-phâap
moderne (adj)	ทันสมัย	than sà-măi
à plusieurs étages	ที่มีหลายชั้น	thêe mee lăai chán
haut (adj)	สูง	sŏong
étage (m)	ชั้น	chán
sans étage (adj)	ชั้นเดียว	chán dieow
rez-de-chaussée (m)	ชั้นลาง	chán lâang
dernier étage (m)	ชนบนสุด	chán bon sùt
toit (m)	หลังคา	lăng khaa
cheminée (f)	ปลองควัน	bplòrng khwan
tuile (f)	กระเบื้องหลังคา	grà-bêuang lăng khaa
en tuiles (adj)	กระเบื้อง	grà-bêuang
grenier (m)	หองใตหลังคา	hôrng dtâi lăng-khaa
fenêtre (f)	หนาตาง	nâa dtàang
vitre (f)	แกว	gâew
rebord (m)	ชั้นติดผนัง	chán dtìt phà-năng
	ใตหนาตาง	dtâi nâa dtàang
volets (m pl)	ชัตเตอร์	chát-dtêr
mur (m)	ฝาผนัง	făa phà-năng
balcon (m)	ระเบียง	rá-biang
gouttière (f)	รางน้ำ	raang náam
en haut (à l'étage)	ชั้นบน	chán bon
monter (vi)	ขึ้นไปขางบน	khêun bpai khâang bon
descendre (vi)	ลง	long
déménager (vi)	ยายไป	yáai bpai

83

87. La maison. L'entrée. L'ascenseur

entrée (f)	ทางเข้า	thaang khâo
escalier (m)	บันได	ban-dai
marches (f pl)	ขั้นบันได	khân ban-dai
rampe (f)	ราวบันได	raao ban-dai
hall (m)	หองโถง	hôrng thŏhng
boîte (f) à lettres	ตู้จดหมาย	dtôo jòt mǎai
poubelle (f) d'extérieur	ถังขยะ	thǎng khà-yà
vide-ordures (m)	ช่องทิ้งขยะ	chôrng thíng khà-yà
ascenseur (m)	ลิฟต์	líf
monte-charge (m)	ลิฟต์ขนของ	líf khŏn khŏrng
cabine (f)	กรงลิฟต์	grorng líf
prendre l'ascenseur	ขึ้นลิฟต์	khêun líf
appartement (m)	อูพาร์ตเมนต์	a-phâat-mayn
locataires (m pl)	ผูอาศัย	phôo aa-sǎi
voisin (m)	เพื่อนบ้าน	phêuan bâan
voisine (f)	เพื่อนบ้าน	phêuan bâan
voisins (m pl)	เพื่อนบ้าน	phêuan bâan

88. La maison. L'électricité

électricité (f)	ไฟฟ้า	fai fáa
ampoule (f)	หลอดไฟฟ้า	lòrt fai fáa
interrupteur (m)	ปุ่มปิดเปิดไฟ	bpùm bpìt bpèrt fai
plomb, fusible (m)	ฟิวส์	fiw
fil (m) (~ électrique)	สายไฟฟ้า	sǎai fai fáa
installation (f) électrique	การเดินสายไฟ	gaan dern sǎai fai
compteur (m) électrique	มิเตอร์วัดไฟฟ้า	mí-dtêr wát fai fáa
relevé (m)	คามิเตอร	khâa mí-dtêr

89. La maison. La porte. La serrure

porte (f)	ประตู	bprà-dtoo
portail (m)	ประตูรั้ว	bprà-dtoo rúa
poignée (f)	ลูกบิดประตู	lôok bìt bprà-dtoo
déverrouiller (vt)	ไข	khǎi
ouvrir (vt)	เปิด	bpèrt
fermer (vt)	ปิด	bpìt
clé (f)	ลูกกุญแจ	lôok gun-jae
trousseau (m), jeu (m)	พวง	phuang
grincer (la porte)	ออดแอ๊ด	órt-áet
grincement (m)	เสียงออดแอ๊ด	sǐang órt-áet
gond (m)	บานพับ	baan pháp
paillasson (m)	ที่เช็ดเท้า	thêe chét tháo
serrure (f)	แมกุญแจ	mâe gun-jae

trou (m) de la serrure	รูกุญแจ	roo gun-jae
verrou (m)	ไม้ที่วางขวาง	máai thêe waang khwăang
loquet (m)	กลอนประตู	glorn bprà-dtoo
cadenas (m)	ดอกกุญแจ	dòrk gun-jae
sonner (à la porte)	กดออด	gòt òrt
sonnerie (f)	เสียงดัง	sĭang dang
sonnette (f)	กระดิ่งประตู	grà-dìng bprà-dtoo
bouton (m)	ปุ่มออดหน้าประตู	bpùm òrt nâa bprà-dtoo
coups (m pl) à la porte	เสียงเคาะ	sĭang khór
frapper (~ à la porte)	เคาะ	khór
code (m)	รหัส	rá-hàt
serrure (f) à combinaison	กุญแจรหัส	gun-jae rá-hàt
interphone (m)	อินเตอร์คอม	in-dtêr-khom
numéro (m)	เลข	lâyk
plaque (f) de porte	ป้ายหน้าประตู	bpâai nâa bprà-dtoo
judas (m)	ช่องตาแมว	chôrng dtaa maew

90. La maison de campagne

village (m)	หมู่บ้าน	mòo bâan
potager (m)	สวนผัก	sŭan phàk
palissade (f)	รั้ว	rúa
clôture (f)	รั้วปักดิน	rúa bpàk din
portillon (m)	ประตูรั้วเล็กๆ	bprà-dtoo rúa lék lék
grange (f)	ยุ้งฉาง	yúng chăang
cave (f)	ห้องใต้ดิน	hôrng dtâi din
abri (m) de jardin	โรงนา	rohng naa
puits (m)	บ่อน้ำ	bòr náam
poêle (m) (~ à bois)	เตา	dtao
chauffer le poêle	จุดไฟ	jùt fai
bois (m) de chauffage	ฟืน	feun
bûche (f)	ท่อน	thôrn
véranda (f)	เฉลียงหน้าบ้าน	chà-lĭang nâa bâan
terrasse (f)	ระเบียง	rá-biang
perron (m) d'entrée	บันไดทางเข้าบ้าน	ban-dai thaang khâo bâan
balançoire (f)	ชิงช้า	ching cháa

91. La villa et le manoir

maison (f) de campagne	บ้านสไตล์คันทรี่	bâan sà-dtai khan trêe
villa (f)	คฤหาสน์	khá-réu-hàat
aile (f) (~ ouest)	สวน	sùan
jardin (m)	สวน	sŭan
parc (m)	สวน	sŭan
serre (f) tropicale	เรือนกระจกเขตร้อน	reuan grà-jòk khàyt rórn
s'occuper (~ du jardin)	ดูแล	doo lae

piscine (f)	สระว่ายน้ำ	sà wâai náam
salle (f) de gym	โรงยิม	rohng-yim
court (m) de tennis	สนามเทนนิส	sà-nǎam then-nít
salle (f) de cinéma	ห้องฉายหนัง	hôrng chǎai nǎng
garage (m)	โรงรถ	rohng rót
propriété (f) privée	ทรัพย์สินส่วนบุคคล	sáp sǐn sùan bùk-khon
terrain (m) privé	ที่ดินส่วนบุคคล	thêe din sùan bùk-khon
avertissement (m)	คำเตือน	kham dteuan
panneau d'avertissement	ป้ายเตือน	bpâai dteuan
sécurité (f)	ผู้รักษา	phôo rák-sǎa
	ความปลอดภัย	khwaam bplòrt phai
agent (m) de sécurité	ยาม	yaam
alarme (f) antivol	สัญญาณกันขโมย	sǎn-yaan gan khà-moi

92. Le château. Le palais

château (m)	ปราสาท	bpraa-sàat
palais (m)	วัง	wang
forteresse (f)	ป้อม	bpôrm
muraille (f)	กำแพง	gam-phaeng
tour (f)	หอ	hǒr
donjon (m)	หอกลาง	hǒr klaang
herse (f)	ประตูชักรอก	bprà-dtoo chák rôrk
souterrain (m)	ทางใต้ดิน	taang dtâi din
douve (f)	คูเมือง	khoo meuang
chaîne (f)	โซ่	sôh
meurtrière (f)	ช่องยิงธนู	chôrng ying thá-noo
magnifique (adj)	ภัทร	phát
majestueux (adj)	โอ่โถง	òh thǒhng
inaccessible (adj)	ที่ไม่สามารถ	thêe mâi sǎa-mâat
	เจาะเข้าไปถึง	jòr khâo bpai thěung
médiéval (adj)	ยุคกลาง	yúk glaang

93. L'appartement

appartement (m)	อพาร์ตเมนต์	a-phâat-mayn
chambre (f)	ห้อง	hôrng
chambre (f) à coucher	ห้องนอน	hôrng norn
salle (f) à manger	ห้องรับประทาน	hôrng ráp bprà-thaan
	อาหาร	aa-hǎan
salon (m)	ห้องนั่งเล่น	hôrng nâng lên
bureau (m)	ห้องทำงาน	hôrng tham ngaan
antichambre (f)	ห้องเข้า	hôrng khâo
salle (f) de bains	ห้องน้ำ	hôrng náam
toilettes (f pl)	ห้องส้วม	hôrng sûam

plafond (m)	เพดาน	phay-daan
plancher (m)	พื้น	phéun
coin (m)	มุม	mum

94. L'appartement. Le ménage

| faire le ménage | ทำความสะอาด | tham khwaam sà-àat |
| ranger (jouets, etc.) | เก็บ | gèp |

poussière (f)	ฝุ่น	fùn
poussiéreux (adj)	มีฝุ่นเยอะ	mee fùn yúh
essuyer la poussière	ปัดกวาด	bpàt gwàat
aspirateur (m)	เครื่องดูดฝุ่น	khrêuang dòot fùn
passer l'aspirateur	ดูดฝุ่น	dòot fùn

balayer (vt)	กวาด	gwàat
balayures (f pl)	ฝุ่นกวาด	fùn gwàat
ordre (m)	ความสะอาด	khwaam sà-àat
désordre (m)	ความไม่เป็นระเบียบ	khwaam mâi bpen rá-bìap

balai (m) à franges	ไม้ถูพื้น	mái thǒo phéun
torchon (m)	ผ้าเช็ดพื้น	phâa chét phéun
balayette (f) de sorgho	ไม้กวาดสั้น	máai gwàat sân
pelle (f) à ordures	ที่ตักผง	têe dtàk phǒng

95. Les meubles. L'intérieur

meubles (m pl)	เครื่องเรือน	khrêuang reuan
table (f)	โต๊ะ	dtó
chaise (f)	เก้าอี้	gâo-êe
lit (m)	เตียง	dtiang
canapé (m)	โซฟา	soh-faa
fauteuil (m)	เก้าอี้เท้าแขน	gâo-êe tháo khǎen

| bibliothèque (f) (meuble) | ตู้หนังสือ | dtôo nǎng-sěu |
| rayon (m) | ชั้นวาง | chán waang |

armoire (f)	ตู้เสื้อผ้า	dtôo sêua phâa
patère (f)	ที่แขวนเสื้อ	thêe khwǎen sêua
portemanteau (m)	ไม้แขวนเสื้อ	mái khwǎen sêua

| commode (f) | ตู้ลิ้นชัก | dtôo lín chák |
| table (f) basse | โต๊ะกาแฟ | dtó gaa-fae |

miroir (m)	กระจก	grà-jòk
tapis (m)	พรม	phrom
petit tapis (m)	พรมเช็ดเท้า	phrom chét tháo

cheminée (f)	เตาผิง	dtao phǐng
bougie (f)	เทียน	thian
chandelier (m)	เชิงเทียน	cherng thian
rideaux (m pl)	ผ้าแขวน	phâa khwǎen

| papier (m) peint | วอลเปเปอร์ | worn-bpay-bper |
| jalousie (f) | บานเกล็ดหน้าต่าง | baan glèt nâa dtàang |

lampe (f) de table	โคมไฟตั้งโต๊ะ	khohm fai dtâng dtó
applique (f)	ไฟติดผนัง	fai dtìt phà-năng
lampadaire (m)	โคมไฟตั้งพื้น	khohm fai dtâng phéun
lustre (m)	โคมระย้า	khohm rá-yáa

pied (m) (~ de la table)	ขา	khăa
accoudoir (m)	ที่พักแขน	thêe phák khăen
dossier (m)	พนักพิง	phá-nák phing
tiroir (m)	ลิ้นชัก	lín chák

96. La literie

linge (m) de lit	ชุดผ้าปูที่นอน	chút phâa bpoo thêe norn
oreiller (m)	หมอน	mŏrn
taie (f) d'oreiller	ปลอกหมอน	bplòk mŏrn
couverture (f)	ผ้าผวย	phâa phŭay
drap (m)	ผ้าปู	phâa bpoo
couvre-lit (m)	ผ้าคลุมเตียง	phâa khlum dtiang

97. La cuisine

cuisine (f)	ห้องครัว	hôrng khrua
gaz (m)	แก๊ส	gáet
cuisinière (f) à gaz	เตาแก๊ส	dtao gàet
cuisinière (f) électrique	เตาไฟฟ้า	dtao fai-fáa
four (m)	เตาอบ	dtao òp
four (m) micro-ondes	เตาอบไมโครเวฟ	dtao òp mai-khroh-we p

réfrigérateur (m)	ตู้เย็น	dtôo yen
congélateur (m)	ตู้แช่แข็ง	dtôo châe khăeng
lave-vaisselle (m)	เครื่องล้างจาน	khrêuang láang jaan

hachoir (m) à viande	เครื่องบดเนื้อ	khrêuang bòt néua
centrifugeuse (f)	เครื่องคั้น น้ำผลไม้	khrêuang khán náam phŏn-lá-mái
grille-pain (m)	เครื่องปิ้ง ขนมปัง	khrêuang bpîng khà-nŏm bpang
batteur (m)	เครื่องปั่น	khrêuang bpàn

machine (f) à café	เครื่องชงกาแฟ	khrêuang chong gaa-fae
cafetière (f)	หม้อกาแฟ	môr gaa-fae
moulin (m) à café	เครื่องบดกาแฟ	khrêuang bòt gaa-fae

bouilloire (f)	กาน้ำ	gaa náam
théière (f)	กาน้ำชา	gaa náam chaa
couvercle (m)	ฝา	făa
passoire (f) à thé	ที่กรองชา	thêe grorng chaa
cuillère (f)	ช้อน	chórn
petite cuillère (f)	ช้อนชา	chórn chaa

cuillère (f) à soupe	ช้อนซุป	chórn súp
fourchette (f)	ส้อม	sôrm
couteau (m)	มีด	mêet

vaisselle (f)	ถ้วยชาม	thûay chaam
assiette (f)	จาน	jaan
soucoupe (f)	จานรอง	jaan rorng

verre (m) à shot	แก้วช็อต	gâew chórt
verre (m) (~ d'eau)	แก้ว	gâew
tasse (f)	ถ้วย	thûay

sucrier (m)	โถน้ำตาล	thŏh náam dtaan
salière (f)	กระปุกเกลือ	grà-bpùk gleua
poivrière (f)	กระปุกพริกไท	grà-bpùk phrík thai
beurrier (m)	ที่ใส่เนย	thêe sài noie

casserole (f)	หม้อต้ม	môr dtôm
poêle (f)	กระทะ	grà-thá
louche (f)	กระบวย	grà-buay
passoire (f)	กระชอน	grà chorn
plateau (m)	ถาด	thàat

bouteille (f)	ขวด	khùat
bocal (m) (à conserves)	ขวดโหล	khùat lŏh
boîte (f) en fer-blanc	กระป๋อง	grà-bpŏrng

ouvre-bouteille (m)	ที่เปิดขวด	thêe bpèrt khùat
ouvre-boîte (m)	ที่เปิดกระป๋อง	thêe bpèrt grà-bpŏrng
tire-bouchon (m)	ที่เปิดจุก	thêe bpèrt jùk
filtre (m)	ที่กรอง	thêe grorng
filtrer (vt)	กรอง	grorng

| ordures (f pl) | ขยะ | khà-yà |
| poubelle (f) | ถังขยะ | thăng khà-yà |

98. La salle de bains

salle (f) de bains	ห้องน้ำ	hôrng náam
eau (f)	น้ำ	nám
robinet (m)	ก๊อกน้ำ	gòk náam
eau (f) chaude	น้ำร้อน	nám rórn
eau (f) froide	น้ำเย็น	nám yen

dentifrice (m)	ยาสีฟัน	yaa sĕe fan
se brosser les dents	แปรงฟัน	bpraeng fan
brosse (f) à dents	แปรงสีฟัน	bpraeng sĕe fan

se raser (vp)	โกน	gohn
mousse (f) à raser	โฟมโกนหนวด	fohm gohn nùat
rasoir (m)	มีดโกน	mêet gohn

| laver (vt) | ล้าง | láang |
| se laver (vp) | อาบ | àap |

| douche (f) | ฝักบัว | fàk bua |
| prendre une douche | อาบน้ำฝักบัว | àap náam fàk bua |

baignoire (f)	อ่างอาบน้ำ	àang àap náam
cuvette (f)	โถชักโครก	thŏh chák khrôhk
lavabo (m)	อางลางหนา	àang láang-nâa

| savon (m) | สบู่ | sà-bòo |
| porte-savon (m) | ที่ใสสบู่ | thêe sài sà-bòo |

éponge (f)	ฟองน้ำ	forng náam
shampooing (m)	แชมพู	chaem-phoo
serviette (f)	ผาเช็ดตัว	phâa chét dtua
peignoir (m) de bain	เสื้อคลุมอาบน้ำ	sêua khlum àap náam

lessive (f) (faire la ~)	การซักผ้า	gaan sák phâa
machine (f) à laver	เครื่องซักผา	khrêuang sák phâa
faire la lessive	ซักผา	sák phâa
lessive (f) (poudre)	ผงซักฟอก	phŏng sák-fôrk

99. Les appareils électroménagers

téléviseur (m)	ทีวี	thee-wee
magnétophone (m)	เครื่องบันทึกเทป	khrêuang ban-théuk thâyp
magnétoscope (m)	เครื่องบันทึก วิดีโอ	khrêuang ban-théuk wí-dee-oh
radio (f)	วิทยุ	wít-thá-yú
lecteur (m)	เครื่องเล่น	khrêuang lên

vidéoprojecteur (m)	โปรเจ็คเตอร์	bproh-jèk-dtêr
home cinéma (m)	เครื่องฉายภาพ ยนตรที่บาน	khhrêuang chăai phâap-phá yon thêe bâan
lecteur DVD (m)	เครื่องเล่น DVD	khrêuang lên dee-wee-dee
amplificateur (m)	เครื่องขยายเสียง	khrêuang khà-yăi sĭang
console (f) de jeux	เครื่องเกมคอนโซล	khrêuang gaym khorn sohn

caméscope (m)	กล้องถ่ายวิดีโอ	glôrng thàai wí-dee-oh
appareil (m) photo	กลองถายรูป	glôrng thàai rôop
appareil (m) photo numérique	กลองดิจิตอล	glôrng dì-jì-dton
aspirateur (m)	เครื่องดูดฝุ่น	khrêuang dòot fùn
fer (m) à repasser	เตารีด	dtao rêet
planche (f) à repasser	กระดานรองรีด	grà-daan rorng rêet

téléphone (m)	โทรศัพท์	thoh-rá-sàp
portable (m)	มือถือ	meu thĕu
machine (f) à écrire	เครื่องพิมพ์ดีด	khrêuang phim dèet
machine (f) à coudre	จักรเย็บผา	jàk yép phâa

micro (m)	ไมโครโฟน	mai-khroh-fohn
écouteurs (m pl)	หูฟัง	hŏo fang
télécommande (f)	รีโมตทีวี	ree môht thee wee
CD (m)	CD	see-dee
cassette (f)	เทป	thâyp
disque (m) (vinyle)	จานเสียง	jaan sĭang

100. Les travaux de réparation et de rénovation

rénovation (f)	การซ่อมแซม	gaan sôrm saem
faire la rénovation	ซ่อมแซม	sôrm saem
réparer (vt)	ซ่อมแซม	sôrm saem
remettre en ordre	สะสาง	sà-săang
refaire (vt)	ทำใหม่	tham mài
peinture (f)	สี	sĕe
peindre (des murs)	ทาสี	thaa sĕe
peintre (m) en bâtiment	ช่างทาสีบ้าน	châang thaa sĕe bâan
pinceau (m)	แปรงทาสี	bpraeng thaa sĕe
chaux (f)	สารฟอกขาว	săan fôrk khăao
blanchir à la chaux	ฟอกขาว	fôrk khăao
papier (m) peint	วอลเปเปอร์	worn-bpay-bper
tapisser (vt)	ติดวอลเปเปอร์	dtìt wor lá-bpay-bper
vernis (m)	น้ำมันชักเงา	náam man chák ngao
vernir (vt)	เคลือบ	khlêuap

101. La plomberie

eau (f)	น้ำ	nám
eau (f) chaude	น้ำร้อน	nám rórn
eau (f) froide	น้ำเย็น	nám yen
robinet (m)	ก๊อกน้ำ	gòk náam
goutte (f)	หยด	yòt
goutter (vi)	ตก	dtòk
fuir (tuyau)	รั่ว	rûa
fuite (f)	การรั่ว	gaan rûa
flaque (f)	หลมน้ำ	lòm nám
tuyau (m)	ท่อ	thôr
valve (f)	วาลว	waao
se boucher (vp)	อุดตัน	ùt dtan
outils (m pl)	เครื่องมือ	khrêuang meu
clé (f) réglable	ประแจคอม้า	bprà-jae kor máa
dévisser (vt)	คลายเกลียวออก	khlaai glieow òrk
visser (vt)	ขันให้แนน	khăn hâi nâen
déboucher (vt)	แก้การอุดตัน	gâe gaan ùt dtan
plombier (m)	ช่างประปา	châang bprà-bpaa
sous-sol (m)	ชั้นใต้ดิน	chán dtâi din
égouts (m pl)	ระบบท่อน้ำทิ้ง	rá-bòp thôr náam thíng

102. L'incendie

feu (m)	ไฟไหม้	fai mâi
flamme (f)	เปลวไฟ	bpleo fai

étincelle (f)	ประกายไฟ	bprà-gaai fai
fumée (f)	ควัน	khwan
flambeau (m)	คบเพลิง	khóp phlerng
feu (m) de bois	กองไฟ	gorng fai
essence (f)	น้ำมันเชื้อเพลิง	nám man chéua phlerng
kérosène (m)	น้ำมันกูด	nám man gáat
inflammable (adj)	ติดไฟได้	dtìt fai dâai
explosif (adj)	ที่ระเบิดได้	thêe rá-bèrt dâai
DÉFENSE DE FUMER	ห้ามสูบบุหรี่	hâam sòop bù rèe
sécurité (f)	ความปลอดภัย	khwaam bplòrt phai
danger (m)	อันตราย	an-dtà-raai
dangereux (adj)	อันตราย	an-dtà-raai
prendre feu	ติดไฟ	dtìt fai
explosion (f)	การระเบิด	gaan rá-bèrt
mettre feu	เผา	phǎo
incendiaire (m)	ผู้ลอบวางเพลิง	phôo lôp waang phlerng
incendie (m) prémédité	การลอบวางเพลิง	gaan lôp waang phlerng
flamboyer (vi)	ไฟลูกโซ่น	fai lúk-chohn
brûler (vi)	ไหม้	mâi
brûler complètement	เผาให้ราบ	phǎo hâi râap
appeler les pompiers	เรียกนักดับเพลิง	rîak nák dàp phlerng
pompier (m)	นักดับเพลิง	nák dàp phlerng
voiture (f) de pompiers	รถดับเพลิง	rót dàp phlerng
sapeurs-pompiers (pl)	สถานีดับเพลิง	sà-thǎa-nee dàp phlerng
échelle (f) des pompiers	บันไดรถดับเพลิง	ban-dai rót dàp phlerng
tuyau (m) d'incendie	ท่อดับเพลิง	thôr dàp phlerng
extincteur (m)	ที่ดับเพลิง	thêe dàp phlerng
casque (m)	หมวกนิรภัย	mùak ní-rá-phai
sirène (f)	สัญญาณเตือนภัย	sǎn-yaan dteuan phai
crier (vi)	ร้อง	rórng
appeler au secours	ขอช่วย	khǒr chûay
secouriste (m)	นักกู้ภัย	nák gôo phai
sauver (vt)	ช่วยชีวิต	chûay chee-wít
venir (vi)	มา	maa
éteindre (feu)	ดับเพลิง	dàp phlerng
eau (f)	น้ำ	nám
sable (m)	ทราย	saai
ruines (f pl)	ซาก	sâak
tomber en ruine	ถล่ม	thà-lòm
s'écrouler (vp)	ถล่มทลาย	thà-lòm thá-laai
s'effondrer (vp)	ถล่ม	thà-lòm
morceau (m) (de mur, etc.)	ส่วนสะเก็ด	sùan sà-gèt
cendre (f)	ขี้เถา	khêe thâo
mourir étouffé	ขาดอากาศตาย	khàat aa-gàat dtaai
périr (vi)	เสียชีวิต	sǐa chee-wít

LES ACTIVITÉS HUMAINS

Le travail. Les affaires. Partie 1

103. Le bureau. La vie de bureau

bureau (m) (établissement)	สำนักงาน	săm-nák ngaan
bureau (m) (au travail)	หองทำงาน	hôrng tham ngaan
accueil (m)	แผนกตอนรับ	phà-nàek dtôrn ráp
secrétaire (m)	เลขา	lay-khăa
secrétaire (f)	เลขา	lay-khăa
directeur (m)	ผู้อำนวยการ	phôo am-nuay gaan
manager (m)	ผู้จัดการ	phôo jàt gaan
comptable (m)	คนทำบัญชี	khon tham ban-chee
collaborateur (m)	พนักงาน	phá-nák ngaan
meubles (m pl)	เครื่องเรือน	khrêuang reuan
bureau (m)	โต๊ะ	dtó
fauteuil (m)	เก้าอี้สำนักงาน	gâo-êe săm-nák ngaan
classeur (m) à tiroirs	ตู้มีลิ้นชัก	dtôo mee lín chák
portemanteau (m)	ไมแขวนเสื้อ	mái khwăen sêua
ordinateur (m)	คอมพิวเตอร์	khorm-phiw-dtêr
imprimante (f)	เครื่องพิมพ์	khrêuang phim
fax (m)	เครื่องโทรสาร	khrêuang thoh-rá-săan
copieuse (f)	เครื่องอัดสำเนา	khrêuang àt săm-nao
papier (m)	กระดาษ	grà-dàat
papeterie (f)	เครื่องใช้สำนักงาน	khrêuang chái săm-nák ngaan
tapis (m) de souris	แผ่นรองเมาส์	phàen rorng mao
feuille (f)	ใบ	bai
classeur (m)	แฟ้ม	fáem
catalogue (m)	บัญชีรายชื่อ	ban-chee raai chêu
annuaire (m)	สมุดโทรศัพท์	sà-mùt thoh-rá-sàp
documents (m pl)	เอกสาร	àyk săan
brochure (f)	โบรชัวร์	broh-chua
prospectus (m)	ใบปลิว	bai bpliw
échantillon (m)	ตัวอย่าง	dtua yàang
formation (f)	การประชุมฝึกอบรม	gaan bprà-chum fèuk òp-rom
réunion (f)	การประชุม	gaan bprà-chum
pause (f) déjeuner	การพักเที่ยง	gaan phák thîang
faire une copie	ทำสำเนา	tham săm-nao
faire des copies	ทำสำเนาหลายฉบับ	tham săm-nao lăai chà-bàp
recevoir un fax	รับโทรสาร	ráp thoh-rá-săan

envoyer un fax	ส่งโทรสาร	sòng thoh-rá-săan
téléphoner, appeler	โทรศัพท์	thoh-rá-sàp
répondre (vi, vt)	รับสาย	ráp săai
passer (au téléphone)	โอนสาย	ohn săai
fixer (rendez-vous)	นัด	nát
montrer (un échantillon)	สาธิต	săa-thít
être absent	ขาด	khàat
absence (f)	การขาด	gaan khàat

104. Les processus d'affaires. Partie 1

affaire (f) (business)	ธุรกิจ	thú-rá gìt
métier (m)	อาชีพ	aa-chêep
firme (f), société (f)	บริษัท	bor-rí-sàt
compagnie (f)	บริษัท	bor-rí-sàt
corporation (f)	บริษัท	bor-rí-sàt
entreprise (f)	บริษัท	bor-rí-sàt
agence (f)	สำนักงาน	săm-nák ngaan
accord (m)	ข้อตกลง	khôr dtòk long
contrat (m)	สัญญา	săn-yaa
marché (m) (accord)	ขอตกลง	khôr dtòk long
commande (f)	การสั่ง	gaan sàng
terme (m) (~ du contrat)	เงื่อนไข	ngêuan khăi
en gros (adv)	ขายส่ง	khăai sòng
en gros (adj)	ขายส่ง	khăai sòng
vente (f) en gros	การขายส่ง	gaan khăai sòng
au détail (adj)	ขายปลีก	khăai bplèek
vente (f) au détail	การขายปลีก	gaan khăai bplèek
concurrent (m)	คู่แข่ง	khôo khàeng
concurrence (f)	การแข่งขัน	gaan khàeng khăn
concurrencer (vt)	แข่งขัน	khàeng khăn
associé (m)	พันธมิตร	phan-thá-mít
partenariat (m)	หางหุนส่วน	hâang hûn sùan
crise (f)	วิกฤติ	wí-grìt
faillite (f)	การล้มละลาย	gaan lóm lá-laai
faire faillite	ล้มละลาย	lóm lá-laai
difficulté (f)	ความยากลำบาก	khwaam yâak lam-bàak
problème (m)	ปัญหา	bpan-hăa
catastrophe (f)	ความหายนะ	khwaam hăa-yá-ná
économie (f)	เศรษฐกิจ	sàyt-thà-gìt
économique (adj)	ทางเศรษฐกิจ	thaang sàyt-thà-gìt
baisse (f) économique	เศรษฐกิจถดถอย	sàyt-thà-gìt thòt thŏi
but (m)	เป้าหมาย	bpâo măai
objectif (m)	งาน	ngaan
faire du commerce	แลกเปลี่ยน	lâek bplìan

réseau (m) (de distribution)	เครือข่าย	khreua khàai
inventaire (m) (stocks)	คลังสินค้า	khlang sĭn kháa
assortiment (m)	ประเภทสินค้าตางๆ	bprà-phâyt sĭn kháa dtàang dtàang

leader (m)	ผู้นำ	phôo nam
grande (~ entreprise)	ขนาดใหญ่	khà-nàat yài
monopole (m)	การผูกขาด	gaan phòok khàat

théorie (f)	ทฤษฎี	thrít-sà-dee
pratique (f)	การดำเนินการ	gaan dam-nern gaan
expérience (f)	ประสบการณ์	bprà-sòp gaan
tendance (f)	แนวโน้ม	naew nóhm
développement (m)	การพัฒนา	gaan phát-thá-naa

105. Les processus d'affaires. Partie 2

| rentabilité (m) | กำไร | gam-rai |
| rentable (adj) | กำไร | gam-rai |

délégation (f)	คณะผู้แทน	khá-ná phôo thaen
salaire (m)	เงินเดือน	ngern deuan
corriger (une erreur)	แก้ไข	gâe khăi
voyage (m) d'affaires	การเดินทางไปทำธุรกิจ	gaan dern taang bpai tham thú-rá gìt
commission (f)	คณะ	khá-ná

contrôler (vt)	ควบคุม	khûap khum
conférence (f)	งานประชุม	ngaan bprà-chum
licence (f)	ใบอนุญาต	bai a-nú-yâat
fiable (partenaire ~)	พึ่งพาได้	phêung phaa dâai

initiative (f)	การริเริ่ม	gaan rí-rêrm
norme (f)	มาตรฐาน	mâat-dtrà-thăan
circonstance (f)	ภาวะ	phaa-wá
fonction (f)	หน้าที่	nâa thêe

entreprise (f)	องค์การ	ong gaan
organisation (f)	การจัด	gaan jàt
organisé (adj)	ที่ถูกจัด	thêe thòok jàt
annulation (f)	การยกเลิก	gaan yók lêrk
annuler (vt)	ยกเลิก	yók lêrk
rapport (m)	รายงาน	raai ngaan

brevet (m)	สิทธิบัตร	sìt-thí bàt
breveter (vt)	จดสิทธิบัตร	jòt sìt-thí bàt
planifier (vt)	วางแผน	waang phăen

prime (f)	โบนัส	boh-nát
professionnel (adj)	ทางวิชาชีพ	thaang wí-chaa chêep
procédure (f)	กระบวนการ	grà-buan gaan

| examiner (vt) | ปรึกษาหารือ | bprèuk-săa hăa-reu |
| calcul (m) | การนับ | gaan náp |

réputation (f)	ความมีหน้ามีตา	khwaam mee nâa mee dtaa
risque (m)	ความเสี่ยง	khwaam sìang
diriger (~ une usine)	บริหาร	bor-rí-hǎan
renseignements (m pl)	ขอมูล	khôr moon
propriété (f)	ทรัพย์สิน	sáp sǐn
union (f)	สหภาพ	sà-hà phâap
assurance vie (f)	การประกันชีวิต	gaan bprà-gan chee-wít
assurer (vt)	ประกันภัย	bprà-gan phai
assurance (f)	การประกันภัย	gaan bprà-gan phai
enchères (f pl)	กูรขายเลหลัง	gaan khǎai lay-lǎng
notifier (informer)	แจง	jâeng
gestion (f)	การบริหาร	gaan bor-rí-hǎan
service (m)	บริการ	bor-rí-gaan
forum (m)	การประชุมฟอรั่ม	gaan bprà-chum for-râm
fonctionner (vi)	ดำเนินการ	dam-nern gaan
étape (f)	ขั้น	khân
juridique (services ~s)	ทางกฎหมาย	thaang gòt mǎai
juriste (m)	ทนายความ	thá-naai khwaam

106. L'usine. La production

usine (f)	โรงงาน	rohng ngaan
fabrique (f)	โรงงาน	rohng ngaan
atelier (m)	หองทำงาน	hôrng tham ngaan
site (m) de production	ที่ผลิต	thêe phà-lìt
industrie (f)	อุตสาหกรรม	út-saa há-gam
industriel (adj)	ทางอุตสาหกรรม	thaang ùt-sǎa-hà-gam
industrie (f) lourde	อุตสาหกรรมหนัก	ùt-sǎa-hà-gam nàk
industrie (f) légère	อุตสาหกรรมเบา	ùt-sǎa-hà-gam bao
produit (m)	ผลิตภัณฑ์	phà-lìt-dtà-phan
produire (vt)	ผลิต	phà-lìt
matières (f pl) premières	วัตถุดิบ	wát-thù dìp
chef (m) d'équipe	คนคุมงาน	khon khum ngaan
équipe (f) d'ouvriers	ทีมคนงาน	theem khon ngaan
ouvrier (m)	คนงาน	khon ngaan
jour (m) ouvrable	วันทำงาน	wan tham ngaan
pause (f) (repos)	หยุดพัก	yùt phák
réunion (f)	การประชุม	gaan bprà-chum
discuter (vt)	หารือ	hǎa-reu
plan (m)	แผน	phǎen
accomplir le plan	ทำตามแผน	tham dtaam pǎen
norme (f) de production	อัตราผลลัพธ์	àt-dtraa phǒn láp
qualité (f)	คุณภาพ	khun-ná-phâap
contrôle (m)	การควบคุม	gaan khûap khum
contrôle (m) qualité	การควบคุมคุณภาพ	gaan khûap khum khun-ná-phâap

sécurité (f) de travail	ความปลอดภัย ในที่ทำงาน	khwaam bplòrt phai nai thêe tham ngaan
discipline (f)	วินัย	wí-nai
infraction (f)	การละเมิด	gaan lá-mêrt
violer (les règles)	ละเมิด	lá-mêrt

grève (f)	การประท้วงหยุดงาน	gaan bprà-thúang yùt ngaan
gréviste (m)	ผู้ประท้วงหยุดงาน	phôo bprà-thúang yùt ngaan
faire grève	ประท้วงหยุดงาน	bprà-thúang yùt ngaan
syndicat (m)	สหภาพแรงงาน	sà-hà-phâap raeng ngaan

inventer (machine, etc.)	ประดิษฐ์	bprà-dìt
invention (f)	สิ่งประดิษฐ์	sìng bprà-dìt
recherche (f)	การวิจัย	gaan wí-jai
améliorer (vt)	ทำให้ดีขึ้น	tham hâi dee khêun
technologie (f)	เทคโนโลยี	thék-noh-loh-yee
dessin (m) technique	ภาพร่างทางเทคนิค	phâap-râang thaang thék-nìk

charge (f) (~ de 3 tonnes)	ของบรรทุก	khǒrng ban-thúk
chargeur (m)	คนงานยกของ	khon ngaan yók khǒrng
charger (véhicule, etc.)	บรรทุก	ban-thúk
chargement (m)	การบรรทุก	gaan ban-thúk
décharger (vt)	ขนออก	khǒn òrk
déchargement (m)	การขนออก	gaan khǒn òrk

transport (m)	การขนส่ง	gaan khǒn sòng
compagnie (f) de transport	บริษัทขนส่ง	bor-rí-sàt khǒn sòng
transporter (vt)	ขนส่ง	khǒn sòng

wagon (m) de marchandise	ตู้รถไฟรถ	dtôo rót fai
citerne (f)	ถัง	thǎng
camion (m)	รถบรรทุก	rót ban-thúk

| machine-outil (f) | เครื่องมือกล | khrêuang meu gon |
| mécanisme (m) | กลไก | gon-gai |

déchets (m pl)	ของเสียจากโรงงาน	khǒrng sǐa jàak rohng ngaan
emballage (m)	การทำหีบห่อ	gaan tham hèep hòr
emballer (vt)	แพ็คหีบห่อ	pháek hèep hòr

107. Le contrat. L'accord

contrat (m)	สัญญา	sǎn-yaa
accord (m)	ข้อตกลง	khôr dtòk long
annexe (f)	ภาคผนวก	phâak phà-nùak

signer un contrat	ลงนามในสัญญา	long naam nai sǎn-yaa
signature (f)	ลายมือชื่อ	laai meu chêu
signer (vt)	ลงนาม	long naam
cachet (m)	ตราประทับ	dtraa bprà-tháp

objet (m) du contrat	หัวข้อของสัญญา	hǔa khôr khǒrng sǎn-yaa
clause (f)	ข้อ	khôr
côtés (m pl)	ฝ่าย	fàai

adresse (f) légale	ที่อยู่ตามกฎหมาย	thêe yòo dtaam gòt mǎai
violer l'accord	การละเมิดสัญญา	gaan lá-mêrt sǎn-yaa
obligation (f)	พันธสัญญา	phan-thá-sǎn-yaa
responsabilité (f)	ความรับผิดชอบ	khwaam ráp phìt chôp
force (f) majeure	เหตุสุดวิสัย	hàyt sùt wí-sǎi
litige (m)	ความขัดแย้ง	khwaam khàt yáeng
pénalités (f pl)	บทลงโทษ	bòt long thôht

108. L'importation. L'exportation

importation (f)	การนำเข้า	gaan nam khâo
importateur (m)	ผู้นำเข้า	phôo nam khâo
importer (vt)	นำเข้า	nam khâo
d'importation	นำเขา	nam khâo
exportation (f)	การส่งออก	gaan sòng òrk
exportateur (m)	ผู้ส่งออก	phôo sòng òrk
exporter (vt)	ส่งออก	sòng òrk
d'exportation (adj)	ส่งออก	sòng òrk
marchandise (f)	สินค้า	sǐn kháa
lot (m) de marchandises	สินค้าที่ส่งไป	sǐn kháa thêe sòng bpai
poids (m)	น้ำหนัก	nám nàk
volume (m)	ปริมาณ	bpà-rí-maan
mètre (m) cube	ลูกบาศก์เมตร	lôok bàat máyt
producteur (m)	ผู้ผลิต	phôo phà-lìt
compagnie (f) de transport	บริษัทขนส่ง	bor-rí-sàt khǒn sòng
container (m)	ตู้คอนเทนเนอร์	dtôo khorn thay ná-ner
frontière (f)	ชายแดน	chaai daen
douane (f)	ด่านศุลกากร	dàan sǔn-lá-gaa-gon
droit (m) de douane	ภาษีศุลกากร	phaa-sěe sǔn-lá-gaa-gon
douanier (m)	เจ้าหน้าที่ศุลกากร	jâo nâa-thêe sǔn-lá-gaa-gon
contrebande (f) (trafic)	การลักลอบ	gaan lák-lôrp
contrebande (f)	สินค้าที่ผิดกฎหมาย	sǐn kháa thêe phìt gòt mǎai

109. La finance

action (f)	หุ้น	hûn
obligation (f)	ตราสารหนี้	dtraa sǎan nêe
lettre (f) de change	ตั๋วสัญญาใช้เงิน	dtǔa sǎn-yaa chái ngern
bourse (f)	ตลาดหลักทรัพย์	dtà-làat làk sáp
cours (m) d'actions	ราคาหุ้น	raa-khaa hûn
baisser (vi)	ถูกลง	thòok long
augmenter (vi) (prix)	แพงขึ้น	phaeng khêun
part (f)	ปันผล	bpan phǒn
participation (f) de contrôle	ส่วนได้เสียที่มีอำนาจควบคุม	sùan dâai sǐa têe mee am-nâat khûap khum

98

investissements (m pl)	การลงทุน	gaan long thun
investir (vt)	ลงทุน	long thun
pour-cent (m)	เปอร์เซ็นต์	bper-sen
intérêts (m pl)	ดอกเบี้ย	dòrk bîa

profit (m)	กำไร	gam-rai
profitable (adj)	ได้กำไร	dâai gam-rai
impôt (m)	ภาษี	phaa-sěe

devise (f)	สกุลเงิน	sà-gun ngern
national (adj)	แห่งชาติ	hàeng châat
échange (m)	การแลกเปลี่ยน	gaan lâek bplìan

| comptable (m) | นักบัญชี | nák ban-chee |
| comptabilité (f) | การทำบัญชี | gaan tham ban-chee |

faillite (f)	การล้มละลาย	gaan lóm lá-laai
krach (m)	การพังพินาศ	gaan phang phí-nâat
ruine (f)	ความพินาศ	khwaam phí-nâat
se ruiner (vp)	ล้มละลาย	lóm lá-laai
inflation (f)	เงินเฟ้อ	ngern fér
dévaluation (f)	การลดค่าเงิน	gaan lót khâa ngern

capital (m)	เงินทุน	ngern thun
revenu (m)	รายได้	raai dâai
chiffre (m) d'affaires	การหมุนเวียน	gaan mǔn wian
ressources (f pl)	ทรัพยากร	sáp-pá-yaa-gon
moyens (m pl) financiers	แหล่งเงินทุน	làeng ngern thun

| frais (m pl) généraux | ค่าใช้จ่าย | khâa chái jàai |
| réduire (vt) | ลด | lót |

110. La commercialisation. Le marketing

marketing (m)	การตลาด	gaan dtà-làat
marché (m)	ตลาด	dtà-làat
segment (m) du marché	ส่วนตลาด	sùan dtà-làat
produit (m)	ผลิตภัณฑ์	phà-lìt-dtà-phan
marchandise (f)	สินค้า	sǐn kháa

marque (f) de fabrique	ยี่ห้อ	yêe hôr
marque (f) déposée	เครื่องหมายการค้า	khrêuang mǎai gaan kháa
logotype (m)	โลโก้	loh-gôh
logo (m)	โลโก้	loh-gôh

demande (f)	อุปสงค์	u-bpà-sǒng
offre (f)	อุปทาน	u-bpà-thaan
besoin (m)	ความต้องการ	khwaam dtôrng gaan
consommateur (m)	ผู้บริโภค	phôo bor-rí-phôhk

analyse (f)	การวิเคราะห์	gaan wí-khrór
analyser (vt)	วิเคราะห์	wí-khrór
positionnement (m)	การวางตำแหน่ง ผลิตภัณฑ์	gaan waang dtam-nàeng phà-lìt-dtà-phan

positionner (vt)	วางตำแหน่ง ผลิตภัณฑ	waang dtam-nàeng phà-lìt-dtà-phan
prix (m)	ราคา	raa-khaa
politique (f) des prix	นโยบาย การตั้งราคา	ná-yoh-baai gaan dtâng raa-khaa
formation (f) des prix	การตั้งราคา	gaan dtâng raa-khaa

111. La publicité

publicité (f), pub (f)	การโฆษณา	gaan khôht-sà-naa
faire de la publicité	โฆษณา	khôht-sà-naa
budget (m)	งบประมาณ	ngóp bprà-maan
annonce (f), pub (f)	การโฆษณา	gaan khôht-sà-naa
publicité (f) à la télévision	การโฆษณา ทางทีวี	gaan khôht-sà-naa thaang thee wee
publicité (f) à la radio	การโฆษณา ทางวิทยุ	gaan khôht-sà-naa thaang wít-thá-yú
publicité (f) extérieure	การโฆษณา แบบกลางแจง	gaan khôht-sà-naa bàep glaang jâeng
mass média (m pl)	สื่อสารมวลชน	sèu săan muan chon
périodique (m)	หนังสือรายคาบ	năng-sĕu raai khâap
image (f)	ภาพลักษณ	phâap-lák
slogan (m)	คำขวัญ	kham khwăn
devise (f)	คติพจน	khá-dtì phót
campagne (f)	การรณรงค์	gaan ron-ná-rorng
campagne (f) publicitaire	การรณรงค โฆษณา	gaan ron-ná-rorng khôht-sà-naa
public (m) cible	กลุ่มเป้าหมาย	glùm bpâo-măai
carte (f) de visite	นามบัตร	naam bàt
prospectus (m)	ใบปลิว	bai bpliw
brochure (f)	โบรชัวร์	broh-chua
dépliant (m)	แผนพับ	phàen pháp
bulletin (m)	จดหมายขาว	jòt măai khàao
enseigne (f)	ป้ายร้าน	bpâai ráan
poster (m)	โปสเตอร์	bpòht-dtêr
panneau-réclame (m)	กระดานปิดประกาศ โฆษณา	grà-daan bpìt bprà-gàat khôht-sà-naa

112. Les opérations bancaires

banque (f)	ธนาคาร	thá-naa-khaan
agence (f) bancaire	สาขา	săa-khăa
conseiller (m)	พนักงาน ธนาคาร	phá-nák ngaan thá-naa-khaan
gérant (m)	ผู้จัดการ	phôo jàt gaan

compte (m)	บัญชีธนาคาร	ban-chee thá-naa-kaan
numéro (m) du compte	หมายเลขบัญชี	măai lâyk ban-chee
compte (m) courant	กระแสรายวัน	grà-săe raai wan
compte (m) sur livret	บัญชีออมทรัพย์	ban-chee orm sáp
ouvrir un compte	เปิดบัญชี	bpèrt ban-chee
clôturer le compte	ปิดบัญชี	bpìt ban-chee
verser dans le compte	ฝากเงินเข้าบัญชี	fàak ngern khâo ban-chee
retirer du compte	ถอน	thŏrn
dépôt (m)	การฝาก	gaan fàak
faire un dépôt	ฝาก	fàak
virement (m) bancaire	การโอนเงิน	gaan ohn ngern
faire un transfert	โอนเงิน	ohn ngern
somme (f)	จำนวนเงินรวม	jam-nuan ngern ruam
Combien?	เท่าไหร่?	thâo rài
signature (f)	ลายมือชื่อ	laai meu chêu
signer (vt)	ลงนาม	long naam
carte (f) de crédit	บัตรเครดิต	bàt khray-dìt
code (m)	รหัส	rá-hàt
numéro (m) de carte de crédit	หมายเลขบัตรเครดิต	măai lâyk bàt khray-dìt
distributeur (m)	เอทีเอ็ม	ay-thee-em
chèque (m)	เช็ค	chék
faire un chèque	เขียนเช็ค	khĭan chék
chéquier (m)	สมุดเช็ค	sà-mùt chék
crédit (m)	เงินกู้	ngern gôo
demander un crédit	ขอสินเชื่อ	khŏr sĭn chêua
prendre un crédit	กู้เงิน	gôo ngern
accorder un crédit	ให้กู้เงิน	hâi gôo ngern
gage (m)	การรับประกัน	gaan ráp bprà-gan

113. Le téléphone. La conversation téléphonique

téléphone (m)	โทรศัพท์	thoh-rá-sàp
portable (m)	มือถือ	meu thĕu
répondeur (m)	เครื่องพูดตอบ	khrêuang phôot dtòp
téléphoner, appeler	โทรศัพท์	thoh-rá-sàp
appel (m)	การโทรศัพท์	gaan thoh-rá-sàp
composer le numéro	หมุนหมายเลขโทรศัพท์	mŭn măai lâyk thoh-rá-sàp
Allô!	สวัสดี!	sà-wàt-dee
demander (~ l'heure)	ถาม	thăam
répondre (vi, vt)	รับสาย	ráp săai
entendre (bruit, etc.)	ได้ยิน	dâai yin
bien (adv)	ดี	dee
mal (adv)	ไม่ดี	mâi dee
bruits (m pl)	เสียงรบกวน	sĭang róp guan

récepteur (m)	ตัวรับสัญญาณ	dtua ráp săn-yaan
décrocher (vt)	รับสาย	ráp săai
raccrocher (vi)	วางสาย	waang săai

occupé (adj)	ไม่ว่าง	mâi wâang
sonner (vi)	ดัง	dang
carnet (m) de téléphone	สมุดโทรศัพท์	sà-mùt thoh-rá-sàp

local (adj)	ในประเทศ	nai bprà-thâyt
appel (m) local	โทรในประเทศ	thoh nai bprà-thâyt
interurbain (adj)	ระยะไกล	rá-yá glai
appel (m) interurbain	โทรระยะไกล	thoh-rá-yá glai
international (adj)	ต่างประเทศ	dtàang bprà-thâyt
appel (m) international	โทรต่างประเทศ	thoh dtàang bprà-thâyt

114. Le téléphone portable

portable (m)	มือถือ	meu thĕu
écran (m)	หน้าจอ	nâa jor
bouton (m)	ปุ่ม	bpùm
carte SIM (f)	ซิมการ์ด	sím gàat

pile (f)	แบตเตอรี่	bàet-dter-rêe
être déchargé	หมด	mòt
chargeur (m)	ที่ชาร์จ	thêe châat

menu (m)	เมนู	may-noo
réglages (m pl)	การตั้งค่า	gaan dtâng khâa
mélodie (f)	เสียงเพลง	sĭang phlayng
sélectionner (vt)	เลือก	lêuak

calculatrice (f)	เครื่องคิดเลข	khrêuang khít lâyk
répondeur (m)	ขอความเสียง	khôr khwaam sĭang
réveil (m)	นาฬิกาปลุก	naa-lí-gaa bplùk
contacts (m pl)	รายชื่อผู้ติดต่อ	raai chêu phôo dtìt dtòr

| SMS (m) | SMS | es-e-mes |
| abonné (m) | ผู้สมัครรับบริการ | phôo sà-màk ráp bor-rí-gaan |

115. La papeterie

| stylo (m) à bille | ปากกาลูกลื่น | bpàak gaa lôok lêun |
| stylo (m) à plume | ปากกาหมึกซึม | bpàak gaa mèuk seum |

crayon (m)	ดินสอ	din-sŏr
marqueur (m)	ปากกาเน้น	bpàak gaa náyn
feutre (m)	ปากกาเมจิก	bpàak gaa may jìk

bloc-notes (m)	สมุดจด	sà-mùt jòt
agenda (m)	สมุดบันทึกรายวัน	sà-mùt ban-théuk raai wan
règle (f)	ไม้บรรทัด	máai ban-thát
calculatrice (f)	เครื่องคิดเลข	khrêuang khít lâyk

gomme (f)	ยางลบ	yaang lóp
punaise (f)	เป๊ก	bpáyk
trombone (m)	ลวดหนีบกระดาษ	lûat nèep grà-dàat

colle (f)	กาว	gaao
agrafeuse (f)	ที่เย็บกระดาษ	thêe yép grà-dàat
perforateur (m)	ที่เจาะรูกระดาษ	thêe jòr roo grà-dàat
taille-crayon (m)	ที่เหลาดินสอ	thêe lǎo din-sǒr

116. Les différents types de documents

rapport (m)	รายการ	raai gaan
accord (m)	ขอตกลง	khôr dtòk long
formulaire (m) d'inscription	ใบสมัคร	bai sà-màk
authentique (adj)	แท้	tháe
badge (m)	ป้ายชื่อ	bpâai chêu
carte (f) de visite	นามบัตร	naam bàt

certificat (m)	ใบรับรอง	bai ráp rorng
chèque (m) de banque	เช็ค	chék
addition (f) (restaurant)	คิดเงิน	khít ngern
constitution (f)	รัฐธรรมนูญ	rát-thà-tham-má-noon

contrat (m)	สัญญา	sǎn-yaa
copie (f)	สำเนา	sǎm-nao
exemplaire (m)	ฉบับ	chà-bàp

déclaration (f) de douane	แบบฟอร์มการเสียภาษีศุลกากร	bàep form gaan sǐa phaa-sěe sǔn-lá-gaa-gon
document (m)	เอกสาร	àyk sǎan
permis (m) de conduire	ใบอนุญาตขับขี่	bai a-nú-yâat khàp khèe
annexe (f)	ภาคผนวก	phâak phà-nùak
questionnaire (m)	แบบฟอร์ม	bàep form

carte (f) d'identité	บัตรประจำตัว	bàt bprà-jam dtua
demande (f) de renseignements	คำรองขอ	kham rórng khǒr
lettre (f) d'invitation	บัตรเชิญ	bàt chern
facture (f)	ใบกำกับสินค้า	bai gam-gàp sǐn kháa

loi (f)	กฎหมาย	gòt mǎai
lettre (f)	จดหมาย	jòt mǎai
papier (m) à en-tête	แบบฟอร์ม	bàep form
liste (f) (~ des noms)	รายชื่อ	raai chêu
manuscrit (m)	ตนฉบับ	dtôn chà-bàp
bulletin (m)	จุดหมายข่าว	jòt mǎai khàao
mot (m) (message)	ขอความสั้นๆ	khôr khwaam sân sân

laissez-passer (m)	บัตรผ่าน	bàt phàan
passeport (m)	หนังสือเดินทาง	nǎng-sěu dern-thaang
permis (m)	ใบอนุญาต	bai a-nú-yâat
C.V. (m)	ประวัติย่อ	bprà-wàt yôr
reconnaissance (f) de dette	รายการหนี้	raai gaan nêe
reçu (m)	ใบเสร็จ	bai sèt

ticket (m) de caisse	ใบเสร็จ	bai sèt
rapport (m)	รายงาน	raai ngaan
présenter (pièce d'identité)	แสดง	sà-daeng
signer (vt)	ลงนาม	long naam
signature (f)	ลายมือชื่อ	laai meu chêu
cachet (m)	ตราประทับ	dtraa bprà-tháp
texte (m)	ข้อความ	khôr khwaam
ticket (m)	ตั๋ว	dtŭa
rayer (vt)	ขีดฆ่า	khèet khâa
remplir (vt)	กรอก	gròrk
bordereau (m) de transport	รายการสินค้าขนส่ง	raai gaan sĭn kháa khŏn sòng
testament (m)	พินัยกรรม	phí-nai-gam

117. Les types d'activités économiques

agence (f) de recrutement	สำนักงานจัดหางาน	săm-nák ngaan jàt hăa ngaan
agence (f) de sécurité	บริษัทรักษาความปลอดภัย	bor-rí-sàt rák-săa khwaam bplòrt phai
agence (f) d'information	สำนักข่าว	săm-nák khàao
agence (f) publicitaire	บริษัทโฆษณา	bor-rí-sàt khôht-sà-naa
antiquités (f pl)	ของเก่า	khŏrng gào
assurance (f)	การประกัน	gaan bprà-gan
atelier (m) de couture	รานตัดเสื้อ	ráan dtàt sêua
banques (f pl)	การธนาคาร	gaan thá-naa-khaan
bar (m)	บาร์	baa
bâtiment (m)	การก่อสร้าง	gaan gòr sâang
bijouterie (f)	เครื่องเพชรพลอย	khrêuang phét phloi
bijoutier (m)	ช่างทำเครื่องเพชรพลอย	châang tham khrêuang phét phloi
blanchisserie (f)	โรงซักรีดผ้า	rohng sák rêet phâa
boissons (f pl) alcoolisées	เครื่องดื่มแอลกอฮอล์	khrêuang dèum aen-gor-hor
boîte (f) de nuit	ไนท์คลับ	nai-khláp
bourse (f)	ตลาดหลักทรัพย์	dtà-làat làk sáp
brasserie (f) (fabrique)	โรงงานต้มเหล้า	rohng ngaan dtôm lâu
maison (f) funéraire	บริษัทรับจัดงานศพ	bor-rí-sàt ráp jàt ngaan sòp
casino (m)	คาสิโน	khaa-sì-noh
centre (m) d'affaires	ศูนย์ธุรกิจ	sŏon thú-rá gìt
cinéma (m)	โรงภาพยนตร์	rohng phâap-phá-yon
climatisation (m)	เครื่องปรับอากาศ	khrêuang bpràp-aa-gàat
commerce (m)	การค้าขาย	gaan kháa kăai
compagnie (f) aérienne	สายการบิน	săai gaan bin
conseil (m)	การปรึกษาๆ	gaan bprèuk-săa
coursiers (m pl)	บริการจัดส่ง	bor-rí-gaan jàt sòng
dentistes (pl)	คลินิกทันตกรรม	khlí-nìk than-ta-gam
design (m)	การออกแบบ	gaan òrk bàep

école (f) de commerce	โรงเรียนธุรกิจ	rohng rian thú-rá gìt
entrepôt (m)	โกดังเก็บสินค้า	goh-dang gèp sĭn kháa
galerie (f) d'art	หอศิลป์	hŏr sĭn
glace (f)	ไอศกรีม	ai-sà-greem
hôtel (m)	โรงแรม	rohng raem
immobilier (m)	อสังหาริมทรัพย์	a-săng-hăa-rim-má-sáp
imprimerie (f)	สิ่งพิมพ์	sìng phim
industrie (f)	อุตสาหกรรม	út-saa há-gam
Internet (m)	อินเทอร์เน็ต	in-thêr-nét
investissements (m pl)	การลงทุน	gaan long thun
journal (m)	หนังสือพิมพ์	năng-sĕu phim
librairie (f)	ร้านขายหนังสือ	ráan khăai năng-sĕu
industrie (f) légère	อุตสาหกรรมเบา	ùt-săa-hà-gam bao
magasin (m)	ร้านค้า	ráan kháa
maison (f) d'édition	สำนักพิมพ์	săm-nák phim
médecine (f)	การแพทย์	gaan phâet
meubles (m pl)	เครื่องเรือน	khrêuang reuan
musée (m)	พิพิธภัณฑ์	phí-phítha phan
pétrole (m)	น้ำมัน	nám man
pharmacie (f)	ร้านขายยา	ráan khăai yaa
industrie (f) pharmaceutique	เภสัชกรรม	phay-sàt-cha -gam
piscine (f)	สระว่ายน้ำ	sà wâai náam
pressing (m)	ร้านซักแห้ง	ráan sák hâeng
produits (m pl) alimentaires	ผลิตภัณฑ์อาหาร	phà-lìt-dtà-phan aa hăan
publicité (f), pub (f)	การโฆษณา	gaan khôht-sà-naa
radio (f)	วิทยุ	wít-thá-yú
récupération (f) des déchets	การเก็บขยะ	gaan gèp khà-yà
restaurant (m)	ร้านอาหาร	ráan aa-hăan
revue (f)	นิตยสาร	nít-dtà-yá-săan
salon (m) de beauté	ช่างเสริมสวย	châang sĕrm sŭay
service (m) financier	บริการด้านการเงิน	bor-rí-gaan dâan gaan ngern
service (m) juridique	คนที่ปรึกษา ทางกฎหมาย	khon thêe bprèuk-săa thaang gòt măai
services (m pl) comptables	บริการทำบัญชี	bor-rí-gaan tham ban-chee
services (m pl) d'audition	บริการตรวจ สอบบัญชี	bor-rí-gaan dtrùat sòrp ban-chee
sport (m)	กีฬา	gee-laa
supermarché (m)	ซูเปอร์มาร์เก็ต	soo-bper-maa-gèt
télévision (f)	โทรทัศน์	thoh-rá-thát
théâtre (m)	โรงละคร	rohng lá-khon
tourisme (m)	การท่องเที่ยว	gaan thôrng thîeow
sociétés de transport	การขนส่ง	gaan khŏn sòng
vente (f) par catalogue	การขายสินค้า ทางไปรษณีย์	gaan khăai sĭn kháa thaang bprai-sà-nee
vêtement (m)	เสื้อผ้า	sêua phâa
vétérinaire (m)	สัตวแพทย์	sàt phâet

Le travail. Les affaires. Partie 2

118. Les foires et les salons

salon (m)	งานแสดง	ngaan sà-daeng
salon (m) commercial	งานแสดงสินค้า	ngaan sà-daeng sĭn kháa
participation (f)	การเข้าร่วม	gaan khâo rûam
participer à …	เข้าร่วมใน	khâo rûam nai
participant (m)	ผู้เขารวม	phôo khâo rûam
directeur (m)	ผู้อำนวยการ	phôo am-nuay gaan
direction (f)	สำนักงานผู้จัด	săm-nák ngaan phôo jàt
organisateur (m)	ผู้จัด	phôo jàt
organiser (vt)	จัด	jàt
demande (f) de participation	แบบฟอร์มลงทะเบียน	bàep form long thá-bian
remplir (vt)	กรอก	gròrk
détails (m pl)	รายละเอียด	raai lá-ìat
information (f)	ขอมูล	khôr moon
prix (m)	ราคา	raa-khaa
y compris	รวมถึง	ruam thĕung
inclure (~ les taxes)	รวม	ruam
payer (régler)	จ่าย	jàai
droits (m pl) d'inscription	ค่าลงทะเบียน	khâa long thá-bian
entrée (f)	ทางเข้า	thaang khâo
pavillon (m)	ศาลา	săa-laa
enregistrer (vt)	ลงทะเบียน	long thá-bian
badge (m)	ป้ายชื่อ	bpâai chêu
stand (m)	บูธแสดงสินค้า	bòot sà-daeng sĭn kháa
réserver (vt)	จอง	jorng
vitrine (f)	ตู้โชว์สินค้า	dtôo choh sĭn kháa
lampe (f)	ไฟรวมแสงบนเวที	fai ruam săeng bon way-thee
design (m)	การออกแบบ	gaan òrk bàep
mettre (placer)	วาง	waang
être placé	ถูกตั้ง	thòok dtâng
distributeur (m)	ผู้จัดจำหน่าย	phôo jàt jam-nàai
fournisseur (m)	ผู้จัดหา	phôo jàt hăa
fournir (vt)	จัดหา	jàt hăa
pays (m)	ประเทศ	bprà-thâyt
étranger (adj)	ตางชาติ	dtàang châat
produit (m)	ผลิตภัณฑ์	phà-lìt-dtà-phan
association (f)	สมาคม	sà-maa khom
salle (f) de conférences	หองประชุม	hôrng bprà-chum

| congrès (m) | การประชุม | gaan bprà-chum |
| concours (m) | การแขงขัน | gaan khàeng khăn |

visiteur (m)	ผูเขารวม	phôo khâo rûam
visiter (vt)	เขารวม	khâo rûam
client (m)	ลูกคา	lôok kháa

119. Les médias de masse

journal (m)	หนังสือพิมพ	năng-sĕu phim
revue (f)	นิตยสาร	nít-dtà-yá-săan
presse (f)	สื่อสิงพิมพ	sèu sìng phim
radio (f)	วิทยุ	wít-thá-yú
station (f) de radio	สถานีวิทยุ	sà-thăa-nee wít-thá-yú
télévision (f)	โทรทัศน	thoh-rá-thát

animateur (m)	ผูประกาศขาว	phôo bprà-gàat khàao
présentateur (m) de journaux télévisés	ผูประกาศขาว	phôo bprà-gàat khàao
commentateur (m)	ผูอธิบาย	phôo à-thí-baai

journaliste (m)	นักขาว	nák khàao
correspondant (m)	ผูรายงานขาว	phôo raai ngaan khàao
reporter photographe (m)	ชางภาพ หนังสือพิมพ	châang phâap năng-sĕu phim
reporter (m)	ผูรายงาน	phôo raai ngaan

| rédacteur (m) | บรรณาธิการ | ban-naa-thí-gaan |
| rédacteur (m) en chef | หัวหนาบรรณาธิการ | hŭa nâa ban-naa-thí-gaan |

s'abonner (vp)	รับ	ráp
abonnement (m)	การรับ	gaan ráp
abonné (m)	ผูรับ	phôo ráp
lire (vi, vt)	อาน	àan
lecteur (m)	ผูอาน	phôo àan

tirage (m)	การเผยแพร	gaan phŏie-phrâe
mensuel (adj)	รายเดือน	raai deuan
hebdomadaire (adj)	รายสัปดาห	raai sàp-daa
numéro (m)	ฉบับ	chà-bàp
nouveau (~ numéro)	ใหม	mài

titre (m)	ขาวพาดหัว	khàao phâat hŭa
entrefilet (m)	บทความสันๆ	bòt khwaam sân sân
rubrique (f)	คอลัมน	khor lam
article (m)	บทความ	bòt khwaam
page (f)	หนา	nâa

reportage (m)	การรายงานขาว	gaan raai ngaan khàao
événement (m)	เหตุการณ	hàyt gaan
sensation (f)	ขาวดัง	khàao dang
scandale (m)	เรื่องอื้อฉาว	rêuang êu chăao
scandaleux	อื้อฉาว	êu chăao
grand (~ scandale)	ใหญ	yài

émission (f)	รายการ	raai gaan
interview (f)	การสัมภาษณ์	gaan sǎm-phâat
émission (f) en direct	ถ่ายทอดสด	thàai thôrt sòt
chaîne (f) (~ payante)	ช่อง	chôrng

120. L'agriculture

agriculture (f)	เกษตรกรรม	gà-sàyt-dtra -gam
paysan (m)	ชาวนาผู้ชาย	chaao naa phôo chaai
paysanne (f)	ชาวนาผู้หญิง	chaao naa phôo yǐng
fermier (m)	ชาวนา	chaao naa

| tracteur (m) | รถแทร็คเตอร์ | rót tráek-dtêr |
| moissonneuse-batteuse (f) | เครื่องเก็บเกี่ยว | khrêuang gèp gìeow |

charrue (f)	คันไถ	khan thǎi
labourer (vt)	ไถ	thǎi
champ (m) labouré	ที่ดินที่ไถพรวน	thêe din thêe thǎi phruan
sillon (m)	รองดิน	rôrng din

semer (vt)	หว่าน	wàan
semeuse (f)	เครื่องหว่านเมล็ด	khrêuang wàan má-lét
semailles (f pl)	การหว่าน	gaan wàan

| faux (f) | เคียว | khieow |
| faucher (vt) | ถาง | thǎang |

| pelle (f) | พลั่ว | phlûa |
| bêcher (vt) | ขุด | khùt |

couperet (m)	จอบ	jòrp
sarcler (vt)	ถาก	thàak
mauvaise herbe (f)	วัชพืช	wát-chá-phêut

arrosoir (m)	กระป๋องรดน้ำ	grà-bpǒrng rót náam
arroser (plantes)	รดน้ำ	rót náam
arrosage (m)	การรดน้ำ	gaan rót nám

| fourche (f) | ส้อมเสียบ | sôrm sìap |
| râteau (m) | คราด | khrâat |

engrais (m)	ปุ๋ย	bpǔi
engraisser (vt)	ใส่ปุ๋ย	sài bpǔi
fumier (m)	ปุ๋ยคอก	bpǔi khôrk

champ (m)	ทุ่งนา	thûng naa
pré (m)	ทุ่งหญ้า	thûng yâa
potager (m)	สวนผัก	sǔan phàk
jardin (m)	สวนผลไม้	sǔan phǒn-lá-máai

faire paître	เล็มหญ้า	lem yâa
berger (m)	คนเลี้ยงสัตว์	khon líang sàt
pâturage (m)	ทุ่งเลี้ยงสัตว์	thûng líang sàt
élevage (m)	การขยายพันธุ์สัตว์	gaan khà-yǎai phan sàt

élevage (m) de moutons	การขยายพันธุ์แกะ	gaan khà-yǎai phan gàe
plantation (f)	ที่เพาะปลูก	thêe phór bplòok
plate-bande (f)	แถว	thǎe
serre (f)	เรือนกระจกร้อน	reuan grà-jòk rón

| sécheresse (f) | ภัยแล้ง | phai láeng |
| sec (l'été ~) | แล้ง | láeng |

grains (m pl)	ธัญพืช	than-yá-phêut
céréales (f pl)	ผลผลิตธัญพืช	phǒn phà-lìt than-yá-phêut
récolter (vt)	เก็บเกี่ยว	gèp gìeow

meunier (m)	เจ้าของโรงโม่	jâo khǒrng rohng môh
moulin (m)	โรงสี	rohng sěe
moudre (vt)	โม่	môh
farine (f)	แป้ง	bpâeng
paille (f)	ฟาง	faang

121. Le BTP et la construction

chantier (m)	สถานที่ก่อสร้าง	sà-thǎan thêe gòr sâang
construire (vt)	สร้าง	sâang
ouvrier (m) du bâtiment	คนงานก่อสร้าง	khon ngaan gòr sâang

projet (m)	โครงการ	khrohng gaan
architecte (m)	สถาปนิก	sà-thǎa-bpà-ník
ouvrier (m)	คนงาน	khon ngaan

fondations (f pl)	รากฐาน	râak thǎan
toit (m)	หลังคา	lǎng khaa
pieu (m) de fondation	เสาเข็ม	sǎo khěm
mur (m)	กำแพง	gam-phaeng

| ferraillage (m) | เหล็กเส้นเสริมแรง | lèk sên sěrm raeng |
| échafaudage (m) | นั่งราน | nâng ráan |

béton (m)	คอนกรีต	khorn-grèet
granit (m)	หินแกรนิต	hǐn grae-nít
pierre (f)	หิน	hǐn
brique (f)	อิฐ	ìt

sable (m)	ทราย	saai
ciment (m)	ปูนซีเมนต์	bpoon see-mayn
plâtre (m)	พลาสเตอร์	phláat-dtêr
plâtrer (vt)	ฉาบ	chàap

peinture (f)	สี	sěe
peindre (des murs)	ทาสี	thaa sěe
tonneau (m)	ถัง	thǎng

grue (f)	ปั้นจั่น	bpân jàn
monter (vt)	ยก	yók
abaisser (vt)	ลด	lót
bulldozer (m)	รถดันดิน	rót dan din

excavateur (m)	รถขุด	rót khùt
godet (m)	ซอนขุด	chórn khùt
creuser (vt)	ขุด	khùt
casque (m)	หมวกนิรภัย	mùak ní-rá-phai

122. La recherche scientifique et les chercheurs

science (f)	วิทยาศาสตร์	wít-thá-yaa sàat
scientifique (adj)	ทางวิทยาศาสตร์	thaang wít-thá-yaa sàat
savant (m)	นักวิทยาศาสตร	nák wít-thá-yaa sàat
théorie (f)	ทฤษฎี	thrít-sà-dee

axiome (m)	สัจพจน์	sàt-jà-phót
analyse (f)	การวิเคราะห์	gaan wí-khrór
analyser (vt)	วิเคราะห์	wí-khrór
argument (m)	ข้อโต้แย้ง	khôr dtôh yáeng
substance (f) (matière)	สาร	sǎan

hypothèse (f)	สมมติฐาน	sǒm-mút thǎan
dilemme (m)	โจทย์	jòht
thèse (f)	ปริญญานิพนธ์	bpà-rin-yaa ní-phon
dogme (m)	หลัก	làk

doctrine (f)	หลักคำสอน	làk kham sǒrn
recherche (f)	การวิจัย	gaan wí-jai
rechercher (vt)	วิจัย	wí-jai
test (m)	การควบคุม	gaan khûap khum
laboratoire (m)	ห้องทดลอง	hôrng thót lorng

méthode (f)	วิธี	wí-thee
molécule (f)	โมเลกุล	moh-lay-gun
monitoring (m)	การเฝ้าสังเกต	gaan fâo sǎng-gàyt
découverte (f)	การค้นพบ	gaan khón phóp

postulat (m)	สัจพจน์	sàt-jà-phót
principe (m)	หลักการ	làk gaan
prévision (f)	การคาดการณ์	gaan khâat gaan
prévoir (vt)	คาดการณ์	khâat gaan

synthèse (f)	การสังเคราะห์	gaan sǎng-khrór
tendance (f)	แนวโน้ม	naew nóhm
théorème (m)	ทฤษฎีบท	thrít-sà-dee bòt

enseignements (m pl)	คำสอน	kham sǒrn
fait (m)	ข้อเท็จจริง	khôr thét jing
expédition (f)	การสำรวจ	gaan sǎm-rùat
expérience (f)	การทดลอง	gaan thót lorng

académicien (m)	นักวิชาการ	nák wí-chaa gaan
bachelier (m)	บัณฑิต	ban-dìt
docteur (m)	ดุษฎีบัณฑิต	dùt-sà-dee ban-dìt
chargé (m) de cours	รองศาสตราจารย์	rorng sàat-sà-dtraa-jaan
magistère (m)	มหาบัณฑิต	má-hǎa ban-dìt
professeur (m)	ศาสตราจารย์	sàat-sà-dtraa-jaan

Les professions. Les mètiers

123. La recherche d'emploi. Le licenciement

travail (m)	งาน	ngaan
employés (pl)	พนักงาน	phá-nák ngaan
personnel (m)	พนักงาน	phá-nák ngaan
carrière (f)	อาชีพ	aa-chêep
perspective (f)	โอกาส	oh-gàat
maîtrise (f)	ทักษะ	thák-sà
sélection (f)	การคัดเลือก	gaan khát lêuak
agence (f) de recrutement	สำนักงาน	săm-nák ngaan
	จัดหางาน	jàt hăa ngaan
C.V. (m)	ประวัติย่อ	bprà-wàt yôr
entretien (m)	สัมภาษณ์งาน	săm-phâat ngaan
emploi (m) vacant	ตำแหน่งว่าง	dtam-nàeng wâang
salaire (m)	เงินเดือน	ngern deuan
salaire (m) fixe	เงินเดือน	ngern deuan
rémunération (f)	ค่าแรง	khâa raeng
poste (m) (~ évolutif)	ตำแหน่ง	dtam-nàeng
fonction (f)	หน้าที่	nâa thêe
liste (f) des fonctions	หน้าที่	nâa thêe
occupé (adj)	ไม่ว่าง	mâi wâang
licencier (vt)	ไล่ออก	lâi òrk
licenciement (m)	การไล่ออก	gaan lâi òrk
chômage (m)	การว่างงาน	gaan wâang ngaan
chômeur (m)	คนว่างงาน	khon wâang ngaan
retraite (f)	การเกษียณอายุ	gaan gà-sĭan aa-yú
prendre sa retraite	เกษียณ	gà-sĭan

124. Les hommes d'affaires

directeur (m)	ผู้อำนวยการ	phôo am-nuay gaan
gérant (m)	ผู้จัดการ	phôo jàt gaan
patron (m)	หัวหน้า	hŭa-nâa
supérieur (m)	ผู้บังคับบัญชา	phôo bang-kháp ban-chaa
supérieurs (m pl)	คณะผู้บังคับ	khá-ná phôo bang-kháp
	บัญชา	ban-chaa
président (m)	ประธานาธิปดี	bprà-thaa-naa-thí-bor-dee
président (m) (d'entreprise)	ประธาน	bprà-thaan
adjoint (m)	รอง	rorng

assistant (m)	ผู้ช่วย	phôo chûay
secrétaire (m, f)	เลขา	lay-khǎa
secrétaire (m, f) personnel	ผู้ช่วยส่วนบุคคล	phôo chûay sùan bùk-khon
homme (m) d'affaires	นักธุรกิจ	nák thú-rá-gìt
entrepreneur (m)	ผู้ประกอบการ	phôo bprà-gòp gaan
fondateur (m)	ผู้ก่อตั้ง	phôo gòr dtâng
fonder (vt)	ก่อตั้ง	gòr dtâng
fondateur (m)	ผู้ก่อตั้ง	phôo gòr dtâng
partenaire (m)	หุ้นส่วน	hûn sùan
actionnaire (m)	ผู้ถือหุ้น	phôo thěu hûn
millionnaire (m)	เศรษฐีเงินล้าน	sàyt-thěe ngern láan
milliardaire (m)	มหาเศรษฐี	má-hǎa sàyt-thěe
propriétaire (m)	เจ้าของ	jâo khǒrng
propriétaire (m) foncier	เจ้าของที่ดิน	jâo khǒrng thêe din
client (m)	ลูกค้า	lôok kháa
client (m) régulier	ลูกค้าประจำ	lôok kháa bprà-jam
acheteur (m)	ลูกค้า	lôok kháa
visiteur (m)	ผู้เข้าร่วม	phôo khâo rûam
professionnel (m)	ผู้เป็นมืออาชีพ	phôo bpen meu aa-chêep
expert (m)	ผู้เชี่ยวชาญ	phôo chîeow-chaan
spécialiste (m)	ผู้ชำนาญ	phôo cham-naan
	เฉพาะทาง	chà-phó thaang
banquier (m)	พนักงาน	phá-nák ngaan
	ธนาคาร	thá-naa-khaan
courtier (m)	นายหน้า	naai nâa
caissier (m)	แคชเชียร์	khâet chia
comptable (m)	นักบัญชี	nák ban-chee
agent (m) de sécurité	ยาม	yaam
investisseur (m)	ผู้ลงทุน	phôo long thun
débiteur (m)	ลูกหนี้	lôok nêe
créancier (m)	เจ้าหนี้	jâo nêe
emprunteur (m)	ผู้ยืม	phôo yeum
importateur (m)	ผู้นำเข้า	phôo nam khâo
exportateur (m)	ผู้ส่งออก	phôo sòng òrk
producteur (m)	ผู้ผลิต	phôo phà-lìt
distributeur (m)	ผู้จัดจำหน่าย	phôo jàt jam-nàai
intermédiaire (m)	คนกลาง	khon glaang
conseiller (m)	ที่ปรึกษา	thêe bprèuk-sǎa
représentant (m)	พนักงานขาย	phá-nák ngaan khǎai
agent (m)	ตัวแทน	dtua thaen
agent (m) d'assurances	ตัวแทนประกัน	dtua thaen bprà-gan

125. Les mètiers des services

cuisinier (m)	ดูนครัว	khon khrua
cuisinier (m) en chef	กุก	gúk
boulanger (m)	ช่างอบขนมปัง	châang òp khà-nŏm bpang
barman (m)	บาร์เทนเดอร์	baa-thayn-dêr
serveur (m)	พนักงานเสิร์ฟชาย	phá-nák ngaan sèrf chaai
serveuse (f)	พนักงานเสิร์ฟหญิง	phá-nák ngaan sèrf yĭng
avocat (m)	ทนายความ	thá-naai khwaam
juriste (m)	นักกฎหมาย	nák gòt măai
notaire (m)	พนักงานจดทะเบียน	phá-nák ngaan jòt thá-bian
électricien (m)	ช่างไฟฟ้า	châang fai-fáa
plombier (m)	ช่างประปา	châang bprà-bpaa
charpentier (m)	ช่างไม้	châang máai
masseur (m)	หมอนวดชาย	mŏr nûat chaai
masseuse (f)	หมอนวดหญิง	mŏr nûat yĭng
médecin (m)	แพทย์	phâet
chauffeur (m) de taxi	คนขับแท็กซี่	khon khàp tháek-sêe
chauffeur (m)	คนขับ	khon khàp
livreur (m)	คนส่งของ	khon sòng khŏrng
femme (f) de chambre	แม่บ้าน	mâe bâan
agent (m) de sécurité	ยาม	yaam
hôtesse (f) de l'air	พนักงานต้อนรับ	phá-nák ngaan dtôrn ráp
	บนเครื่องบิน	bon khrêuang bin
professeur (m)	อาจารย์	aa-jaan
bibliothécaire (m)	บรรณารักษ์	ban-naa-rák
traducteur (m)	นักแปล	nák bplae
interprète (m)	ล่าม	lâam
guide (m)	มัคคุเทศก์	mák-khú-thâyt
coiffeur (m)	ช่างทำผม	châang tham phŏm
facteur (m)	บุรุษไปรษณีย์	bù-rùt bprai-sà-nee
vendeur (m)	คนขายของ	khon khăai khŏrng
jardinier (m)	ชาวสวน	chaao sŭan
serviteur (m)	คนใช้	khon chái
servante (f)	สาวใช้	săao chái
femme (f) de ménage	คนทำความสะอาด	khon tham khwaam sà-àat

126. Les professions militaires et leurs grades

soldat (m) (grade)	พลทหาร	phon-thá-hăan
sergent (m)	สิบเอก	sìp àyk
lieutenant (m)	ร้อยโท	rói thoh
capitaine (m)	ร้อยเอก	rói àyk
commandant (m)	พลตรี	phon-dtree

colonel (m)	พันเอก	phan àyk
général (m)	นายพล	naai phon
maréchal (m)	จอมพล	jorm phon
amiral (m)	พลเรือเอก	phon reua àyk

militaire (m)	ทางทหาร	thaang thá-hǎan
soldat (m)	ทหาร	thá-hǎan
officier (m)	นายทหาร	naai thá-hǎan
commandant (m)	ผู้บัญชาการ	phôo ban-chaa gaan

garde-frontière (m)	ยามเฝ้าชายแดน	yaam fâo chaai daen
opérateur (m) radio	พลวิทยุ	phon wít-thá-yú
éclaireur (m)	ทหารพราน	thá-hǎan phraan
démineur (m)	ทหารช่าง	thá-hǎan châang
tireur (m)	พลแม่นปืน	phon mâen bpeun
navigateur (m)	ต้นหน	dtôn hǒn

127. Les fonctionnaires. Les prêtres

| roi (m) | กษัตริย์ | gà-sàt |
| reine (f) | ราชินี | raa-chí-nee |

| prince (m) | เจ้าชาย | jâo chaai |
| princesse (f) | เจ้าหญิง | jâo yǐng |

| tsar (m) | ซาร์ | saa |
| tsarine (f) | ซารีนา | saa-ree-naa |

président (m)	ประธานาธิบดี	bprà-thaa-naa-thí-bor-dee
ministre (m)	รัฐมนตรี	rát-thà-mon-dtree
premier ministre (m)	นายกรัฐมนตรี	naa-yók rát-thà-mon-dtree
sénateur (m)	สมาชิกวุฒิสภา	sà-maa-chík wút-thí sà-phaa

diplomate (m)	นักการทูต	nák gaan thôot
consul (m)	กงสุล	gong-sǔn
ambassadeur (m)	เอกอัครราชทูต	àyk-gà-àk-krá-râat-chá-tôot
conseiller (m)	เจ้าหน้าที่การทูต	jâo nâa-thêe gaan thôot

fonctionnaire (m)	ข้าราชการ	khâa râat-chá-gaan
préfet (m)	เจ้าหน้าที่	jâo nâa-thêe
maire (m)	นายกเทศมนตรี	naa-yók thâyt-sà-mon-dtree

| juge (m) | ผู้พิพากษา | phôo phí-phâak-sǎa |
| procureur (m) | อัยการ | ai-yá-gaan |

| missionnaire (m) | ผู้สอนศาสนา | phôo sǒrn sàat-sà-nǎa |
| moine (m) | พระ | phrá |

| abbé (m) | เจ้าอาวาส | jâo aa-wâat |
| rabbin (m) | พระในศาสนายิว | phrá nai sàat-sà-nǎa yiw |

vizir (m)	วีซีร์	wee see
shah (m)	กษัตริย์อิหร่าน	gà-sàt i-ràan
cheik (m)	หัวหน้าเผ่าอาหรับ	hǔa nâa phào aa-ràp

128. Les professions agricoles

apiculteur (m)	คนเลี้ยงผึ้ง	khon líang phêung
berger (m)	คนเลี้ยงปศุสัตว์	khon líang bpà-sù-sàt
agronome (m)	นักปฐพีวิทยา	nák bpà-tà-phee wít-thá-yaa
éleveur (m)	ผู้ขยายพันธุ์สัตว์	phôo khà-yǎai phan sàt
vétérinaire (m)	สัตวแพทย์	sàt phâet

fermier (m)	ชาวนา	chaao naa
vinificateur (m)	ผู้ผลิตไวน์	phôo phà-lìt wai
zoologiste (m)	นักสัตววิทยา	nák sàt wít-thá-yaa
cow-boy (m)	โคบาล	khoh-baan

129. Les professions artistiques

| acteur (m) | นักแสดงชาย | nák sà-daeng chaai |
| actrice (f) | นักแสดงหญิง | nák sà-daeng yǐng |

| chanteur (m) | นักร้องชาย | nák rórng chaai |
| cantatrice (f) | นักร้องหญิง | nák rórng yǐng |

| danseur (m) | นักเต้นชาย | nák dtên chaai |
| danseuse (f) | นักเต้นหญิง | nák dtên yǐng |

artiste (m)	นักแสดงชาย	nák sà-daeng chaai
artiste (f)	นักแสดงหญิง	nák sà-daeng yǐng
musicien (m)	นักดนตรี	nák don-dtree
pianiste (m)	นักเปียโน	nák bpia noh
guitariste (m)	ผู้เล่นกีตาร์	phôo lên gee-dtâa

chef (m) d'orchestre	ผู้ควบคุมวงดนตรี	phôo khûap khum wong don-dtree
compositeur (m)	นักแต่งเพลง	nák dtàeng phlayng
imprésario (m)	ผู้ควบคุมการแสดง	phôo khûap khum gaan sà-daeng

metteur (m) en scène	ผู้กำกับภาพยนตร์	phôo gam-gàp phâap-phá-yon
producteur (m)	ผู้อำนวยการสร้าง	phôo am-nuay gaan sâang
scénariste (m)	คนเขียนบทภาพยนตร์	khon khǐan bòt phâap-phá-yon
critique (m)	นักวิจารณ์	nák wí-jaan

écrivain (m)	นักเขียน	nák khǐan
poète (m)	นักกวี	nák gà-wee
sculpteur (m)	ช่างสลัก	châang sà-làk
peintre (m)	ช่างวาดรูป	châang wâat rôop

jongleur (m)	นักมายากลโยนของ	nák maa-yaa gon yohn khǒrng
clown (m)	ตัวตลก	dtua dtà-lòk
acrobate (m)	นักกายกรรม	nák gaai-yá-gam
magicien (m)	นักเล่นกล	nák lên gon

130. Les diffèrents mètiers

médecin (m)	แพทย์	phâet
infirmière (f)	พยาบาล	phá-yaa-baan
psychiatre (m)	จิตแพทย์	jìt-dtà-phâet
stomatologue (m)	ทันตแพทย์	than-dtà phâet
chirurgien (m)	ศัลยแพทย์	săn-yá-phâet
astronaute (m)	นักบินอวกาศ	nák bin a-wá-gàat
astronome (m)	นักดาราศาสตร์	nák daa-raa sàat
pilote (m)	นักบิน	nák bin
chauffeur (m)	คนขับ	khon khàp
conducteur (m) de train	คนขับรถไฟ	khon khàp rót fai
mécanicien (m)	ช่างเครื่อง	châang khrêuang
mineur (m)	คนงานเหมือง	khon ngaan mĕuang
ouvrier (m)	คนงาน	khon ngaan
serrurier (m)	ช่างโลหะ	châang loh-hà
menuisier (m)	ช่างไม้	châang máai
tourneur (m)	ช่างกลึง	châang gleung
ouvrier (m) du bâtiment	คนงานก่อสร้าง	khon ngaan gòr sâang
soudeur (m)	ช่างเชื่อม	châang chêuam
professeur (m) (titre)	ศาสตราจารย์	sàat-sà-dtraa-jaan
architecte (m)	สถาปนิก	sà-thăa-bpà-ník
historien (m)	นักประวัติศาสตร์	nák bprà-wàt sàat
savant (m)	นักวิทยาศาสตร	nák wít-thá-yaa sàat
physicien (m)	นักฟิสิกส์	nák fí-sìk
chimiste (m)	นักเคมี	nák khay-mee
archéologue (m)	นักโบราณคดี	nák boh-raan-ná-khá-dee
géologue (m)	นักธรณีวิทยา	nák thor-rá-nee wít-thá-yaa
chercheur (m)	ผู้วิจัย	phôo wí-jai
baby-sitter (m, f)	พี่เลี้ยงเด็ก	phêe líang dèk
pédagogue (m, f)	อาจารย์	aa-jaan
rédacteur (m)	บรรณาธิการ	ban-naa-thí-gaan
rédacteur (m) en chef	หัวหน้าบรรณาธิการ	hŭa nâa ban-naa-thí-gaan
correspondant (m)	ผู้สื่อข่าว	phôo sèu khàao
dactylographe (f)	พนักงานพิมพ์ดีด	phá-nák ngaan phim dèet
designer (m)	นักออกแบบ	nák òrk bàep
informaticien (m)	ผู้เชี่ยวชาญด้านคอมพิวเตอร์	pôo chîeow-chaan dâan khorm-piw-dtêr
programmeur (m)	นักเขียนโปรแกรม	nák khĭan bproh-graem
ingénieur (m)	วิศวกร	wít-sà-wá-gon
marin (m)	กะลาสี	gà-laa-sĕe
matelot (m)	คนเรือ	khon reua
secouriste (m)	นักกู้ภัย	nák gôo phai
pompier (m)	เจ้าหน้าที่ดับเพลิง	jâo nâa-thêe dàp phlerng
policier (m)	เจ้าหน้าที่ตำรวจ	jâo nâa-thêe dtam-rùat

veilleur (m) de nuit	คนยาม	khon yaam
détective (m)	นักสืบ	nák sèup
douanier (m)	เจ้าหน้าที่ศุลกากร	jâo nâa-thêe sŭn-lá-gaa-gon
garde (m) du corps	ผู้คุมกัน	phôo khúm gan
gardien (m) de prison	ผู้คุม	phôo khum
inspecteur (m)	ผู้ตรวจการ	phôo dtrùat gaan
sportif (m)	นักกีฬา	nák gee-laa
entraîneur (m)	โค้ช	khóht
boucher (m)	คนขายเนื้อ	khon khăai néua
cordonnier (m)	คนซ่อมรองเท้า	khon sôrm rorng tháo
commerçant (m)	คนค้า	khon kháa
chargeur (m)	คนงานยกของ	khon ngaan yók khŏrng
couturier (m)	นักออกแบบแฟชั่น	nák òrk bàep fae-chân
modèle (f)	นางแบบ	naang bàep

131. Les occupations. Le statut social

écolier (m)	นักเรียน	nák rian
étudiant (m)	นักศึกษา	nák sèuk-săa
philosophe (m)	นักปราชญ์	nák bpràat
économiste (m)	นักเศรษฐศาสตร์	nák sàyt-thà-sàat
inventeur (m)	นักประดิษฐ์	nák bprà-dìt
chômeur (m)	คนว่างงาน	khon wâang ngaan
retraité (m)	ผู้เกษียณอายุ	phôo gà-sĭan aa-yú
espion (m)	สายลับ	săai láp
prisonnier (m)	นักโทษ	nák thôht
gréviste (m)	คนนัดหยุดงาน	kon nát yùt ngaan
bureaucrate (m)	อำมาตย์	am-màat
voyageur (m)	นักเดินทาง	nák dern-thaang
homosexuel (m)	ผู้รักเพศเดียวกัน	phôo rák phâyt dieow gan
hacker (m)	แฮ็กเกอร์	háek-gêr
hippie (m, f)	อิปปี้	híp-bpêe
bandit (m)	โจร	john
tueur (m) à gages	นักฆ่า	nák khâa
drogué (m)	ผู้ติดยาเสพติด	phôo dtìt yaa-sàyp-dtìt
trafiquant (m) de drogue	ผู้ค้ายาเสพติด	phôo kháa yaa-sàyp-dtìt
prostituée (f)	โสเภณี	sŏh-phay-nee
souteneur (m)	แมงดา	maeng-daa
sorcier (m)	พ่อมด	phôr mót
sorcière (f)	แม่มด	mâe mót
pirate (m)	โจรสลัด	john sà-làt
esclave (m)	ทาส	thâat
samouraï (m)	ซามูไร	saa-moo-rai
sauvage (m)	คนป่าเถื่อน	khon bpàa thèuan

Le sport

132. Les types de sports. Les sportifs

sportif (m)	นักกีฬา	nák gee-laa
type (m) de sport	ประเภทกีฬา	bprà-phâyt gee-laa
basket-ball (m)	บาสเก็ตบอล	bàat-gèt-bon
basketteur (m)	ผู้เลนบาสเก็ตบอล	phôo lâyn bàat-gèt-bon
base-ball (m)	เบสบอล	bàyt-bon
joueur (m) de base-ball	ผู้เลนเบสบอล	phôo lâyn bàyt bon
football (m)	ฟุตบอล	fút bon
joueur (m) de football	นักฟุตบอล	nák fút-bon
gardien (m) de but	ผู้รักษาประตู	phôo rák-sǎa bprà-dtoo
hockey (m)	ฮอกกี้	hôk-gêe
hockeyeur (m)	ผู้เลนฮอกกี้	phôo lâyn hôk-gêe
volley-ball (m)	วอลเลย์บอล	won-lây-bon
joueur (m) de volley-ball	ผู้เลนวอลเลยบอล	phôo lâyn won-lây-bon
boxe (f)	การชกมวย	gaan chók muay
boxeur (m)	นักมวย	nák muay
lutte (f)	การมวยปล้ำ	gaan muay bplâm
lutteur (m)	นักมวยปล้ำ	nák muay bplâm
karaté (m)	คาราเต้	khaa-raa-dtây
karatéka (m)	นักคาราเต้	nák khaa-raa-dtây
judo (m)	ยูโด	yoo-doh
judoka (m)	นักยูโด	nák yoo-doh
tennis (m)	เทนนิส	then-nít
joueur (m) de tennis	นักเทนนิส	nák then-nít
natation (f)	กีฬาว่ายน้ำ	gee-laa wâai náam
nageur (m)	นักว่ายน้ำ	nák wâai náam
escrime (f)	กีฬาฟันดาบ	gee-laa fan dàap
escrimeur (m)	นักฟันดาบ	nák fan dàap
échecs (m pl)	หมากรุก	màak rúk
joueur (m) d'échecs	ผู้เลนหมากรุก	phôo lên màak rúk
alpinisme (m)	การปีนเขา	gaan bpeen khǎo
alpiniste (m)	นักปีนเขา	nák bpeen khǎo
course (f)	การวิ่ง	gaan wîng

coureur (m)	นักวิ่ง	nák wîng
athlétisme (m)	กรีฑา	gree thaa
athlète (m)	นักกรีฑา	nák gree thaa
équitation (f)	กีฬาขี่ม้า	gee-laa khèe máa
cavalier (m)	นักขี่ม้า	nák khèe máa
patinage (m) artistique	สเก็ตลีลา	sà-gèt lee-laa
patineur (m)	นักแสดงสเก็ตลีลา	nák sà-daeng sà-gèt lee-laa
patineuse (f)	นักแสดงสเก็ตลีลา	nák sà-daeng sà-gèt lee-laa
haltérophilie (f)	กีฬายกน้ำหนัก	gee-laa yók náam nàk
haltérophile (m)	นักยกน้ำหนัก	nák yók nám nàk
course (f) automobile	การแข่งรถ	gaan khàeng rót
pilote (m)	นักแขงรถ	nák khàeng rót
cyclisme (m)	การแข่งจักรยาน	gaan khàeng jàk-grà-yaan
cycliste (m)	นักแขงจักรยาน	nák khàeng jàk-grà-yaan
sauts (m pl) en longueur	กีฬากระโดดไกล	gee-laa grà-dòht glai
sauts (m pl) à la perche	กีฬากระโดดค้ำถอ	gee-laa grà dòht khám thòr
sauteur (m)	นักกระโดด	nák grà dòht

133. Les types de sports. Divers

football (m) américain	อเมริกันฟุตบอล	a-may-rí-gan fút bon
badminton (m)	แบดมินตัน	bàet-min-dtân
biathlon (m)	ไบแอธลอน	bpai-oht-lon
billard (m)	บิลเลียด	bin-lîat
bobsleigh (m)	ฎารขับเลื่อน น้ำแข่ง	gaan khàp lêuan náam khàeng
bodybuilding (m)	การเพาะกาย	gaan phór gaai
water-polo (m)	กีฬาโปโลน้ำ	gee-laa bpoh loh nám
handball (m)	แฮนดบอล	haen-bon
golf (m)	กอลฟ	góf
aviron (m)	การพายเรือ	gaan phaai reua
plongée (f)	การดำน้ำ	gaan dam náam
course (f) à skis	การแขงสกี ตามเสนทาง	gaan khàeng sà-gee dtaam sên thaang
tennis (m) de table	กีฬาปิงปอง	gee-laa bping-bpong
voile (f)	การแลนเรือใบ	gaan lâen reua bai
rallye (m)	การแขงแรลลี่	gaan khàeng rae lá-lêe
rugby (m)	รักบี้	rák-bêe
snowboard (m)	สโนวบอรด	sà-nǒh bòt
tir (m) à l'arc	การยิงธนู	gaan ying thá-noo

134. La salle de sport

barre (f) à disques	บาร์เบลล์	baa bayn
haltères (m pl)	ทียกน้ำหนัก	thêe yók nám nàk

appareil (m) d'entraînement	เครื่องออกกำลังกาย	khrêuang òk gam-lang gaai
vélo (m) d'exercice	จักรยานออก	jàk-grà-yaan òk
	กำลังกาย	gam-lang gaai
tapis (m) roulant	ลู่วิ่งออกกำลังกาย	lôo wîng òk gam-lang gaai

barre (f) fixe	บาร์เดี่ยว	baa dìeow
barres (pl) parallèles	บาร์คู่	baa khôo
cheval (m) d'Arçons	ม้าขวาง	máa khwǎang
tapis (m) gymnastique	เสื่อออกกำลังกาย	sèua òrt gam-lang gaai

corde (f) à sauter	กระโดดเชือก	grà dòht chêuak
aérobic (m)	แอโรบิก	ae-roh-bìk
yoga (m)	โยคะ	yoh-khá

135. Le hockey sur glace

hockey (m)	ฮอกกี้	hôk-gêe
hockeyeur (m)	ผู้เล่นฮอกกี้	phôo lâyn hôk-gêe
jouer au hockey	เล่นฮอกกี้	lên hók-gêe
glace (f)	น้ำแข็ง	nám khǎeng

palet (m)	ลูกฮอกกี้	lôok hók-gêe
crosse (f)	ไม้ฮอกกี้	máai hók-gêe
patins (m pl)	รองเท้าสเก็ต	rorng tháo sà-gèt
	น้ำแข็ง	nám khǎeng

| rebord (m) | ลานสเก็ตน้ำแข็ง | laan sà-gèt nám khǎeng |
| tir (m) | การยิง | gaan ying |

gardien (m) de but	ผู้รักษาประตู	phôo rák-sǎa bprà-dtoo
but (m)	ประตู	bprà-dtoo
marquer un but	ทำประตู	tham bprà-dtoo

période (f)	ช่วง	chûang
deuxième période (f)	ช่วงที่สอง	chûang thêe sǒrng
banc (m) des remplaçants	ซุมม้านั่ง	súm máa nâng
	ตัวสำรอง	dtua sǎm-rorng

136. Le football

football (m)	ฟุตบอล	fút bon
joueur (m) de football	นักฟุตบอล	nák fút-bon
jouer au football	เลนฟุตบอล	lên fút bon

ligue (f) supérieure	เมเจอร์ลีก	may-jer-lêek
club (m) de football	สโมสรฟุตบอล	sà-moh-sǒn fút-bon
entraîneur (m)	โค้ช	khóht
propriétaire (m)	เจ้าของ	jâo khǒrng

équipe (f)	ทีม	theem
capitaine (m) de l'équipe	หัวหน้าทีม	hǔa nâa theem
joueur (m)	ผู้เล่น	phôo lên

remplaçant (m)	ผู้เล่นสำรอง	phôo lên săm-rorng
attaquant (m)	กองหน้า	gorng nâa
avant-centre (m)	กองหน้าตัวเป้า	gorng nâa dtua bpâo
butteur (m)	ผู้ทำประตู	phôo tham bprà-dtoo
arrière (m)	กองหลัง	gorng lăng
demi (m)	กองกลาง	gorng glaang
match (m)	เกมการแข่ง	gaym gaan khàeng
se rencontrer (vp)	พบ	phóp
finale (f)	รอบสุดท้าย	rôrp sùt tháai
demi-finale (f)	รอบรองชนะเลิศ	rôrp rorng chá-ná lêrt
championnat (m)	ชิงแชมป์	ching chaem
mi-temps (f)	ครึ่ง	khrêung
première mi-temps (f)	ครึ่งแรก	khrêung râek
mi-temps (f) (pause)	ช่วงพักครึ่ง	chûang phák khrêung
but (m)	ประตู	bprà-dtoo
gardien (m) de but	ผู้รักษาประตู	phôo rák-săa bprà-dtoo
poteau (m)	เสาประตู	săo bprà-dtoo
barre (f)	คานประตู	khaan bprà-dtoo
filet (m)	ตาขาย	dtaa khàai
encaisser un but	เสียประตู	sĭa bprà-dtoo
ballon (m)	บอล	bon
passe (f)	การส่ง	gaan sòng
coup (m)	การเตะ	gaan dtè
porter un coup	เตะ	dtè
coup (m) franc	ฟรีคิก	free khík
corner (m)	การเตะมุม	gaan dtè mum
attaque (f)	การบุก	gaan bùk
contre-attaque (f)	การบุกสวนกลับ	gaan bùk sŭan glàp
combinaison (f)	การผสมผสาน	gaan phà-sŏm phà-săan
arbitre (m)	ผู้ตัดสิน	phôo dtàt sĭn
siffler (vi)	เป่านกหวีด	bpào nók wèet
sifflet (m)	เสียงนกหวีด	sĭang nók wèet
faute (f)	ฟาวล์	faao
commettre un foul	ทำฟาวล์	tham faao
expulser du terrain	ไล่ออก	lâi òrk
carton (m) jaune	ใบเหลือง	bai lĕuang
carton (m) rouge	ใบแดง	bai daeng
disqualification (f)	การตัดสิทธิ์	gaan dtàt sìt
disqualifier (vt)	ตัดสิทธิ์	dtàt sìt
penalty (m)	ลูกโทษ	lôok thôht
mur (m)	กำแพง	gam-phaeng
marquer (vt)	ทำประตู	tham bprà-dtoo
but (m)	ประตู	bprà-dtoo
marquer un but	ทำประตู	tham bprà-dtoo
remplacement (m)	ตัวสำรอง	dtua săm-rorng
remplacer (vt)	เปลี่ยนตัว	bplìan dtua
règles (f pl)	กติกา	gà-dtì-gaa

tactique (f)	ยุทธวิธี	yút-thá-wí-thee
stade (m)	สนาม	sà-nǎam
tribune (f)	อัฒจันทร์	àt-tá-jan
supporteur (m)	แฟน	faen
crier (vi)	ตะโกน	dtà-gohn
tableau (m)	ป้ายคะแนน	bpâai khá-naen
score (m)	คะแนน	khá-naen
défaite (f)	ความพ่ายแพ้	khwaam phâai pháe
perdre (vi)	แพ้	pháe
match (m) nul	เสมอ	sà-měr
faire match nul	เสมอ	sà-měr
victoire (f)	ชัยชนะ	chai chá-ná
gagner (vi, vt)	ชนะ	chá-ná
champion (m)	แชมเปี้ยน	chaem-bpîan
meilleur (adj)	ดีที่สุด	dee têe sùt
féliciter (vt)	แสดงความยินดี	sà-daeng khwaam yin dee
commentateur (m)	ผู้อธิบาย	phôo à-thí-baai
commenter (vt)	อธิบาย	à-thí-baai
retransmission (f)	การออกอากาศ	gaan òrk aa-gàat

137. Le ski alpin

skis (m pl)	สกี	sà-gee
faire du ski	เลนสกี	lên sà-gee
station (f) de ski	รีสอรฺทสำหรับ เลนสกีบนภูเขา	ree sòt sǎm-ràp lên sà-gee bon phoo khǎo
remontée (f) mécanique	ลิฟต์สกี	líf sà-gee
bâtons (m pl)	ไม้ค้ำสกี	máai khám sà-gee
pente (f)	ทางลาด	thaang lâat
slalom (m)	การเลนสกี	gaan lên sà-gee

138. Le tennis. Le golf

golf (m)	กอลฟ	góf
club (m) de golf	กอลฟคูลับ	góf khláp
joueur (m) au golf	นักกอลฟ	nák góf
trou (m)	หลุม	lǔm
club (m)	ไม้ตีกอลฟ	mái dtee góf
chariot (m) de golf	รถลากถุงกอลฟ	rót lâak thǔng góf
tennis (m)	เทนนิส	then-nít
court (m) de tennis	สนามเทนนิส	sà-nǎam then-nít
service (m)	การเสิรฟ	gaan sèrf
servir (vi)	เสิรฟ	sèrf
raquette (f)	ไม้ตีเทนนิส	mái dtee then-nít
filet (m)	ตาขาย	dtaa khàai
balle (f)	ลูกเทนนิส	lôok then-nít

139. Les échecs

échecs (m pl)	หมากรุก	màak rúk
pièces (f pl)	ตัวหมากรุก	dtua màak rúk
joueur (m) d'échecs	นักกีฬาหมากรุก	nák gee-laa màak rúk
échiquier (m)	กระดานหมากรุก	grà-daan màak-grùk
pièce (f)	ตัวหมากรุก	dtua màak rúk
blancs (m pl)	ขาว	khǎao
noirs (m pl)	ดำ	dam
pion (m)	เบี้ย	bîa
fou (m)	บิชอป	bì-chôrp
cavalier (m)	ม้า	máa
tour (f)	เรือ	reua
reine (f)	ควีน	khween
roi (m)	ขุน	khǔn
coup (m)	การเดิน	gaan dern
jouer (déplacer une pièce)	เดิน	dern
sacrifier (vt)	สละ	sà-là
roque (m)	การเข้าป้อม	gaan khâo bpôrm
échec (m)	รุก	rúk
tapis (m)	รุกฆาต	rúk khâat
tournoi (m) d'échecs	การแข่งขันหมากรุก	gaan khàeng khǎn màak rúk
grand maître (m)	แกรนด์มาสเตอร์	graen maa-sà-dtêr
combinaison (f)	การเดินหมาก	gaan dern màak
partie (f)	เกม	gaym
dames (f pl)	หมากฮอส	màak-hórt

140. La boxe

boxe (f)	การชกมวย	gaan chók muay
combat (m)	ชกมวย	chók muay
match (m)	เกมการชกมวย	gaym gaan chók muay
round (m)	ยก	yók
ring (m)	เวที	way-thee
gong (m)	ฆ้อง	khórng
coup (m)	การต่อย	gaan dtòi
knock-down (m)	การน็อค	gaan nórk
knock-out (m)	การน็อคเอาท์	gaan nórk ao
mettre KO	น็อคเอาท	nórk ao
gant (m) de boxe	นวมชกมวย	nuam chók muay
arbitre (m)	กรรมการ	gam-má-gaan
poids (m) léger	ไลท์เวท	lai-wâyt
poids (m) moyen	มิดเดิลเวท	mít dêrn wâyt
poids (m) lourd	เฮฟวี่เวท	hay fá-wêe wâyt

141. Le sport. Divers

Jeux (m pl) olympiques	กีฬาโอลิมปิก	gee-laa oh-lim-bpìk
gagnant (m)	ผู้ชนะ	phôo chá-ná
remporter (vt)	ชนะ	chá-ná
gagner (vi)	ชนะ	chá-ná
leader (m)	ผู้นำ	phôo nam
prendre la tête	นำ	nam
première place (f)	อันดับที่หนึ่ง	an-dàp thêe nèung
deuxième place (f)	อันดับที่สอง	an-dàp thêe sŏrng
troisième place (f)	อันดับที่สาม	an-dàp thêe săam
médaille (f)	เหรียญรางวัล	rĭan raang-wan
trophée (m)	ถ้วยรางวัล	thûay raang-wan
coupe (f) (trophée)	เวท	wâyt
prix (m)	รางวัล	raang-wan
prix (m) principal	รางวัลหลัก	raang-wan làk
record (m)	สถิติ	sà-thì-dtì
établir un record	ทำสถิติ	tham sà-thì-dtì
finale (f)	รอบสุดท้าย	rôrp sùt tháai
final (adj)	สุดท้าย	sùt tháai
champion (m)	แชมเปี้ยน	chaem-bpîan
championnat (m)	ชิงแชมป์	ching chaem
stade (m)	สนาม	sà-năam
tribune (f)	อัฒจันทร์	àt-tá-jan
supporteur (m)	แฟน	faen
adversaire (m)	คู่ต่อสู้	khôo dtòr sôo
départ (m)	เส้นเริ่ม	sên rêrm
ligne (f) d'arrivée	เสนชัย	sên chai
défaite (f)	ความพ่ายแพ้	khwaam phâai pháe
perdre (vi)	แพ้	pháe
arbitre (m)	กรรมการ	gam-má-gaan
jury (m)	คณะผู้ตัดสิน	khá-ná phôo dtàt sĭn
score (m)	คะแนน	khá-naen
match (m) nul	เสมอ	sà-měr
faire match nul	ได้คะแนนเท่ากัน	dâai khá-naen thâo gan
point (m)	แต้ม	dtâem
résultat (m)	ผลลัพธ์	phŏn láp
période (f)	ช่วง	chûang
mi-temps (f) (pause)	ช่วงพักครึ่ง	chûang phák khrêung
dopage (m)	การใช้สารต้องห้าม ทางการกีฬา	gaan chái săan dtôrng hâam thaang gaan gee-laa
pénaliser (vt)	ทำโทษ	tham thôht
disqualifier (vt)	ตัดสิทธิ์	dtàt sìt

agrès (m)	อุปกรณ์	ù-bpà-gon
lance (f)	แหลน	lǎen
poids (m) (boule de métal)	ลูกเหล็ก	lôok lèk
bille (f) (de billard, etc.)	ลูก	lôok
but (cible)	เล็งเป้า	leng bpâo
cible (~ en papier)	เป้านิ่ง	bpâo nîng
tirer (vi)	ยิง	ying
précis (un tir ~)	แม่นยำ	mâen yam
entraîneur (m)	โค้ช	khóht
entraîner (vt)	ฝึก	fèuk
s'entraîner (vp)	ฝึกหัด	fèuk hàt
entraînement (m)	การฝึกหัด	gaan fèuk hàt
salle (f) de gym	โรงยิม	rohng-yim
exercice (m)	การออกกำลัง	gaan òrk gam-lang
échauffement (m)	การอบอุ่นร่างกาย	gaan òp ùn râang gaai

L'éducation

142. L'éducation

école (f)	โรงเรียน	rohng rian
directeur (m) d'école	อาจารย์ใหญ่	aa-jaan yài
élève (m)	นักเรียน	nák rian
élève (f)	นักเรียน	nák rian
écolier (m)	เด็กนักเรียนชาย	dèk nák rian chaai
écolière (f)	เด็กนักเรียนหญิง	dèk nák rian yĭng
enseigner (vt)	สอน	sŏrn
apprendre (~ l'arabe)	เรียน	rian
apprendre par cœur	ท่องจำ	thôrng jam
apprendre (à faire qch)	เรียน	rian
être étudiant, -e	ไปโรงเรียน	bpai rohng rian
aller à l'école	ไปโรงเรียน	bpai rohng rian
alphabet (m)	ตัวอักษร	dtua àk-sŏn
matière (f)	วิชา	wí-chaa
salle (f) de classe	ห้องเรียน	hôrng rian
leçon (f)	ชั่วโมงเรียน	chûa mohng rian
récréation (f)	ช่วงพัก	chûang phák
sonnerie (f)	สัญญาณหมดเรียน	săn-yaan mòt rian
pupitre (m)	โต๊ะนักเรียน	dtó nák rian
tableau (m) noir	กระดานดำ	grà-daan dam
note (f)	เกรด	gràyt
bonne note (f)	เกรดดี	gràyt dee
mauvaise note (f)	เกรดแย่	gràyt yâe
donner une note	ให้เกรด	hâi gràyt
faute (f)	ข้อผิดพลาด	khôr phìt phlâat
faire des fautes	ทำผิดพลาด	tham phìt phlâat
corriger (une erreur)	แก้ไข	gâe khăi
antisèche (f)	โพย	phoi
devoir (m)	การบ้าน	gaan bâan
exercice (m)	แบบฝึกหัด	bàep fèuk hàt
être présent	มาเรียน	maa rian
être absent	ขาด	khàat
manquer l'école	ขาดเรียน	khàat rian
punir (vt)	ลงโทษ	long thôht
punition (f)	การลงโทษ	gaan long thôht
conduite (f)	ความประพฤติ	khwaam bprà-préut

carnet (m) de notes	สมุดพก	sà-mùt phók
crayon (m)	ดินสอ	din-sǒr
gomme (f)	ยางลบ	yaang lóp
craie (f)	ชอลค	chôrk
plumier (m)	กลองดินสอ	glòrng din-sǒr

cartable (m)	กระเป๋า	grà-bpǎo
stylo (m)	ปากกา	bpàak gaa
cahier (m)	สมุดจด	sà-mùt jòt
manuel (m)	หนังสือเรียน	nǎng-sěu rian
compas (m)	วงเวียน	wong wian

| dessiner (~ un plan) | ร่างภาพทางเทคนิค | râang phâap thaang thék-nìk |
| dessin (m) technique | ภาพร่างทางเทคนิค | phâap-râang thaang thék-nìk |

poésie (f)	กลอน	glorn
par cœur (adv)	โดยทองจำ	doi thôrng jam
apprendre par cœur	ทองจำ	thôrng jam

vacances (f pl)	เวลาปิดเทอม	way-laa bpìt therm
être en vacances	หยุดปิดเทอม	yùt bpìt therm
passer les vacances	ใช้เวลาหยุดปิดเทอม	chái way-laa yùt bpìt therm

interrogation (f) écrite	การทดสอบ	gaan thót sòrp
composition (f)	ความเรียง	khwaam riang
dictée (f)	การเขียนตามคำบอก	gaan khǐan dtaam kam bòrk
examen (m)	การสอบ	gaan sòrp
passer les examens	สอบไล	sòrp lâi
expérience (f) (~ de chimie)	การทดลอง	gaan thót lorng

143. L'enseignement supérieur

académie (f)	โรงเรียน	rohng rian
université (f)	มหาวิทยาลัย	má-hǎa wít-thá-yaa-lai
faculté (f)	คณะ	khá-ná

étudiant (m)	นักศึกษา	nák sèuk-sǎa
étudiante (f)	นักศึกษา	nák sèuk-sǎa
enseignant (m)	อาจารย์	aa-jaan

| salle (f) | ห้องบรรยาย | hôrng ban-yaai |
| licencié (m) | บัณฑิต | ban-dìt |

| diplôme (m) | อนุปริญญา | a-nú bpà-rin-yaa |
| thèse (f) | ปริญญานิพนธ์ | bpà-rin-yaa ní-phon |

| étude (f) | การวิจัย | gaan wí-jai |
| laboratoire (m) | หองปฏิบัติการ | hôrng bpà-dtì-bàt gaan |

| cours (m) | การบรรยาย | gaan ban-yaai |
| camarade (m) de cours | เพื่อนรวมชั้น | phêuan rûam chán |

| bourse (f) | ทุน | thun |
| grade (m) universitaire | วุฒิการศึกษา | wút-thí gaan sèuk-sǎa |

144. Les disciplines scientifiques

mathématiques (f pl)	คณิตศาสตร์	khá-nít sàat
algèbre (f)	พีชคณิต	phee-chá-khá-nít
géométrie (f)	เรขาคณิต	ray-khǎa khá-nít
astronomie (f)	ดาราศาสตร์	daa-raa sàat
biologie (f)	ชีววิทยา	chee-wá-wít-thá-yaa
géographie (f)	ภูมิศาสตร์	phoo-mí-sàat
géologie (f)	ธรณีวิทยา	thor-rá-nee wít-thá-yaa
histoire (f)	ประวัติศาสตร์	bprà-wàt sàat
médecine (f)	แพทยศาสตร์	phâet-tha-ya-sàat
pédagogie (f)	ครุศาสตร์	khrú sàat
droit (m)	ธรรมศาสตร์	tham-ma -sàat
physique (f)	ฟิสิกส์	fí-sìk
chimie (f)	เคมี	khay-mee
philosophie (f)	ปรัชญา	bpràt-yaa
psychologie (f)	จิตวิทยา	jìt-wít-thá-yaa

145. Le système d'écriture et l'orthographe

grammaire (f)	ไวยากรณ์	wai-yaa-gon
vocabulaire (m)	คำศัพท	kham sàp
phonétique (f)	การออกเสียง	gaan òrk sǐang
nom (m)	นาม	naam
adjectif (m)	คำคุณศัพท์	kham khun-ná-sàp
verbe (m)	กริยา	grì-yaa
adverbe (m)	คำวิเศษณ์	kham wí-sàyt
pronom (m)	คำสรรพนาม	kham sàp-phá-naam
interjection (f)	คำอุทาน	kham u-thaan
préposition (f)	คำบุพบท	kham bùp-phá-bòt
racine (f)	รากศัพท์	râak sàp
terminaison (f)	คำลงท้าย	kham long tháai
préfixe (m)	คำนำหน้า	kham nam nâa
syllabe (f)	พยางค	phá-yaang
suffixe (m)	คำเสริมท้าย	kham sěrm tháai
accent (m) tonique	เครื่องหมายเน้น	khrêuang mǎai náyn
apostrophe (f)	อะพอสทรอฟี	à-phor-sòt-ror-fee
point (m)	จุด	jùt
virgule (f)	จุลภาค	jun-lá-phâak
point (m) virgule	อัฒภาค	àt-thá-phâak
deux-points (m)	ทวิภาค	thá-wí phâak
points (m pl) de suspension	การละไว้	gaan lá wái
point (m) d'interrogation	เครื่องหมายปรัศนี	khrêuang mǎai bpràt-nee
point (m) d'exclamation	เครื่องหมายอัศเจรีย์	khrêuang mǎai àt-sà-jay-ree

guillemets (m pl)	อัญประกาศ	an-yá-bprà-gàat
entre guillemets	ในอัญประกาศ	nai an-yá-bprà-gàat
parenthèses (f pl)	วงเล็บ	wong lép
entre parenthèses	ในวงเล็บ	nai wong lép

trait (m) d'union	ยัติภังค์	yát-dtì-phang
tiret (m)	ขีดคั่น	khèet khân
blanc (m)	ชองไฟ	chôrng fai

| lettre (f) | ตัวอักษร | dtua àk-sŏn |
| majuscule (f) | อักษรตัวใหญ่ | àk-sŏn dtua yài |

| voyelle (f) | สระ | sà-ra |
| consonne (f) | พยัญชนะ | phá-yan-chá-ná |

proposition (f)	ประโยค	bprà-yòhk
sujet (m)	ภาคประธาน	phâak bprà-thaan
prédicat (m)	ภาคแสดง	phâak sà-daeng

ligne (f)	บรรทัด	ban-thát
à la ligne	ที่บรรทัดใหม่	têe ban-thát mài
paragraphe (m)	วรรค	wák

mot (m)	คำ	kham
groupe (m) de mots	กลุ่มคำ	glùm kham
expression (f)	วลี	wá-lee
synonyme (m)	คำพ้องความหมาย	kham phóng khwaam măai
antonyme (m)	คำตรงกันขาม	kham dtrorng gan khâam

règle (f)	กฎ	gòt
exception (f)	ขอยกเว้น	khôr yok-wâyn
correct (adj)	ถูก	thòok

conjugaison (f)	คอนจูเกชัน	khorn joo gay chan
déclinaison (f)	การกระจายคำ	gaan grà-jaai kham
cas (m)	การก	gaa-rók
question (f)	คำถาม	kham thăam
souligner (vt)	ขีดเสนใต้	khèet sên dtâi
pointillé (m)	เสนประ	sên bprà

146. Les langues étrangères

langue (f)	ภาษา	phaa-săa
étranger (adj)	ตางชาติ	dtàang châat
langue (f) étrangère	ภาษาตางชาติ	phaa-săa dtàang châat
étudier (vt)	เรียน	rian
apprendre (~ l'arabe)	เรียน	rian

lire (vi, vt)	อ่าน	àan
parler (vi, vt)	พูด	phôot
comprendre (vt)	เขาใจ	khâo jai
écrire (vt)	เขียน	khĭan
vite (adv)	รวดเร็ว	rûat reo
lentement (adv)	อยางชา	yàang cháa

couramment (adv)	อย่างคล่อง	yàang khlôrng
règles (f pl)	กฏ	gòt
grammaire (f)	ไวยากรณ์	wai-yaa-gon
vocabulaire (m)	คำศัพท	kham sàp
phonétique (f)	การออกเสียง	gaan òrk sĭang

manuel (m)	หนังสือเรียน	năng-sĕu rian
dictionnaire (m)	พจนานุกรม	phót-jà-naa-nú-grom
manuel (m) autodidacte	นนังสือแบบเรียนดวยตนเอง	năng-sĕu bàep rian dûay dton ayng
guide (m) de conversation	เฟรสบุก	frayt bùk

cassette (f)	เทปคาสเซ็ตต์	thâyp khaas-sét
cassette (f) vidéo	วิดีโอ	wí-dee-oh
CD (m)	CD	see-dee
DVD (m)	DVD	dee-wee-dee

alphabet (m)	ตัวอักษร	dtua àk-sŏn
épeler (vt)	สะกด	sà-gòt
prononciation (f)	การออกเสียง	gaan òrk sĭang

accent (m)	สำเนียง	săm-niang
avec un accent	มีสำเนียง	mee săm-niang
sans accent	ไม่มีสำเนียง	mâi mee săm-niang

| mot (m) | คำ | kham |
| sens (m) | ความหมาย | khwaam măai |

cours (m pl)	หลักสูตร	làk sòot
s'inscrire (vp)	สมัคร	sà-màk
professeur (m) (~ d'anglais)	อาจารย์	aa-jaan

traduction (f) (action)	การแปล	gaan bplae
traduction (f) (texte)	คำแปล	kham bplae
traducteur (m)	นักแปล	nák bplae
interprète (m)	ลาม	lâam

| polyglotte (m) | ผู้รู้หลายภาษา | phôo róo lăai paa-săa |
| mémoire (f) | ความทรงจำ | khwaam song jam |

147. Les personnages de contes de fées

Père Noël (m)	ชานตาคลอส	saan-dtaa-khlôrt
Cendrillon (f)	ซินเดอเรลลา	sín-day-rayn-lâa
sirène (f)	เงือก	ngêuak
Neptune (m)	เนปจูน	nâyp-joon

magicien (m)	พ่อมด	phôr mót
fée (f)	แมมด	mâe mót
magique (adj)	วิเศษ	wí-sàyt
baguette (f) magique	ไมกายสิทธิ์	mái gaai-yá-sìt

| conte (m) de fées | เทพนิยาย | thâyp ní-yaai |
| miracle (m) | ปาฏิหาริย | bpaa dtì-hăan |

| gnome (m) | คนแคระ | khon khráe |
| se transformer en … | กลายเป็น... | glaai bpen... |

esprit (m) (revenant)	ผี	phěe
fantôme (m)	ภูตผีปีศาจ	phôot phěe bpee-sàat
monstre (m)	สัตว์ประหลาด	sàt bprà-làat
dragon (m)	มังกร	mang-gon
géant (m)	ยักษ์	yák

148. Les signes du zodiaque

Bélier (m)	ราศีเมษ	raa-sěe mâyt
Taureau (m)	ราศีพฤษภ	raa-sěe phréut-sòp
Gémeaux (m pl)	ราศีมิถุน	raa-sěe me-thǔn
Cancer (m)	ราศีกรกฏ	raa-sěe gor-rá-gòt
Lion (m)	ราศีสิงห์	raa-sěe-sǐng
Vierge (f)	ราศีกันย์	raa-sěe gan

Balance (f)	ราศีตุล	raa-sěe dtun
Scorpion (m)	ราศีพฤศจิก	raa-sěe phréut-sà-jìk
Sagittaire (m)	ราศีธนู	raa-sěe than
Capricorne (m)	ราศีมังกร	raa-sěe mang-gon
Verseau (m)	ราศีกุมภ์	raa-sěe gum
Poissons (m pl)	ราศีมีน	raa-sěe meen

caractère (m)	บุคลิก	bùk-khá-lík
traits (m pl) du caractère	ลักษณะบุคลิก	lák-sà-nà bùk-khá-lík
conduite (f)	พฤติกรรม	phréut-dtì-gam
dire la bonne aventure	ทำนายชะตา	tham naai chá-dtaa
diseuse (f) de bonne aventure	หมอดู	mǒr doo
horoscope (m)	ดวงชะตา	duang chá-dtaa

L'art

149. Le théâtre

théâtre (m)	โรงละคร	rohng lá-khon
opéra (m)	โอเปรา	oh-bprào
opérette (f)	ละครเพลง	lá-khon phlayng
ballet (m)	บัลเลต์	ban lây
affiche (f)	โปสเตอร์ละคร	bpòht-dtêr lá-khon
troupe (f) de théâtre	คณะผู้แสดง	khá-ná phôo sà-daeng
tournée (f)	การออกแสดง	gaan òrk sà-daeng
être en tournée	ออกแสดง	òrk sà-daeng
répéter (vt)	ซ้อม	sórm
répétition (f)	การซ้อม	gaan sórm
répertoire (m)	รายการละคร	raai gaan lá-khon
représentation (f)	การแสดง	gaan sà-daeng
spectacle (m)	การแสดง	gaan sà-daeng
	มหรสพ	má-hǒr-rá-sòp
pièce (f) de théâtre	ละคร	lá-khon
billet (m)	ตั๋ว	dtǔa
billetterie (f pl)	ช่องจำหน่ายตั๋ว	chôrng jam-nàai dtǔa
hall (m)	ล็อบบี้	lórp-bêe
vestiaire (m)	ที่รับฝากเสื้อโค้ท	thêe ráp fàak sêua khóht
jeton (m) de vestiaire	ป้ายรับเสื้อ	bpâai ráp sêua
jumelles (f pl)	กล้องสองสองตา	glôrng sòrng sǒrng dtaa
placeur (m)	พนักงานที่นำ	phá-nák ngaan thêe nam
	ไปยังที่นั่ง	bpai yang thêe nâng
parterre (m)	ที่นั่งชั้นล่าง	thêe nâng chán lâang
balcon (m)	ที่นั่งชั้นสอง	thêe nâng chán sǒrng
premier (m) balcon	ที่นั่งชั้นบน	thêe nâng chán bon
loge (f)	ที่นั่งพิเศษ	thêe nâng phí-sàyt
rang (m)	แถว	thǎe
place (f)	ที่นั่ง	thêe nâng
public (m)	ผู้ชม	phôo chom
spectateur (m)	ผู้เข้าชม	phôo khâo chom
applaudir (vi)	ปรบมือ	bpròp meu
applaudissements (m pl)	การปรบมือ	gaan bpròp meu
ovation (f)	การปรบมือให้เกียรติ	gaan bpròp meu hâi gìat
scène (f) (monter sur ~)	เวที	way-thee
rideau (m)	ฉาก	chàak
décor (m)	ฉาก	chàak
coulisses (f pl)	หลังเวที	lǎng way-thee
scène (f) (la dernière ~)	ตอน	dtorn
acte (m)	องค์	ong
entracte (m)	ช่วงหยุดพัก	chûang yùt phák

150. Le cinéma

acteur (m)	นักแสดงชาย	nák sà-daeng chaai
actrice (f)	นักแสดงหญิง	nák sà-daeng yǐng
cinéma (m) (industrie)	ภาพยนตร์	phâap-phá-yon
film (m)	หนัง	nǎng
épisode (m)	ตอน	dtorn
film (m) policier	หนังประโลมโลกสืบสวน	nǎng sèup sǔan
film (m) d'action	หนังแอ็คชั่น	nǎng áek-chân
film (m) d'aventures	หนังผจญภัย	nǎng phà-jon phai
film (m) de science-fiction	หนังนิยายวิทยาศาสตร์	nǎng ní-yaai wít-thá-yaa sàat
film (m) d'horreur	หนังสยองขวัญ	nǎng sà-yǒrng khwǎn
comédie (f)	หนังตลก	nǎng dtà-lòk
mélodrame (m)	หนังปรุะโลมโลก	nǎng bprà-lohm lôhk
drame (m)	หนังดรามา	nǎng dràa maa
film (m) de fiction	หนังเรื่องแต่ง	nǎng rêuang dtàeng
documentaire (m)	หนังสารคดี	nǎng sǎa-rá-khá-dee
dessin (m) animé	การตูน	gaa-dtoon
cinéma (m) muet	หนังเงียบ	nǎng ngîap
rôle (m)	บทบาท	bòt bàat
rôle (m) principal	บทบาทนำ	bòt bàat nam
jouer (vt)	แสดง	sà-daeng
vedette (f)	ดาราภาพยนตร์	daa-raa phâap-phá-yon
connu (adj)	เป็นที่รู้จักดี	bpen thêe róo jàk dee
célèbre (adj)	ชื่อดัง	chêu dang
populaire (adj)	ที่นิยม	thêe ní-yom
scénario (m)	บท	bòt
scénariste (m)	คนเขียนบท	khon khǐan bòt
metteur (m) en scène	ผู้กำกับ ภาพยนตร	phôo gam-gàp phâap-phá-yon
producteur (m)	ผู้อำนวยการสร้าง	phôo am-nuay gaan sâang
assistant (m)	ผู้ช่วย	phôo chûay
opérateur (m)	ช่างกล้อง	châang glôrng
cascadeur (m)	นักแสดงแทน	nák sà-daeng thaen
doublure (f)	นักแสดงแทน	nák sà-daeng thaen
tourner un film	ถ่ายทำภาพยนตร์	thàai tham phâap-phá-yon
audition (f)	การคัดนักแสดง	gaan khát nák sà-daeng
tournage (m)	การถ่ายทำ	gaan thàai tham
équipe (f) de tournage	กลุ่มคนถ่าย ภาพยนต	glùm khon thàai phâa-pha-yon
plateau (m) de tournage	สถานที่ ถ่ายทำภาพยนตร์	sà-thǎan thêe thàai tham phâap-phá-yon
caméra (f)	กล้อง	glôrng
cinéma (m)	โรงภาพยนตร์	rohng phâap-phá-yon
écran (m)	หนาจอ	nâa jor
donner un film	ฉายภาพยนตร์	chǎai phâap-phá-yon

piste (f) sonore	เสียงซาวด์แทร็ก	sǐang saao tráek
effets (m pl) spéciaux	เอฟเฟ็กต์พิเศษ	àyf-fék phí-sàyt
sous-titres (m pl)	ซับ	sáp
générique (m)	เครดิต	khray-dìt
traduction (f)	การแปล	gaan bplae

151. La peinture

art (m)	ศิลปะ	sǐn-lá-bpà
beaux-arts (m pl)	วิจิตรศิลป์	wí-jìt sǐn
galerie (f) d'art	หอศิลป์	hǒr sǐn
exposition (f) d'art	การจัดแสดงศิลปะ	gaan jàt sà-daeng sǐn-lá-bpà
peinture (f)	จิตรกรรม	jìt-dtrà-gam
graphique (f)	เลขนศิลป์	lâyk-ná-sǐn
art (m) abstrait	ศิลปะนามธรรม	sǐn-lá-bpà naam-má-tham
impressionnisme (m)	ลัทธิประทับใจ	lát-thí bprà-tháp jai
tableau (m)	ภาพ	phâap
dessin (m)	ภาพวาด	phâap-wâat
poster (m)	โปสเตอร์	bpòht-dtêr
illustration (f)	ภาพประกอบ	phâap bprà-gòrp
miniature (f)	รูปปั้นขนาดยอ	rôop bpân khà-nàat yôr
copie (f)	สำเนา	sǎm-nao
reproduction (f)	การทำซ้ำ	gaan tham sám
mosaïque (f)	โมเสก	moh-sàyk
vitrail (m)	หน้าต่างกระจกสี	nâa dtàang grà-jòk sěe
fresque (f)	ภาพผนัง	phâap phà-nǎng
gravure (f)	การแกะลาย	gaan gàe laai
buste (m)	รูปปั้นครึ่งตัว	rôop bpân khrêung dtua
sculpture (f)	รูปปั้นแกะสลัก	rôop bpân gàe sà-làk
statue (f)	รูปปั้น	rôop bpân
plâtre (m)	ปูนปลาสเตอร์	bpoon bpláat-dtêr
en plâtre	ปูนปลาสเตอร์	bpoon bpláat-dtêr
portrait (m)	ภาพเหมือน	phâap měuan
autoportrait (m)	ภาพเหมือนของตนเอง	phâap měuan khǒrng dton ayng
paysage (m)	ภาพภูมิทัศน์	phâap phoom-mi -thát
nature (f) morte	ภาพหุ่นนิ่ง	phâap hùn nîng
caricature (f)	ภาพลอ	phâap-lór
croquis (m)	ภาพสเก็ตช์	phâap sà-gèt
peinture (f)	สี	sěe
aquarelle (f)	สีน้ำ	sěe náam
huile (f)	สีน้ำมัน	sěe náam man
crayon (m)	ดินสอ	din-sǒr
encre (f) de Chine	หมึกสีดำ	mèuk sěe dam
fusain (m)	ถ่าน	thàan
dessiner (vi, vt)	วาด	wâat
peindre (vi, vt)	ระบายสี	rá-baai sěe

poser (vi)	จัดท่า	jàt thâa
modèle (m)	แบบภาพวาด	bàep phâap-wâat
modèle (f)	แบบภาพวาด	bàep phâap-wâat

peintre (m)	ช่างวาดรูป	châang wâat rôop
œuvre (f) d'art	งานศิลปะ	ngaan sĭn-lá-bpà
chef (m) d'œuvre	งานชิ้นเอก	ngaan chín àyk
atelier (m) d'artiste	สตูดิโอ	sà-dtoo dì oh

toile (f)	ผ้าใบ	phâa bai
chevalet (m)	ขาตั้งกระดาน	khăa dtâng grà daan
	วาดรูป	wâat rôop
palette (f)	จานสี	jaan sĕe

encadrement (m)	กรอบ	gròrp
restauration (f)	การฟื้นฟู	gaan féun foo
restaurer (vt)	ฟื้นฟู	féun foo

152. La littérature et la poésie

littérature (f)	วรรณคดี	wan-ná-khá-dee
auteur (m) (écrivain)	ผู้แต่ง	phôo dtàeng
pseudonyme (m)	นามปากกา	naam bpàak gaa

livre (m)	หนังสือ	năng-sĕu
volume (m)	เล่ม	lêm
table (f) des matières	สารบัญ	săa-rá-ban
page (f)	หน้า	nâa
protagoniste (m)	ตัวละครหลัก	dtua lá-khon làk
autographe (m)	ลายเซ็น	laai sen

récit (m)	เรื่องสั้น	rêuang sân
nouvelle (f)	เรื่องราว	rêuang raao
roman (m)	นิยาย	ní-yaai
œuvre (f) littéraire	งานเขียน	ngaan khĭan
fable (f)	นิทาน	ní-thaan
roman (m) policier	นิยายสืบสวน	ní-yaai sèup sŭan
vers (m)	กลอน	glorn
poésie (f)	บทกลอน	bòt glorn
poème (m)	บทกวี	bòt gà-wee
poète (m)	นักกวี	nák gà-wee

belles-lettres (f pl)	เรื่องแต่ง	rêuang dtàeng
science-fiction (f)	นิยายวิทยาศาสตร์	ní-yaai wít-thá-yaa sàat
aventures (f pl)	นิยายผจญภัย	ní-yaai phà-jon phai
littérature (f) didactique	วรรณกรรมการศึกษา	wan-ná-gam gaan sèuk-săa
littérature (f) pour enfants	วรรณกรรมสำหรับเด็ก	wan-ná-gam săm-ràp dèk

153. Le cirque

| cirque (m) | ละครสัตว์ | lá-khon sàt |
| chapiteau (m) | ละครสัตว์เร่ร่อน | lá-khon sàt lây rôrn |

| programme (m) | รายการการแสดง | raai gaan gaan sà-daeng |
| représentation (f) | การแสดง | gaan sà-daeng |

| numéro (m) | การแสดง | gaan sà-daeng |
| arène (f) | เวทีละครสัตว์ | way-thee lá-kon sàt |

| pantomime (f) | ละครใบ้ | lá-khon bâi |
| clown (m) | ตัวตลก | dtua dtà-lòk |

acrobate (m)	นักกายกรรม	nák gaai-yá-gam
acrobatie (f)	กายกรรม	gaai-yá-gam
gymnaste (m)	นักกายกรรม	nák gaai-yá-gam
gymnastique (f)	กายกรรม	gaai-yá-gam
salto (m)	การตีลังกา	gaan dtee lang-gaa

hercule (m)	นักกีฬา	nák gee-laa
dompteur (m)	ผู้ฝึกสัตว์	phôo fèuk sàt
écuyer (m)	นักกขี่	nák khèe
assistant (m)	ผู้ช่วย	phôo chûay

truc (m)	ผาดโผน	phàat phŏhn
tour (m) de passe-passe	มายากล	maa-yaa gon
magicien (m)	นักมายากล	nák maa-yaa gon

jongleur (m)	นักมายากล	nák maa-yaa gon
	โยนของ	yohn khŏrng
jongler (vi)	โยนของ	yohn khŏrng
dresseur (m)	ผู้ฝึกสัตว์	phôo fèuk sàt
dressage (m)	การฝึกสัตว์	gaan fèuk sàt
dresser (vt)	ฝึก	fèuk

154. La musique

musique (f)	ดนตรี	don-dtree
musicien (m)	นักดนตรี	nák don-dtree
instrument (m) de musique	เครื่องดนตรี	khrêuang don-dtree
jouer de ...	เล่น	lên

guitare (f)	กีตาร์	gee-dtâa
violon (m)	ไวโอลิน	wai-oh-lin
violoncelle (m)	เชลโล	chayn-lôh
contrebasse (f)	ดับเบิลเบส	dàp-bern bàyt
harpe (f)	พิณ	phin

piano (m)	เปียโน	bpia noh
piano (m) à queue	แกรนด์เปียโน	graen bpia-noh
orgue (m)	ออร์แกน	or-gaen

instruments (m pl) à vent	เครื่องเป่า	khrêuang bpào
hautbois (m)	โอโบ	oh-boh
saxophone (m)	แซ็กโซโฟน	sáek-soh-fohn
clarinette (f)	แคลริเน็ต	khlae-rí-nét
flûte (f)	ฟลูต	flút
trompette (f)	ทรัมเป็ต	thram-bpèt

accordéon (m)	หีบเพลงชัก	hèep phlayng chák
tambour (m)	กลอง	glorng
duo (m)	คู่	khôo
trio (m)	วงทริโอ	wong thrí-oh
quartette (m)	กลุ่มที่มีสี่คน	glùm thêe mee sèe khon
chœur (m)	คณะประสานเสียง	khá-ná bprà-săan sĭang
orchestre (m)	วงดุริยางค์	wong dù-rí-yaang
musique (f) pop	เพลงป็อป	phlayng bpòp
musique (f) rock	เพลงร็อค	phlayng rók
groupe (m) de rock	วงร็อค	wong rórk
jazz (m)	แจซ	jáet
idole (f)	ไอดอล	ai-dorn
admirateur (m)	แฟน	faen
concert (m)	คอนเสิร์ต	khon-sèrt
symphonie (f)	ซิมโฟนี	sím-foh-nee
œuvre (f) musicale	การแต่งเพลง	gaan dtàeng phlayng
composer (vt)	แต่ง	dtàeng
chant (m) (~ d'oiseau)	การร้องเพลง	gaan róng playng
chanson (f)	เพลง	phlayng
mélodie (f)	เสียงเพลง	sĭang phlayng
rythme (m)	จังหวะ	jang wà
blues (m)	บลูส์	bloo
notes (f pl)	โน้ตเพลง	nóht phlayng
baguette (f)	ไม้สั้นของวาทยากร	máai sân khŏrng wâa-tha-yaa gon
archet (m)	คันชอ	khan sor
corde (f)	สาย	săai
étui (m)	กลอง	glòrng

Les loisirs. Les voyages

155. Les voyages. Les excursions

tourisme (m)	การท่องเที่ยว	gaan thôrng thîeow
touriste (m)	นักทองเที่ยว	nák thôrng thîeow
voyage (m) (à l'étranger)	การเดินทาง	gaan dern thaang
aventure (f)	การผจญภัย	gaan phà-jon phai
voyage (m)	การเดินทาง	gaan dern thaang
vacances (f pl)	วันหยุดพักผ่อน	wan yùt phák phòrn
être en vacances	หยุดพักผอน	yùt phák phòrn
repos (m) (jours de ~)	การพัก	gaan phák
train (m)	รถไฟ	rót fai
en train	โดยรถไฟ	doi rót fai
avion (m)	เครื่องบิน	khrêuang bin
en avion	โดยเครื่องบิน	doi khrêuang bin
en voiture	โดยรถยนต	doi rót-yon
en bateau	โดยเรือ	doi reua
bagage (m)	สัมภาระ	sǎm-phaa-rá
malle (f)	กระเป๋าเดินทาง	grà-bpǎo dern-thaang
chariot (m)	รถขนสัมภาระ	rót khǒn sǎm-phaa-rá
passeport (m)	หนังสือเดินทาง	nǎng-sěu dern-thaang
visa (m)	วีซ่า	wee-sâa
ticket (m)	ตั๋ว	dtǔa
billet (m) d'avion	ตั๋วเครื่องบิน	dtǔa khrêuang bin
guide (m) (livre)	หนังสือแนะนำ	nǎng-sěu náe nam
carte (f)	แผนที่	phǎen thêe
région (f) (~ rurale)	เขต	khàyt
endroit (m)	สถานที่	sà-thǎan thêe
exotisme (m)	สิ่งแปลกใหม่	sìng bplàek mài
exotique (adj)	ตางแดน	dtàang daen
étonnant (adj)	นาประหลาดใจ	nâa bprà-làat jai
groupe (m)	กลุ่ม	glùm
excursion (f)	การเดินทาง ทองเที่ยว	gaan dern taang thôrng thîeow
guide (m) (personne)	มัคคุเทศก์	mák-khú-thâyt

156. L'hôtel

hôtel (m)	โรงแรม	rohng raem
motel (m)	โรงแรม	rohng raem

3 étoiles	สามดาว	săam daao
5 étoiles	หาดาว	hâa daao
descendre (à l'hôtel)	พัก	phák

chambre (f)	ห้อง	hôrng
chambre (f) simple	ห้องเดี่ยว	hôrng dìeow
chambre (f) double	ห้องคู่	hôrng khôo
réserver une chambre	จองห้อง	jorng hôrng

demi-pension (f)	พักครึ่งวัน	phák khrêung wan
pension (f) complète	พักเต็มวัน	phák dtem wan

avec une salle de bain	มีห้องอาบน้ำ	mee hôrng àap náam
avec une douche	มีฝักบัว	mee fàk bua
télévision (f) par satellite	โทรทัศน์ดาวเทียม	thoh-rá-thát daao thiam
climatiseur (m)	เครื่องปรับอากาศ	khrêuang bpràp-aa-gàat
serviette (f)	ผ้าเช็ดตัว	phâa chét dtua
clé (f)	กุญแจ	gun-jae

administrateur (m)	นักบูริหาร	nák bor-rí-hăan
femme (f) de chambre	แมบาน	mâe bâan
porteur (m)	พนักงาน, ขนกระเป๋า	phá-nák ngaan khŏn grà-bpăo
portier (m)	พนักงาน เปิดประตู	phá-nák ngaan bpèrt bprà-dtoo

restaurant (m)	ร้านอาหาร	ráan aa-hăan
bar (m)	บาร์	baa
petit déjeuner (m)	อาหารเช้า	aa-hăan cháo
dîner (m)	อาหารเย็น	aa-hăan yen
buffet (m)	บุฟเฟต์	bùf-fây

hall (m)	ล็อบบี้	lórp-bêe
ascenseur (m)	ลิฟต	líf

PRIÈRE DE NE PAS DÉRANGER	ห้ามรบกวน	hâam róp guan
DÉFENSE DE FUMER	ห้ามสูบบุหรี่	hâam sòop bù rèe

157. Le livre. La lecture

livre (m)	หนังสือ	năng-sĕu
auteur (m)	ผู้แตง	phôo dtàeng
écrivain (m)	นักเขียน	nák khĭan
écrire (~ un livre)	เขียน	khĭan

lecteur (m)	ผู้อ่าน	phôo àan
lire (vi, vt)	อ่าน	àan
lecture (f)	การอ่าน	gaan àan

à part soi	อย่างเงียบๆ	yàang ngîap ngîap
à haute voix	ออกเสียงดัง	òrk sĭang dang
éditer (vt)	ตีพิมพ์	dtee phim
édition (f) (~ des livres)	การตีพิมพ์	gaan dtee phim

éditeur (m)	ผู้พิมพ์	phôo phim
maison (f) d'édition	สำนักพิมพ์	săm-nák phim
paraître (livre)	ออก	òrk
sortie (f) (~ d'un livre)	การออก	gaan òrk
tirage (m)	จำนวน	jam-nuan
librairie (f)	ร้านหนังสือ	ráan năng-sĕu
bibliothèque (f)	ห้องสมุด	hôrng sà-mùt
nouvelle (f)	เรื่องราว	rêuang raao
récit (m)	เรื่องสั้น	rêuang sân
roman (m)	นิยาย	ní-yaai
roman (m) policier	นิยายสืบสวน	ní-yaai sèup sŭan
mémoires (m pl)	บันทึกความทรงจำ	ban-théuk khwaam song jam
légende (f)	ตำนาน	dtam naan
mythe (m)	นิทานปรัมปรา	ní-thaan bpram bpraa
vers (m pl)	บทกวี	bòt gà-wee
autobiographie (f)	อัตชีวประวัติ	àt-chee-wá-bprà-wàt
les œuvres choisies	งานที่ผ่าน	ngaan thêe phàan
	การคัดเลือก	gaan khát lêuak
science-fiction (f)	นิยายวิทยาศาสตร์	ní-yaai wít-thá-yaa sàat
titre (m)	ชื่อเรื่อง	chêu rêuang
introduction (f)	บทนำ	bòt nam
page (f) de titre	หน้าแรก	nâa râek
chapitre (m)	บท	bòt
extrait (m)	ข้อความที่	khôr khwaam thêe
	คัดออกมา	khát òk maa
épisode (m)	ตอน	dtorn
sujet (m)	เค้าเรื่อง	kháo rêuang
sommaire (m)	เนื้อหา	néua hăa
table (f) des matières	สารบัญ	săa-rá-ban
protagoniste (m)	ตัวละครหลัก	dtua lá-khon làk
volume (m)	เล่ม	lêm
couverture (f)	ปก	bpòk
reliure (f)	สัน	săn
marque-page (m)	ที่คั่นหนังสือ	thêe khân năng-sĕu
page (f)	หน้า	nâa
feuilleter (vt)	เปิดผ่านๆ	bpèrt phàan phàan
marges (f pl)	ระยะขอบ	rá-yá khòrp
annotation (f)	ความเห็นประกอบ	khwaam hĕn bprà-gòp
note (f) de bas de page	เชิงอรรถ	cherng àt-tha
texte (m)	บท	bòt
police (f)	ตัวพิมพ์	dtua phim
faute (f) d'impression	ความพิมพ์ผิด	khwaam phim phìt
traduction (f)	คำแปล	kham bplae
traduire (vt)	แปล	bplae

original (m)	ต้นฉบับ	dtôn chà-bàp
célèbre (adj)	โด่งดัง	dòhng dang
inconnu (adj)	ไม่เป็นที่รู้จัก	mâi bpen thêe róo jàk
intéressant (adj)	น่าสนใจ	nâa sŏn jai
best-seller (m)	ขายดี	khăai dee
dictionnaire (m)	พจนานุกรม	phót-jà-naa-nú-grom
manuel (m)	หนังสือเรียน	năng-sĕu rian
encyclopédie (f)	สารานุกรม	săa-raa-nú-grom

158. La chasse. La péche

chasse (f)	การล่าสัตว์	gaan lâa sàt
chasser (vi, vt)	ล่าสัตว์	lâa sàt
chasseur (m)	นักล่าสัตว์	nák lâa sàt
tirer (vi)	ยิง	ying
fusil (m)	ปืนไรเฟิล	bpeun rai-fern
cartouche (f)	กระสุนปืน	grà-sŭn bpeun
grains (m pl) de plomb	กระสุน	grà-sŭn
piège (m) à mâchoires	กับดักเหล็ก	gàp dàk lèk
piège (m)	กับดัก	gàp dàk
être pris dans un piège	ติดกับดัก	dtìt gàp dàk
mettre un piège	วางกับดัก	waang gàp dàk
braconnier (m)	ผู้ลักลอบล่าสัตว์	phôo lák lôrp lâa sàt
gibier (m)	สัตว์ที่ถูกล่า	sàt têe thòok lâa
chien (m) de chasse	หมาล่าเนื้อ	măa lâa néua
safari (m)	ซาฟารี	saa-faa-ree
animal (m) empaillé	สัตว์สตาฟ	sàt sà-dtàaf
pêcheur (m)	คนประมง	khon bprà-mong
pêche (f)	การจับปลา	gaan jàp bplaa
pêcher (vi)	จับปลา	jàp bplaa
canne (f) à pêche	คันเบ็ด	khan bèt
ligne (f) de pêche	สายเบ็ด	săai bèt
hameçon (m)	ตะขอ	dtà-khŏr
flotteur (m)	ทุ่น	thûn
amorce (f)	เหยื่อ	yèua
lancer la ligne	เหวี่ยงเบ็ด	wìang bèt
mordre (vt)	งับเหยื่อ	ngáp yèua
pêche (f) (poisson capturé)	ปลาจับ	bpla jàp
trou (m) dans la glace	ช่องน้ำแข็ง	chôrng nám khăeng
filet (m)	แหจับปลา	hăe jàp bplaa
barque (f)	เรือ	reua
pêcher au filet	จับปลาด้วยแห	jàp bplaa dûay hăe
jeter un filet	เหวี่ยงแห	wìang hăe
retirer le filet	ลากอวน	lâak uan
tomber dans le filet	ติดแห	dtìt hăe
baleinier (m)	นักล่าปลาวาฬ	nák lâa bplaa waan

baleinière (f)	เรือล่าปลาวาฬ	reua lâa bplaa waan
harpon (m)	ฉมวก	chà-mùak

159. Les jeux. Le billard

billard (m)	บิลเลียด	bin-lîat
salle (f) de billard	หองบิลเลียด	hôrng bin-lîat
bille (f) de billard	ลูก	lôok
empocher une bille	แทงลูกลงหลุม	thaeng lôok long lǔm
queue (f)	ไม้คิว	máai khiw
poche (f)	หลุม	lǔm

160. Les jeux de cartes

carreau (m)	ข้าวหลามตัด	khâao lǎam dtàt
pique (m)	โพดำ	phoh dam
cœur (m)	โพแดง	phoh daeng
trèfle (m)	ดอกจิก	dòrk jìk
as (m)	เอส	àyt
roi (m)	คิง	king
dame (f)	แหมม	màem
valet (m)	แจค	jáek
carte (f)	ไพ่	phâi
jeu (m) de cartes	ไพ่	phâi
atout (m)	ไต	dtǎi
paquet (m) de cartes	สำรับไพ่	sǎm-ráp phâi
point (m)	แต้ม	dtâem
distribuer (les cartes)	แจกไพ่	jàek phâi
battre les cartes	สับไพ	sàp phâi
tour (m) de jouer	ที	thee
tricheur (m)	คนโกงไพ่	khon gohng phâi

161. Le casino. La roulette

casino (m)	คาสิโน	khaa-sì-noh
roulette (f)	รูเล็ตต	roo-lèt
mise (f)	เดิมพัน	derm phan
miser (vt)	วางเดิมพัน	waang derm phan
rouge (m)	แดง	daeng
noir (m)	ดำ	dam
miser sur le rouge	เดิมพันสีแดง	derm phan sěe daeng
miser sur le noir	เดิมพันสีดำ	derm phan sěe dam
croupier (m)	เจ้ามือ	jâo meu
faire tourner la roue	หมุนกงล้อ	mǔn gong lór

règles (f pl) du jeu	กติกา	gà-dtì-gaa
fiche (f)	ชิป	chíp
gagner (vi, vt)	ชนะ	chá-ná
gain (m)	รางวัล	raang-wan
perdre (vi)	เสีย	sĭa
perte (f)	เงินเสียพนัน	ngern sĭa phá-nan
joueur (m)	ผู้เล่น	phôo lên
black-jack (m)	แบล็คแจ๊ค	blàek-jáek
jeu (m) de dés	เกมลูกเต๋า	gaym lôok dtăo
dés (m pl)	เต๋า	dtăo
machine (f) à sous	ตู้สล็อต	dtôo sà-lòrt

162. Les loisirs. Les jeux

se promener (vp)	เดินเล่น	dern lên
promenade (f)	การเดินเล่น	gaan dern lên
promenade (f) (en voiture)	การนั่งรถ	gaan nâng rót
aventure (f)	การผจญภัย	gaan phà-jon phai
pique-nique (m)	ปิคนิค	bpìk-ník
jeu (m)	เกม	gaym
joueur (m)	ผู้เล่น	phôo lên
partie (f) (~ de cartes, etc.)	เกม	gaym
collectionneur (m)	นักสะสม	nák sà-sŏm
collectionner (vt)	สะสม	sà-sŏm
collection (f)	การสะสม	gaan sà-sŏm
mots (m pl) croisés	ปริศนาอักษรไขว้	bprìt-sà-năa àk-sŏn khwâi
hippodrome (m)	ลู่แข่ง	lôo khàeng
discothèque (f)	ดิสโก้	dít-gôh
sauna (m)	ซาวน่า	saao-nâa
loterie (f)	สลากกินแบ่ง	sà-làak gin bàeng
trekking (m)	การเดินทาง ตั้งแคมป์	gaan dern thaang dtâng-khaem
camp (m)	แคมป์	khaem
tente (f)	เต็นท์	dtáyn
boussole (f)	เข็มทิศ	khĕm thít
campeur (m)	ผู้เดินทาง ตั้งแคมป์	phôo dern thaang dtâng-khaem
regarder (la télé)	ดู	doo
téléspectateur (m)	ผู้ชมทีวี	phôo chom thee wee
émission (f) de télé	รายการทีวี	raai gaan thee wee

163. La photographie

appareil (m) photo	กล้อง	glôrng
photo (f)	ภาพถ่าย	phâap thàai

photographe (m)	ช่างถ่ายภาพ	châang thàai phâap
studio (m) de photo	ห้องถ่ายภาพ	hôrng thàai phâap
album (m) de photos	อัลบั้มภาพถ่าย	an-bâm phâap-thàai
objectif (m)	เลนส์กล้อง	len glôrng
téléobjectif (m)	เลนส์ถ่ายไกล	len thàai glai
filtre (m)	ฟิลเตอร์	fin-dtêr
lentille (f)	เลนส์	len
optique (f)	ออปติก	orp-dtìk
diaphragme (m)	รูรับแสง	roo ráp sǎeng
temps (m) de pose	เวลาในการถ่ายภาพ	way-laa nai gaan thàai phâap
viseur (m)	เครื่องจับภาพ	khrêuang jàp phâap
appareil (m) photo numérique	กล้องดิจิตอล	glôrng dì-jì-dton
trépied (m)	ขาตั้งกล้อง	khǎa dtâng glông
flash (m)	แฟลช	flâet
photographier (vt)	ถ่ายภาพ	thàai phâap
prendre en photo	ถ่ายภาพ	thàai phâap
se faire prendre en photo	ได้รับการ	dâai ráp gaan
	ถ่ายภาพให้	thàai phâap hâi
mise (f) au point	โฟกัส	foh-gát
mettre au point	โฟกัส	foh-gát
net (adj)	คมชัด	khom chát
netteté (f)	ความคมชัด	khwaam khom chát
contraste (m)	ความเปรียบต่าง	khwaam bprìap dtàang
contrasté (adj)	เปรียบต่าง	bprìap dtàang
épreuve (f)	ภาพ	phâap
négatif (m)	ภาพเนกาทีฟ	phâap nay gaa thêef
pellicule (f)	ฟิล์ม	fim
image (f)	เฟรม	fraym
tirer (des photos)	พิมพ์	phim

164. La plage. La baignade

plage (f)	ชายหาด	chaai hàat
sable (m)	ทูราย	saai
désert (plage ~e)	ราง	ráang
bronzage (m)	ผิวคล้ำแดด	phǐw khlám dàet
se bronzer (vp)	ตากแดด	dtàak dàet
bronzé (adj)	มีผิวคล้ำแดด	mee phǐw khlám dàet
crème (f) solaire	ครีมกันแดด	khreem gan dàet
bikini (m)	บิกินี่	bì-gì-nee
maillot (m) de bain	ชุดว่ายน้ำ	chút wâai náam
slip (m) de bain	กางเกงว่ายน้ำ	gaang-gayng wâai náam
piscine (f)	สระว่ายน้ำ	sà wâai náam
nager (vi)	ว่ายน้ำ	wâai náam

douche (f)	ฝักบัว	fàk bua
se changer (vp)	เปลี่ยนชุด	bplìan chút
serviette (f)	ผ้าเช็ดตัว	phâa chét dtua
barque (f)	เรือ	reua
canot (m) à moteur	เรือยนต์	reua yon
ski (m) nautique	สกีน้ำ	sà-gee nám
pédalo (m)	เรือถีบ	reua thèep
surf (m)	การโต้คลื่น	gaan dtôh khlêun
surfeur (m)	นักโต้คลื่น	nák dtôh khlêun
scaphandre (m) autonome	อุปกรณ์ดำน้ำ	u-bpà-gon dam náam
palmes (f pl)	ตีนกบ	dteen gòp
masque (m)	หน้ากากดำน้ำ	nâa gàak dam náam
plongeur (m)	นักประดาน้ำ	nák bprà-daa náam
plonger (vi)	ดำน้ำ	dam náam
sous l'eau (adv)	ใต้น้ำ	dtâi nám
parasol (m)	ร่มชายหาด	rôm chaai hàat
chaise (f) longue	เตียงอาบแดด	dtiang àap dàet
lunettes (f pl) de soleil	แว่นกันแดด	wâen gan dàet
matelas (m) pneumatique	ที่นอนเป่าลม	thêe non bpào lom
jouer (s'amuser)	เล่น	lên
se baigner (vp)	ไปว่ายน้ำ	bpai wâai náam
ballon (m) de plage	บอล	bon
gonfler (vt)	เติมลม	dterm lom
gonflable (adj)	แบบเติมลม	bàep dterm lom
vague (f)	คลื่น	khlêun
bouée (f)	ทุนลอย	thûn loi
se noyer (vp)	จมน้ำ	jom náam
sauver (vt)	ช่วยชีวิต	chûay chee-wít
gilet (m) de sauvetage	เสื้อชูชีพ	sêua choo chêep
observer (vt)	สังเกตการณ์	sǎng-gàyt gaan
maître nageur (m)	ไลฟ์การ์ด	lai-gàat

LE MATÉRIEL TECHNIQUE. LES TRANSPORTS

Le matériel technique

165. L'informatique

ordinateur (m)	คอมพิวเตอร์	khorm-phiw-dtêr
PC (m) portable	โน้ตบุค	nóht búk
allumer (vt)	เปิด	bpèrt
éteindre (vt)	ปิด	bpìt
clavier (m)	แป้นพิมพ์	bpâen phim
touche (f)	ปุ่ม	bpùm
souris (f)	เมาส์	mao
tapis (m) de souris	แผ่นรองเมาส์	phàen rorng mao
bouton (m)	ปุ่ม	bpùm
curseur (m)	เคอร์เซอร์	khêr-sêr
moniteur (m)	จอมอนิเตอร์	jor mor-ní-dtêr
écran (m)	หน้าจอ	nâa jor
disque (m) dur	ฮาร์ดดิสก์	hâat-dìt
capacité (f) du disque dur	ความจุฮาร์ดดิสก์	kwaam jù hâat-dìt
mémoire (f)	หน่วยความจำ	nùay khwaam jam
mémoire (f) vive	หน่วยความจำ	nùay khwaam jam
	เขาถึงโดยสุ่ม	khǎo thěung doi sùm
fichier (m)	ไฟล์	fai
dossier (m)	โฟลเดอร์	fohl-dêr
ouvrir (vt)	เปิด	bpèrt
fermer (vt)	ปิด	bpìt
sauvegarder (vt)	บันทึก	ban-théuk
supprimer (vt)	ลบ	lóp
copier (vt)	คัดลอก	khát lôrk
trier (vt)	จัดเรียง	jàt riang
copier (vt)	ทำสำเนา	tham sǎm-nao
programme (m)	โปรแกรม	bproh-graem
logiciel (m)	ซอฟต์แวร์	sôf-wae
programmeur (m)	นักเขียนโปรแกรม	nák khǐan bproh-graem
programmer (vt)	เขียนโปรแกรม	khǐan bproh-graem
hacker (m)	แฮ็กเกอร์	háek-gêr
mot (m) de passe	รหัสผ่าน	rá-hàt phàan
virus (m)	ไวรัส	wai-rát
découvrir (détecter)	ตรวจพบ	dtrùat phóp

| bit (m) | ไบท์ | bai |
| mégabit (m) | เมกะไบท์ | may-gà-bai |

| données (f pl) | ข้อมูล | khôr moon |
| base (f) de données | ฐานขอมูล | thăan khôr moon |

câble (m)	สายเคเบิล	săai khay-bêrn
déconnecter (vt)	ตัดการเชื่อมต่อ	dtàt gaan chêuam dtòr
connecter (vt)	เชื่อมต่อ	chêuam dtòr

166. L'Internet. Le courrier électronique

Internet (m)	อินเทอร์เน็ต	in-thêr-nét
navigateur (m)	เบราว์เซอร์	brao-sêr
moteur (m) de recherche	โปรแกรมค้นหา	bproh-graem khón hăa
fournisseur (m) d'accès	ผู้ให้บริการ	phôo hâi bor-rí-gaan

administrateur (m) de site	เว็บมาสเตอร์	wép-mâat-dtêr
site (m) web	เว็บไซต์	wép sai
page (f) web	เว็บเพจ	wép phâyt

| adresse (f) | ที่อยู่ | thêe yòo |
| carnet (m) d'adresses | สมุดที่อยู่ | sà-mùt thêe yòo |

boîte (f) de réception	กล่องจดหมายอีเมลล์	glòrng jòt măai ee-mayn
courrier (m)	จดหมาย	jòt măai
pleine (adj)	เต็ม	dtem

message (m)	ข้อความ	khôr khwaam
messages (pl) entrants	ข้อความขาเข้า	khôr khwaam khăa khâo
messages (pl) sortants	ข้อความขาออก	khôr khwaam khăa òrk

expéditeur (m)	ผู้ส่ง	phôo sòng
envoyer (vt)	ส่ง	sòng
envoi (m)	การส่ง	gaan sòng

| destinataire (m) | ผู้รับ | phôo ráp |
| recevoir (vt) | รับ | ráp |

| correspondance (f) | การติดต่อกัน ทางจดหมาย | gaan dtìt dtòr gan thaang jòt măai |
| être en correspondance | ติดต่อกันทางจดหมาย | dtìt dtòr gan thaang jòt măai |

fichier (m)	ไฟล์	fai
télécharger (vt)	ดาวน์โหลด	daao lòht
créer (vt)	สราง	sâang
supprimer (vt)	ลบ	lóp
supprimé (adj)	ถูกลบ	thòok lóp

connexion (f) (ADSL, etc.)	การเชื่อมต่อ	gaan chêuam dtòr
vitesse (f)	ความเร็ว	khwaam reo
modem (m)	โมเด็ม	moh-dem
accès (m)	การเข้าถึง	gaan khâo thěung
port (m)	พอร์ท	phôt

| connexion (f) (établir la ~) | การเชื่อมต่อ | gaan chêuam dtòr |
| se connecter à ... | เชื่อมตอกับ... | chêuam dtòr gàp... |

| sélectionner (vt) | เลือก | lêuak |
| rechercher (vt) | คนหา | khón hăa |

167. L'électricité

électricité (f)	ไฟฟ้า	fai fáa
électrique (adj)	ทางไฟฟ้า	thaang fai-fáa
centrale (f) électrique	โรงไฟฟ้า	rohng fai-fáa
énergie (f)	พลังงาน	phá-lang ngaan
énergie (f) électrique	กำลังไฟฟ้า	gam-lang fai-fáa

ampoule (f)	หลอดไฟฟ้า	lòrt fai fáa
torche (f)	ไฟฉาย	fai chăai
réverbère (m)	เสาไฟถนน	săo fai thà-nŏn

lumière (f)	ไฟ	fai
allumer (vt)	เปิด	bpèrt
éteindre (vt)	ปิด	bpìt
éteindre la lumière	ปิดไฟ	bpìt fai
être grillé	ขาด	khàat
court-circuit (m)	การลัดวงจร	gaan lát wong-jon
rupture (f)	สายขาด	săai khàat
contact (m)	สายตอกัน	săai dtòr gan

interrupteur (m)	สวิตช์ไฟ	sà-wít fai
prise (f)	เต้าเสียบปลั๊กไฟ	dtâo sìap bplák fai
fiche (f)	ปลั๊กไฟ	bplák fai
rallonge (f)	สายพวงไฟ	săai phûang fai
fusible (m)	ฟิวส์	fiw
fil (m)	สายไฟ	săai fai
installation (f) électrique	การเดินสายไฟ	gaan dern săai fai

ampère (m)	แอมแปร์	aem-bpae
intensité (f) du courant	กำลังไฟฟ้า	gam-lang fai-fáa
volt (m)	โวลต์	wohn
tension (f)	แรงดันไฟฟ้า	raeng dan fai fáa

| appareil (m) électrique | เครื่องใช้ไฟฟ้า | khrêuang chái fai fáa |
| indicateur (m) | ตัวระบุ | dtua rá-bù |

électricien (m)	ช่างไฟฟ้า	châang fai-fáa
souder (vt)	บัดกรี	bàt-gree
fer (m) à souder	หัวแรงบัดกรี	hŭa raeng bàt-gree
courant (m)	กระแสไฟฟ้า	grà-săe fai fáa

168. Les outils

| outil (m) | เครื่องมือ | khrêuang meu |
| outils (m pl) | เครื่องมือ | khrêuang meu |

équipement (m)	อุปกรณ์	ù-bpà-gon
marteau (m)	ค้อน	khórn
tournevis (m)	ไขควง	khǎi khuang
hache (f)	ขวาน	khwǎan

scie (f)	เลื่อย	lêuay
scier (vt)	เลื่อย	lêuay
rabot (m)	กบไสไม้	gòp sǎi máai
raboter (vt)	ไสกบ	sǎi gòp
fer (m) à souder	หัวแรงบัดกรี	hǔa ráeng bàt-gree
souder (vt)	บัดกรี	bàt-gree

lime (f)	ตะไบ	dtà-bai
tenailles (f pl)	คีม	kheem
pince (f) plate	คีมปอกสายไฟ	kheem bpòk sǎai fai
ciseau (m)	สิ่ว	sìw

foret (m)	หัวสว่าน	hǔa sà-wàan
perceuse (f)	สว่านไฟฟ้า	sà-wàan fai fáa
percer (vt)	เจาะ	jòr

couteau (m)	มีด	mêet
canif (m)	มีดพก	mêet phók
lame (f)	ใบ	bai

bien affilé (adj)	คม	khom
émoussé (adj)	ทื่อ	thêu
s'émousser (vp)	ทำให้...ทื่อ	tham hâi...thêu
affiler (vt)	ลับคม	láp khom

boulon (m)	สลักเกลียว	sà-làk glieow
écrou (m)	แหวนสกรู	wǎen sà-groo
filetage (m)	เกลียว	glieow
vis (f) à bois	สกรู	sà-groo

clou (m)	ตะปู	dtà-bpoo
tête (f) de clou	หัวตะปู	hǔa dtà-bpoo

règle (f)	ไม้บรรทัด	máai ban-thát
mètre (m) à ruban	เทปวัดระยะทาง	thâyp wát rá-yá taang
niveau (m) à bulle	เครื่องวัดระดับน้ำ	khrêuang wát rá-dàp náam
loupe (f)	แว่นขยาย	wâen khà-yǎai

appareil (m) de mesure	เครื่องมือวัด	khrêuang meu wát
mesurer (vt)	วัด	wát
échelle (f) (~ métrique)	อัตรา	àt-dtraa
relevé (m)	คาามิเตอร์	khâa mí-dtêr

compresseur (m)	เครื่องอัดอากาศ	khrêuang àt aa-gàat
microscope (m)	กลองจุลทัศน์	glôrng jun-la -thát

pompe (f)	ปั้ม	bpám
robot (m)	หุ่นยนต์	hùn yon
laser (m)	เลเซอร์	lay-sêr
clé (f) de serrage	ประแจ	bprà-jae
ruban (m) adhésif	เทปกาว	thâyp gaao

colle (f)	กาว	gaao
papier (m) d'émeri	กระดาษทราย	grà-dàat saai
ressort (m)	สปริง	sà-bpring
aimant (m)	แม่เหล็ก	mâe lèk
gants (m pl)	ถุงมือ	thǔng meu
corde (f)	เชือก	chêuak
cordon (m)	สาย	sǎai
fil (m) (~ électrique)	สายไฟ	sǎai fai
câble (m)	สายเคเบิล	sǎai khay-bêrn
masse (f)	ค้อนขนาดใหญ่	khón khà-nàat yài
pic (m)	ชะแลง	chá-laeng
escabeau (m)	บันได	ban-dai
échelle (f) double	กระได	grà-dai
visser (vt)	ขันเกลียวเข้า	khǎn glieow khâo
dévisser (vt)	ขันเกลียวออก	khǎn glieow òk
serrer (vt)	ขันให้แน่น	khǎn hâi náen
coller (vt)	ติดกาว	dtìt gaao
couper (vt)	ตัด	dtàt
défaut (m)	ความผิดพลาด	khwaam phìt phlâat
réparation (f)	การซ่อมแซม	gaan sôrm saem
réparer (vt)	ซ่อม	sôrm
régler (vt)	ปรับ	bpràp
vérifier (vt)	ตรวจ	dtrùat
vérification (f)	การตรวจ	gaan dtrùat
relevé (m)	คามิเตอร์	khâa mí-dtêr
fiable (machine ~)	ไว้วางใจได้	wái waang jai dâai
complexe (adj)	ซับซ้อน	sáp són
rouiller (vi)	ขึ้นสนิม	khêun sà-nǐm
rouillé (adj)	เป็นสนิม	bpen sà-nǐm
rouille (f)	สนิม	sà-nǐm

Les transports

169. L'avion

avion (m)	เครื่องบิน	khrêuang bin
billet (m) d'avion	ตั๋วเครื่องบิน	dtŭa khrêuang bin
compagnie (f) aérienne	สายการบิน	săai gaan bin
aéroport (m)	สนามบิน	sà-năam bin
supersonique (adj)	ความเร็วเหนือเสียง	khwaam reo nĕua-sĭang

commandant (m) de bord	กัปตัน	gàp dtan
équipage (m)	ลูกเรือ	lôok reua
pilote (m)	นักบิน	nák bin
hôtesse (f) de l'air	พนักงานต้อนรับบนเครื่องบิน	phá-nák ngaan dtôrn ráp bon khrêuang bin
navigateur (m)	ต้นหน	dtôn hŏn

ailes (f pl)	ปีก	bpèek
queue (f)	หาง	hăang
cabine (f)	ห้องนักบิน	hôrng nák bin
moteur (m)	เครื่องยนต์	khrêuang yon
train (m) d'atterrissage	โครงสวนล่างของเครื่องบิน	khrorng sùan lâang khŏrng khrêuang bin
turbine (f)	กังหัน	gang-hăn

hélice (f)	ใบพัด	bai phát
boîte (f) noire	กล่องดำ	glòrng dam
gouvernail (m)	คันบังคับ	khan bang-kháp
carburant (m)	เชื้อเพลิง	chéua phlerng

consigne (f) de sécurité	คู่มือความปลอดภัย	khôo meu khwaam bplòt phai
masque (m) à oxygène	หน้ากากอ็อกซิเจน	nâa gàak ók sí jayn
uniforme (m)	เครื่องแบบ	khrêuang bàep
gilet (m) de sauvetage	เสื้อชูชีพ	sêua choo chêep
parachute (m)	รมชูชีพ	rôm choo chêep

décollage (m)	การบินขึ้น	gaan bin khêun
décoller (vi)	บินขึ้น	bin khêun
piste (f) de décollage	ทางวิ่งเครื่องบิน	thaang wîng khrêuang bin

visibilité (f)	ทัศนวิสัย	thát sá ná wí-săi
vol (m) (~ d'oiseau)	การบิน	gaan bin
altitude (f)	ความสูง	khwaam sŏong
trou (m) d'air	หลุมอากาศ	lŭm aa-gàat

place (f)	ที่นั่ง	thêe nâng
écouteurs (m pl)	หูฟัง	hŏo fang
tablette (f)	ถาดพับเก็บได้	thàat pháp gèp dâai
hublot (m)	หน้าต่างเครื่องบิน	nâa dtàang khrêuang bin
couloir (m)	ทางเดิน	thaang dern

170. Le train

train (m)	รถไฟ	rót fai
train (m) de banlieue	รถไฟชานเมือง	rót fai chaan meuang
TGV (m)	รถไฟด่วน	rót fai dùan
locomotive (f) diesel	รถจักรดีเซล	rót jàk dee-sayn
locomotive (f) à vapeur	รถจักรไอน้ำ	rót jàk ai náam
wagon (m)	ตู้โดยสาร	dtôo doi sǎan
wagon-restaurant (m)	ตู้เสบียง	dtôo sà-biang
rails (m pl)	รางรถไฟ	raang rót fai
chemin (m) de fer	ทางรถไฟ	thaang rót fai
traverse (f)	หมอนรองราง	mǒrn rorng raang
quai (m)	ชานชลา	chaan-chá-laa
voie (f)	ราง	raang
sémaphore (m)	ไฟสัญญาณรถไฟ	fai sǎn-yaan rót fai
station (f)	สถานี	sà-thǎa-nee
conducteur (m) de train	คนขับรถไฟ	khon khàp rót fai
porteur (m)	พนักงานยกกระเป๋า	phá-nák ngaan yók grà-bpǎo
steward (m)	พนักงานรถไฟ	phá-nák ngaan rót fai
passager (m)	ผู้โดยสาร	phôo doi sǎan
contrôleur (m) de billets	พนักงานตรวจตั๋ว	phá-nák ngaan dtrùat dtǔa
couloir (m)	ทางเดิน	thaang dern
frein (m) d'urgence	เบรคฉุกเฉิน	bràyk chùk-chěrn
compartiment (m)	ตู้นอน	dtôo norn
couchette (f)	เตียง	dtiang
couchette (f) d'en haut	เตียงบน	dtiang bon
couchette (f) d'en bas	เตียงล่าง	dtiang lâang
linge (m) de lit	ชุดเครื่องนอน	chút khrêuang norn
ticket (m)	ตั๋ว	dtǔa
horaire (m)	ตารางเวลา	dtaa-raang way-laa
tableau (m) d'informations	กระดานแสดงข้อมูล	grà daan sà-daeng khôr moon
partir (vi)	ออกเดินทาง	òrk dern thaang
départ (m) (du train)	การออกเดินทาง	gaan òrk dern thaang
arriver (le train)	มาถึง	maa thěung
arrivée (f)	การมาถึง	gaan maa thěung
arriver en train	มาถึงโดยรถไฟ	maa thěung doi rót fai
prendre le train	ขึ้นรถไฟ	khêun rót fai
descendre du train	ลงจากรถไฟ	long jàak rót fai
accident (m) ferroviaire	รถไฟตกราง	rót fai dtòk raang
dérailler (vi)	ตกราง	dtòk raang
locomotive (f) à vapeur	หัวรถจักรไอน้ำ	hǔa rót jàk ai náam
chauffeur (m)	คนควบคุมเตาไฟ	khon khûap khum dtao fai
chauffe (f)	เตาไฟ	dtao fai
charbon (m)	ถ่านหิน	thàan hǐn

171. Le bateau

bateau (m)	เรือ	reua
navire (m)	เรือ	reua
bateau (m) à vapeur	เรือจักรไอน้ำ	reua jàk ai náam
paquebot (m)	เรือลองแมน้ำ	reua lông mâe náam
bateau (m) de croisière	เรือเดินสมุทร	reua dern sà-mùt
croiseur (m)	เรือลาดตระเวน	reua lâat dtrà-wayn
yacht (m)	เรือยอชต์	reua yôt
remorqueur (m)	เรือลากจูง	reua lâak joong
péniche (f)	เรือบรรทุก	reua ban-thúk
ferry (m)	เรือขามฟาก	reua khâam fâak
voilier (m)	เรือใบ	reua bai
brigantin (m)	เรือใบสองเสากระโดง	reua bai sŏrng săo grà-dohng
brise-glace (m)	เรือตัดน้ำแข็ง	reua dtàt náam khăeng
sous-marin (m)	เรือดำน้ำ	reua dam náam
canot (m) à rames	เรือพาย	reua phaai
dinghy (m)	เรือดเล็ก	reua bòt lék
canot (m) de sauvetage	เรือชูชีพ	reua choo chêep
canot (m) à moteur	เรือยนต์	reua yon
capitaine (m)	กัปตัน	gàp dtan
matelot (m)	นาวิน	naa-win
marin (m)	คนเรือ	khon reua
équipage (m)	กะลาสี	gà-laa-sĕe
maître (m) d'équipage	สรั่ง	sà-ràng
mousse (m)	คุนช่วยงานในเรือ	khon chûay ngaan nai reua
cuisinier (m) du bord	กุก	gúk
médecin (m) de bord	แพทย์เรือ	phâet reua
pont (m)	ดาดฟ้าเรือ	dàat-fáa reua
mât (m)	เสากระโดงเรือ	săo grà-dohng reua
voile (f)	ใบเรือ	bai reua
cale (f)	ท้องเรือ	thórng-reua
proue (f)	หัวเรือ	hŭa-reua
poupe (f)	ทวยเรือ	tháai reua
rame (f)	ไมพาย	máai phaai
hélice (f)	ใบจักร	bai jàk
cabine (f)	ห้องพัก	hôrng phák
carré (m) des officiers	ห้องอาหาร	hôrng aa-hăan
salle (f) des machines	ห้องเครื่องยนต์	hôrng khrêuang yon
passerelle (f)	สะพานเดินเรือ	sà-phaan dern reua
cabine (f) de T.S.F.	ห้องวิทยุ	hôrng wít-thá-yú
onde (f)	คลื่นความถี่	khlêun khwaam thèe
journal (m) de bord	สมุดบันทึก	sà-mùt ban-théuk
longue-vue (f)	กลองสองทางไกล	glôrng sòrng thaang glai
cloche (f)	ระฆัง	rá-khang

pavillon (m)	ธง	thorng
grosse corde (f) tressée	เชือก	chêuak
nœud (m) marin	ปม	bpom

rampe (f)	ราว	raao
passerelle (f)	ไม้พาดให้	mái phâat hâi
	ขึ้นลงเรือ	khêun long reua

ancre (f)	สมอ	sà-mŏr
lever l'ancre	ถอนสมอ	thŏrn sà-mŏr
jeter l'ancre	ทอดสมอ	thôrt sà-mŏr
chaîne (f) d'ancrage	โซ่สมอเรือ	sôh sà-mŏr reua

port (m)	ท่าเรือ	thâa reua
embarcadère (m)	ท่า	thâa
accoster (vi)	จอดเทียบท่า	jòt thîap tâa
larguer les amarres	ออกจากท่า	òrk jàak tâa

voyage (m) (à l'étranger)	การเดินทาง	gaan dern thaang
croisière (f)	การล่องเรือ	gaan lôrng reua
cap (m) (suivre un ~)	เส้นทาง	sên thaang
itinéraire (m)	เส้นทาง	sên thaang

chenal (m)	ร่องเรือเดิน	rông reua dern
bas-fond (m)	โขด	khòht
échouer sur un bas-fond	เกยตื้น	goie dtêun

tempête (f)	พายุ	phaa-yú
signal (m)	สัญญาณ	săn-yaan
sombrer (vi)	ลม	lôm
Un homme à la mer!	คนตกเรือ!	kon dtòk reua
SOS (m)	SOS	es-o-es
bouée (f) de sauvetage	ห่วงยาง	hùang yaang

172. L'aéroport

aéroport (m)	สนามบิน	sà-nǎam bin
avion (m)	เครื่องบิน	khrêuang bin
compagnie (f) aérienne	สายการบิน	sǎai gaan bin
contrôleur (m) aérien	เจ้าหน้าที่ควบคุม	jâo nâa-thêe khûap khum
	จราจรทางอากาศ	jà-raa-jon thaang aa-gàat

départ (m)	การออกเดินทาง	gaan òrk dern thaang
arrivée (f)	การมาถึง	gaan maa thěung
arriver (par avion)	มาถึง	maa thěung

| temps (m) de départ | เวลาขาไป | way-laa khǎa bpai |
| temps (m) d'arrivée | เวลามาถึง | way-laa maa thěung |

être retardé	ถูกเลื่อน	thòok lêuan
retard (m) de l'avion	เลื่อนเที่ยวบิน	lêuan thieow bin
tableau (m) d'informations	กระดานแสดง	grà daan sà-daeng
	ข้อมูล	khôr moon
information (f)	ข้อมูล	khôr moon

| annoncer (vt) | ประกาศ | bprà-gàat |
| vol (m) | เที่ยวบิน | thîeow bin |

| douane (f) | ศุลกากร | sŭn-lá-gaa-gon |
| douanier (m) | เจ้าหน้าที่ศุลกากร | jâo nâa-thêe sŭn-lá-gaa-gon |

déclaration (f) de douane	แบบฟอร์มการเสีย	bàep form gaan sĭa
	ภาษีศุลกากร	phaa-sĕe sŭn-lá-gaa-gon
remplir (vt)	กรอก	gròrk
remplir la déclaration	กรอกแบบฟอร์ม	gròrk bàep form
	การเสียภาษี	gaan sĭa paa-sĕe
contrôle (m) de passeport	จุดตรวจหนังสือ	jùt dtrùat năng-sĕu
	เดินทาง	dern-thaang

bagage (m)	สัมภาระ	săm-phaa-rá
bagage (m) à main	กระเป๋าถือ	grà-bpăo thĕu
chariot (m)	รถขนสัมภาระ	rót khŏn săm-phaa-rá

atterrissage (m)	การลงจอด	gaan long jòrt
piste (f) d'atterrissage	ลานบินลงจอด	laan bin long jòrt
atterrir (vi)	ลงจอด	long jòrt
escalier (m) d'avion	ทางขึ้นลง	thaang khêun long
	เครื่องบิน	khrêuang bin

enregistrement (m)	การเช็คอิน	gaan chék in
comptoir (m) d'enregistrement	เคาน์เตอร์เช็คอิน	khao-dtêr chék in
s'enregistrer (vp)	เช็คอิน	chék in
carte (f) d'embarquement	บัตรที่นั่ง	bàt thêe nâng
porte (f) d'embarquement	ซองเขา	chôrng khăo

transit (m)	การต่อเที่ยวบิน	gaan tòr thîeow bin
attendre (vt)	รอ	ror
salle (f) d'attente	ห้องผู้โดยสารขาออก	hôrng phôo doi săan khăa òk
raccompagner	ไปส่ง	bpai sòng
(à l'aéroport, etc.)		
dire au revoir	บอกลา	bòrk laa

173. Le vélo. La moto

vélo (m)	รถจักรยาน	rót jàk-grà-yaan
scooter (m)	สกูตเตอร์	sà-góot-dtêr
moto (f)	รถมอเตอร์ไซค์	rót mor-dtêr-sai

faire du vélo	ขี่จักรยาน	khèe jàk-grà-yaan
guidon (m)	พวงมาลัยรถ	phuang maa-lai rót
pédale (f)	แป้นเหยียบ	bpâen yìap
freins (m pl)	เบรก	bràyk
selle (f)	ที่นั่งจักรยาน	thêe nâng jàk-grà-yaan

pompe (f)	ปั๊ม	bpám
porte-bagages (m)	ที่วางสัมภาระ	thêe waang săm-phaa-rá
phare (m)	ไฟหน้า	fai nâa
casque (m)	หมวกนิรภัย	mùak ní-rá-phai
roue (f)	ล้อ	lór

garde-boue (m)	บังโคลน	bang khlon
jante (f)	ขอบล้อ	khòp lór
rayon (m)	กานล้อ	gâan lór

La voiture

174. Les différents types de voiture

automobile (f)	รถยนต์	rót yon
voiture (f) de sport	รถสปอร์ต	rót sà-bpòt
limousine (f)	รถลีมูซีน	rót lee moo seen
tout-terrain (m)	รถเอสยูวี	rót àyt yoo wee
cabriolet (m)	รถยนต์เปิดประทุน	rót yon bpèrt bprà-thun
minibus (m)	รถบัสเล็ก	rót bàt lék
ambulance (f)	รถพยาบาล	rót phá-yaa-baan
chasse-neige (m)	รถไถหิมะ	rót thăi hì-má
camion (m)	รถบรรทุก	rót ban-thúk
camion-citerne (m)	รถบรรทุกน้ำมัน	rót ban-thúk nám man
fourgon (m)	รถตู้	rót dtôo
tracteur (m) routier	รถลาก	rót lâak
remorque (f)	รถพ่วง	rót phûang
confortable (adj)	สะดวก	sà-dùak
d'occasion (adj)	มือสอง	meu sŏrng

175. La voiture. La carrosserie

capot (m)	กระโปรงรถ	grà bprohng rót
aile (f)	บังโคลน	bang khlon
toit (m)	หลังคา	lăng khaa
pare-brise (m)	กระจกหน้ารถ	grà-jòk nâa rót
rétroviseur (m)	กระจกมองหลัง	grà-jòk morng lăng
lave-glace (m)	ที่ฉีดน้ำล้าง กระจกหน้ารถ	thêe chèet nám láang grà-jòk nâa rót
essuie-glace (m)	ที่ปัดล้างกระจก หน้ารถ	thêe bpàt láang grà-jòk nâa rót
fenêtre (f) latéral	กระจกข้าง	grà-jòk khâang
lève-glace (m)	กระจกไฟฟ้า	grà-jòk fai-fáa
antenne (f)	เสาอากาศ	săo aa-gàat
toit (m) ouvrant	หลังคารับแดด	lăng khaa ráp dàet
pare-chocs (m)	กันชน	gan chon
coffre (m)	ท้ายรถ	tháai rót
galerie (f) de toit	ชั้นวางสัมภาระ	chán waang săm-phaa-rá
portière (f)	ประตู	bprà-dtoo
poignée (f)	ที่เปิดประตู	thêe bpèrt bprà-dtoo
serrure (f)	ล็อคประตูรถ	lók bprà-dtoo rót

plaque (f) d'immatriculation	ป้ายทะเบียน	bpâai thá-bian
silencieux (m)	ทอไอเสีย	thôr ai sĭa
réservoir (m) d'essence	ถังน้ำมัน	thăng náam man
pot (m) d'échappement	ทอไอเสีย	thôr ai sĭa
accélérateur (m)	เร่ง	râyng
pédale (f)	แป้นเหยียบ	bpâen yìap
pédale (f) d'accélérateur	คันเรง	khan râyng
frein (m)	เบรก	bràyk
pédale (f) de frein	แป้นเบรค	bpâen bràyk
freiner (vi)	เบรก	bràyk
frein (m) à main	เบรกมือ	bràyk meu
embrayage (m)	คลัตช์	khlát
pédale (f) d'embrayage	แป้นคลัตช์	bpâen khlát
disque (m) d'embrayage	จวนคลัตช	jaan khlát
amortisseur (m)	โชคอัพ	chóhk-àp
roue (f)	ล้อ	lór
roue (f) de rechange	ลอสำรอง	lór săm-rorng
pneu (m)	ยางรถ	yaang rót
enjoliveur (m)	ลอแม็ก	lór-máek
roues (f pl) motrices	ล้อพวงมาลัย	lór phuang maa-lai
à traction avant	ขับเคลื่อนลอหน้า	khàp khlêuan lór nâa
à traction arrière	ขับเคลื่อนลอหลัง	khàp khlêuan lór lăng
à traction intégrale	ขับเคลื่อนสี่ลอ	khàp khlêuan sèe lór
boîte (f) de vitesses	กระปุกเกียร์	grà-bpùk gia
automatique (adj)	อัตโนมัติ	àt-noh-mát
mécanique (adj)	กลไก	gon-gai
levier (m) de vitesse	คันเกียร์	khan gia
phare (m)	ไฟหน้า	fai nâa
feux (m pl)	ไฟหนา	fai nâa
feux (m pl) de croisement	ไฟต่ำ	fai dtàm
feux (m pl) de route	ไฟสูง	fai sŏong
feux (m pl) stop	ไฟเบรก	fai bràyk
feux (m pl) de position	ไฟจอดรถ	fai jòt rót
feux (m pl) de détresse	ไฟฉุกเฉิน	fai chùk-chĕrn
feux (m pl) de brouillard	ไฟตัดหมอก	fai dtàt mòk
clignotant (m)	ไฟเลี้ยว	fai líeow
feux (m pl) de recul	ไฟรถถอย	fai rót thŏi

176. La voiture. L'habitacle

habitacle (m)	ภายในรถ	phaai nai rót
en cuir (adj)	หนัง	năng
en velours (adj)	กำมะหยี่	gam-má-yèe
revêtement (m)	เครื่องเบาะ	khrêuang bòr
instrument (m)	อุปกรณ	ù-bpà-gon

tableau (m) de bord	แผงหน้าปัด	phăeng nâa bpàt
indicateur (m) de vitesse	มาตรวัดความเร็ว	mâat wát khwaam reo
aiguille (f)	เข็มชี้วัด	khĕm chée wát

compteur (m) de kilomètres	มิเตอร์วัดระยะทาง	mí-dtêr wát rá-yá thaang
indicateur (m)	มิเตอร์วัด	mí-dtêr wát
niveau (m)	ระดับ	rá-dàp
témoin (m)	ไฟเตือน	fai dteuan

volant (m)	พวงมาลัยรถ	phuang maa-lai rót
klaxon (m)	แตร	dtrae
bouton (m)	ปุ่ม	bpùm
interrupteur (m)	สวิตช์	sà-wít

siège (m)	ที่นั่ง	thêe nâng
dossier (m)	พนักพิง	phá-nák phing
appui-tête (m)	ที่พิงศีรษะ	thêe phing sĕe-sà
ceinture (f) de sécurité	เข็มขัดนิรภัย	khĕm khàt ní-rá-phai
mettre la ceinture	คาดเข็มขัดนิรภัย	khâat khĕm khàt ní-rá-phai
réglage (m)	การปรับ	gaan bpràp

| airbag (m) | ถุงลมนิรภัย | thŭng lom ní-rá-phai |
| climatiseur (m) | เครื่องปรับอากาศ | khrêuang bpràp-aa-gàat |

radio (f)	วิทยุ	wít-thá-yú
lecteur (m) de CD	เครื่องเล่น CD	khrêuang lên see-dee
allumer (vt)	เปิด	bpèrt
antenne (f)	เสาอากาศ	săo aa-gàat
boîte (f) à gants	ซองเก็บของ	chôrng gèp khŏrng
	ข้างคนขับ	khâang khon khàp
cendrier (m)	ที่เขี่ยบุหรี่	thêe khìa bù rèe

177. La voiture. Le moteur

moteur (m)	เครื่องยนต์	khrêuang yon
moteur (m)	มอเตอร์	mor-dtêr
diesel (adj)	ดีเซล	dee-sayn
à essence (adj)	น้ำมันเบนซิน	nám man bayn-sin

capacité (f) du moteur	ขนาดเครื่องยนต์	khà-nàat khrêuang yon
puissance (f)	กำลัง	gam-lang
cheval-vapeur (m)	แรงม้า	raeng máa
piston (m)	ก้านลูกสูบ	gâan lôok sòop
cylindre (m)	กระบอกสูบ	grà-bòrk sòop
soupape (f)	วาล์ว	waao

injecteur (m)	หัวฉีด	hŭa chèet
générateur (m)	เครื่องกำเนิดไฟฟ้า	khrêuang gam-nèrt fai fáa
carburateur (m)	คาร์บูเรเตอร์	khaa-boo-ray-dtêr
huile (f) moteur	น้ำมันเครื่อง	nám man khrêuang

radiateur (m)	หม้อน้ำ	môr náam
liquide (m) de refroidissement	สารทำความเย็น	săan tham khwaam yen
ventilateur (m)	พัดลมระบายความร้อน	phát lom rá-baai khwaam rón

batterie (f)	แบตเตอรี่	bàet-dter-rêe
starter (m)	มอเตอรสตาร์ต	mor-dtêr sà-dtàat
allumage (m)	การจุดระเบิด	gaan jùt rá-bèrt
bougie (f) d'allumage	หัวเทียน	hǔa thian

borne (f)	ขั้วแบตเตอรี่	khûa bàet-dter-rêe
borne (f) positive	ขั้วบวก	khûa bùak
borne (f) négative	ขั้วลบ	khûa lóp
fusible (m)	ฟิวส์	fiw

filtre (m) à air	เครื่องกรองอากาศ	khrêuang grorng aa-gàat
filtre (m) à huile	ไส้กรองน้ำมัน	sâi grorng nám man
filtre (m) à essence	ไส้กรองน้ำมัน	sâi grorng nám man
	เชื้อเพลิง	chéua phlerng

178. La voiture. La réparation

accident (m) de voiture	อุบัติเหตุรถชน	u-bàt hàyt rót chon
accident (m) de route	อุบัติเหตุจราจร	u-bàt hàyt jà-raa-jon
percuter contre ...	ชน	chon
s'écraser (vp)	ชนโครม	chon khrohm
dégât (m)	ความเสียหาย	khwaam sǐa hǎai
intact (adj)	ไม่มีความเสียหาย	mâi mee khwaam sǐa hǎai

panne (f)	การเสีย	gaan sǐa
tomber en panne	ตาย	dtaai
corde (f) de remorquage	เชือกลากรถยนต์	chêuak lâak rót yon

crevaison (f)	ยางรั่ว	yaang rûa
crever (vi) (pneu)	ทำให้ยางแบน	tham hâi yaang baen
gonfler (vt)	เติมลมยาง	dterm lom yaang
pression (f)	แรงดัน	raeng dan
vérifier (vt)	ตรวจสอบ	dtrùat sòrp

réparation (f)	การซ่อม	gaan sôrm
garage (m) (atelier)	ร้านซ่อมรถยนต์	ráan sôrm rót yon
pièce (f) détachée	อะไหล่	a lài
pièce (f)	ชิ้นส่วน	chín sùan

boulon (m)	สลักเกลียว	sà-làk glieow
vis (f)	สกรู	sà-groo
écrou (m)	แหวนสกรู	wǎen sà-groo
rondelle (f)	แหวนเล็ก	wǎen lék
palier (m)	แบริง	bae-ring

tuyau (m)	ท่อ	thôr
joint (m)	ปะเก็น	bpà gen
fil (m)	สายไฟ	sǎai fai

cric (m)	แม่แรง	mâe raeng
clé (f) de serrage	ประแจ	bprà-jae
marteau (m)	ค้อน	khórn
pompe (f)	ปั๊ม	bpám
tournevis (m)	ไขควง	khǎi khuang

extincteur (m)	ถังดับเพลิง	thăng dàp phlerng
triangle (m) de signalisation	ป้ายเตือน	bpâai dteuan
caler (vi)	มีเครื่องดับ	mee khrêuang dàp
calage (m)	การดับ	gaan dàp
être en panne	เสีย	sĭa
surchauffer (vi)	ร้อนเกิน	rórn gern
se boucher (vp)	อุดตัน	ùt dtan
geler (vi)	เยือกแข็ง	yêuak khăeng
éclater (tuyau, etc.)	แตก	dtàek
pression (f)	แรงดัน	raeng dan
niveau (m)	ระดับ	rá-dàp
lâche (courroie ~)	อ่อน	òrn
fosse (f)	รอยบุบ	roi bùp
bruit (m) anormal	เสียงเครื่องยนต์ดับ	sĭang khrêuang yon dàp
fissure (f)	รอยแตก	roi dtàek
égratignure (f)	รอยขูด	roi khòot

179. La voiture. La route

route (f)	ถนน	thà-nŏn
grande route (autoroute)	ทางหลวง	thaang lŭang
autoroute (f)	ทางด่วน	thaang dùan
direction (f)	ทิศทาง	thít thaang
distance (f)	ระยะทาง	rá-yá thaang
pont (m)	สะพาน	sà-phaan
parking (m)	ลานจอดรถ	laan jòrt rót
place (f)	จัตุรัส	jàt-dtù-ràt
échangeur (m)	ทางแยกต่างระดับ	thaang yâek dtàang rá-dàp
tunnel (m)	อุโมงค์	u-mohng
station-service (f)	ปั๊มน้ำมัน	bpám náam man
parking (m)	ลานจอดรถ	laan jòrt rót
poste (m) d'essence	ที่เติมน้ำมัน	thêe dterm náam man
garage (m) (atelier)	ร้านซ่อมรถยนต์	ráan sôrm rót yon
se ravitailler (vp)	เติมน้ำมัน	dterm náam man
carburant (m)	น้ำมันเชื้อเพลิง	nám man chéua phlerng
jerrycan (m)	ถังน้ำมัน	thăng náam man
asphalte (m)	ถนนลาดยาง	thà-nŏn lâat yaang
marquage (m)	เครื่องหมายจราจรบนพื้นทาง	khrêuang măai jà-raa-jon bon phéun thaang
bordure (f)	ขอบถนน	khòrp thà-nŏn
barrière (f) de sécurité	รั้วกั้น	rúa gân
fossé (m)	คู	khoo
bas-côté (m)	ข้างถนน	khâang thà-nŏn
réverbère (m)	เสาไฟ	săo fai
conduire (une voiture)	ขับ	khàp
tourner (~ à gauche)	เลี้ยว	líeow

| faire un demi-tour | กลับรถ | glàp rót |
| marche (f) arrière | ถอยรถ | thŏri rót |

klaxonner (vi)	บีบแตร	bèep dtrae
coup (m) de klaxon	เสียงบีบแตร	sĭang bèep dtrae
s'embourber (vp)	ติด	dtìt
déraper (vi)	หมุนล้อ	mŭn lór
couper (le moteur)	ปิด	bpìt

vitesse (f)	ความเร็ว	khwaam reo
dépasser la vitesse	ขับเร็วเกิน	khàp reo gern
mettre une amende	ให้ใบสั่ง	hâi bai sàng
feux (m pl) de circulation	ไฟสัญญาณจราจร	fai săn-yaan jà-raa-jon
permis (m) de conduire	ใบขับขี่	bai khàp khèe

passage (m) à niveau	ทางข้ามรถไฟ	thaang khâam rót fai
carrefour (m)	สี่แยก	sèe yâek
passage (m) piéton	ทางม้าลาย	thaang máa laai
virage (m)	ทางโค้ง	thaang khóhng
zone (f) piétonne	ถนนคนเดิน	thà-nŏn khon dern

180. Les panneaux de signalisation

code (m) de la route	กฎจราจร	gòt jà-raa-jon
signe (m)	ป้ายสัญญาณจราจร	bpâai săn-yaan jà-raa-jon
dépassement (m)	การแซง	gaan saeng
virage (m)	การโค้ง	gaan khóhng
demi-tour (m)	การกลับรถ	gaan glàp rót
sens (m) giratoire	วงเวียน	wong wian

sens interdit	ห้ามเข้า	hâam khâo
circulation interdite	ห้ามรถเข้า	hâam rót khâo
interdiction de dépasser	ห้ามแซง	hâam saeng
stationnement interdit	ห้ามจอดรถ	hâam jòrt rót
arrêt interdit	ห้ามหยุด	hâam yùt

virage dangereux	โค้งอันตราย	khóhng an-dtà-raai
descente dangereuse	ทางลงลาดชัน	thaang long lâat chan
sens unique	การจราจรทางเดียว	gaan jà-raa-jon thaang dieow
passage (m) piéton	ทางม้าลาย	thaang máa laai
chaussée glissante	ทางลื่น	thaang lêun
cédez le passage	ให้ทาง	hâi taang

LES GENS. LES ÉVÉNEMENTS

Les grands événements de la vie

181. Les fêtes et les événements

fête (f)	วันหยุดเฉลิมฉลอง	wan yùt chà-lěrm chà-lŏng
fête (f) nationale	วันชาติ	wan châat
jour (m) férié	วันหยุดนักขัตฤกษ์	wan yùt nák-kàt-rêrk
fêter (vt)	เฉลิมฉลอง	chà-lěrm chà-lŏrng
événement (m) (~ du jour)	เหตุการณ์	hàyt gaan
événement (m) (soirée, etc.)	งานอีเวนต์	ngaan ee wayn
banquet (m)	งานเลี้ยง	ngaan líang
réception (f)	งานเลี้ยง	ngaan líang
festin (m)	งานฉลอง	ngaan chà-lŏrng
anniversaire (m)	วันครบรอบ	wan khróp rôrp
jubilé (m)	วันครบรอบปี	wan khróp rôrp bpee
célébrer (vt)	ฉลอง	chà-lŏrng
Nouvel An (m)	ปีใหม่	bpee mài
Bonne année!	สวัสดีปีใหม่!	sà-wàt-dee bpee mài
Père Noël (m)	ซานตาคลอส	saan-dtaa-khlôrt
Noël (m)	คริสต์มาส	khrít-mâat
Joyeux Noël!	สุขสันต์วันคริสต์มาส	sùk-săn wan khrít-mâat
arbre (m) de Noël	ตนคริสต์มาส	dtôn khrít-mâat
feux (m pl) d'artifice	ดอกไม้ไฟ	dòrk máai fai
mariage (m)	งานแต่งงาน	ngaan dtàeng ngaan
fiancé (m)	เจ้าบ่าว	jâo bàao
fiancée (f)	เจ้าสาว	jâo săao
inviter (vt)	เชิญ	chern
lettre (f) d'invitation	บัตรเชิญ	bàt chern
invité (m)	แขก	khàek
visiter (~ les amis)	ไปเยี่ยม	bpai yîam
accueillir les invités	ตอนรับแขก	dton ráp khàek
cadeau (m)	ของขวัญ	khŏrng khwăn
offrir (un cadeau)	ให้	hâi
recevoir des cadeaux	รับของขวัญ	ráp khŏrng khwăn
bouquet (m)	ช่อดอกไม้	chôr dòrk máai
félicitations (f pl)	คำแสดง	kham sà-daeng
	ความยินดี	khwaam yin-dee
féliciter (vt)	แสดงความยินดี	sà-daeng khwaam yin dee

carte (f) de veux	บัตรอวยพร	bàt uay phon
envoyer une carte	ส่งโปสการ์ด	sòng bpòht-gàat
recevoir une carte	รับโปสการ์ด	ráp bpòht-gàat

toast (m)	ดื่มอวยพร	dèum uay phon
offrir (un verre, etc.)	เลี้ยงเครื่องดื่ม	líang khrêuang dèum
champagne (m)	แชมเปญ	chaem-bpayn

s'amuser (vp)	มีความสุข	mee khwaam sùk
gaieté (f)	ความรื่นเริง	khwaam rêun-rerng
joie (f) (émotion)	ความสุขสันต์	khwaam sùk-săn

| danse (f) | การเต้น | gaan dtên |
| danser (vi, vt) | เต้น | dtên |

| valse (f) | วอลทูซ์ | wɔ:lts |
| tango (m) | แทงโก | thaeng-gôh |

182. L'enterrement. Le deuil

cimetière (m)	สุสาน	sù-săan
tombe (f)	หลุมศพ	lŭm sòp
croix (f)	ไม้กางเขน	mái gaang khăyn
pierre (f) tombale	ป้ายหลุมศพ	bpâai lŭm sòp
clôture (f)	รั้ว	rúa
chapelle (f)	โรงสวด	rohng sùat

mort (f)	ความตาย	khwaam dtaai
mourir (vi)	ตาย	dtaai
défunt (m)	ผู้เสียชีวิต	phôo sĭa chee-wít
deuil (m)	การไว้อาลัย	gaan wái aa-lai

enterrer (vt)	ฝังศพ	făng sòp
maison (f) funéraire	บริษัทรับจัดงานศพ	bor-rí-sàt ráp jàt ngaan sòp
enterrement (m)	งานศพ	ngaan sòp
couronne (f)	พวงหรีด	phuang rèet
cercueil (m)	โลงศพ	lohng sòp
corbillard (m)	รถขนศพ	rót khŏn sòp
linceul (m)	ผ้าห่อศพ	phâa hòr sòp

cortège (m) funèbre	พิธีศพ	phí-tee sòp
urne (f) funéraire	โกศ	gòht
crématoire (m)	เมรุ	mayn

nécrologue (m)	ข่าวมรณกรรม	khàao mor-rá-ná-gam
pleurer (vi)	ร้องไห้	rórng hâi
sangloter (vi)	สะอื้น	sà-êun

183. La guerre. Les soldats

| section (f) | หมวด | mùat |
| compagnie (f) | กองร้อย | gorng rói |

164

régiment (m)	กรม	grom
armée (f)	กองทัพ	gorng tháp
division (f)	กองพล	gorng phon-la

| détachement (m) | หมู่ | mòo |
| armée (f) (Moyen Âge) | กองทัพ | gorng tháp |

| soldat (m) (un militaire) | ทหาร | thá-hǎan |
| officier (m) | นายทหาร | naai thá-hǎan |

soldat (m) (grade)	พลทหาร	phon-thá-hǎan
sergent (m)	สิบเอก	sìp àyk
lieutenant (m)	ร้อยโท	rói thoh
capitaine (m)	ร้อยเอก	rói àyk
commandant (m)	พลตรี	phon-dtree
colonel (m)	พันเอก	phan àyk
général (m)	นายพล	naai phon

marin (m)	กะลาสี	gà-laa-sěe
capitaine (m)	กัปตัน	gàp dtan
maître (m) d'équipage	สร้งเรือ	sà-ràng reua

artilleur (m)	ทหารปืนใหญ่	thá-hǎan bpeun yài
parachutiste (m)	พลรม	phon-rôm
pilote (m)	นักบิน	nák bin
navigateur (m)	ต้นหน	dtôn hǒn
mécanicien (m)	ช่างเครื่อง	châang khrêuang

démineur (m)	ทหารช่าง	thá-hǎan châang
parachutiste (m)	ทหารราบอากาศ	thá-hǎan râap aa-gàat
éclaireur (m)	ทหารพราน	thá-hǎan phraan
tireur (m) d'élite	พลซุ่มยิง	phon sûm ying

patrouille (f)	หน่วยลาดตระเวน	nùay lâat dtrà-wayn
patrouiller (vi)	ลาดตระเวน	lâat dtrà-wayn
sentinelle (f)	ทหารยาม	tá-hǎan yaam

| guerrier (m) | นักรบ | nák róp |
| patriote (m) | ผู้รักชาติ | phôo rák châat |

| héros (m) | วีรบุรุษ | wee-rá-bù-rùt |
| héroïne (f) | วีรสตรี | wee rá-sot dtree |

| traître (m) | ผู้ทรยศ | phôo thor-rá-yót |
| trahir (vt) | ทรยศ | thor-rá-yót |

| déserteur (m) | ทหารหนีทัพ | thá-hǎan něe tháp |
| déserter (vt) | หนีทัพ | něe tháp |

mercenaire (m)	ทหารรับจ้าง	thá-hǎan ráp jâang
recrue (f)	เกณฑ์ทหาร	gayn thá-hǎan
volontaire (m)	อาสาสมัคร	aa-sǎa sà-màk

mort (m)	คนถูกฆ่า	khon thòok khâa
blessé (m)	ผู้ได้รับบาดเจ็บ	phôo dâai ráp bàat jèp
prisonnier (m) de guerre	เชลยศึก	chá-loie sèuk

184. La guerre. Partie 1

guerre (f)	สงคราม	sǒng-khraam
faire la guerre	ทำสงคราม	tham sǒng-khraam
guerre (f) civile	สงครามกลางเมือง	sǒng-khraam glaang-meuang
perfidement (adv)	ตลบตะแลง	dtà-lòp-dtà-laeng
déclaration (f) de guerre	การประกาศสงคราม	gaan bprà-gàat sǒng-khraam
déclarer (la guerre)	ประกาศสงคราม	bprà-gàat sǒng-khraam
agression (f)	การรุกราน	gaan rúk-raan
attaquer (~ un pays)	บุกรุก	bùk rúk
envahir (vt)	บุกรุก	bùk rúk
envahisseur (m)	ผู้บุกรุก	phôo bùk rúk
conquérant (m)	ผู้ยึดครอง	phôo yéut khrorng
défense (f)	การป้องกัน	gaan bpôrng gan
défendre (vt)	ปกป้อง	bpòk bpôrng
se défendre (vp)	ป้องกัน	bpôrng gan
ennemi (m)	ศัตรู	sàt-dtroo
adversaire (m)	ข้าศึก	khâa sèuk
ennemi (adj) (territoire ~)	ศัตรู	sàt-dtroo
stratégie (f)	ยุทธศาสตร์	yút-thá-sàat
tactique (f)	ยุทธวิธี	yút-thá-wí-thee
ordre (m)	คำสั่ง	kham sàng
commande (f)	คำบัญชาการ	kham ban-chaa gaan
ordonner (vt)	สั่ง	sàng
mission (f)	ภารกิจ	phaa-rá-gìt
secret (adj)	อย่างลับ	yàang láp
bataille (f), combat (m)	การรบ	gaan róp
attaque (f)	การจู่โจม	gaan jòo johm
assaut (m)	การเข้าจู่โจม	gaan khâo jòo johm
prendre d'assaut	บุกจู่โจม	bùk jòo johm
siège (m)	การโอบล้อมโจมตี	gaan òhp lóm johm dtee
offensive (f)	การโจมตี	gaan johm dtee
passer à l'offensive	โจมตี	johm dtee
retraite (f)	การถอย	gaan thǒi
faire retraite	ถอย	thǒi
encerclement (m)	การปิดล้อม	gaan bpìt lórm
encercler (vt)	ปิดล้อม	bpìt lórm
bombardement (m)	การทิ้งระเบิด	gaan thíng rá-bèrt
lancer une bombe	ทิ้งระเบิด	thíng rá-bèrt
bombarder (vt)	ทิ้งระเบิด	thíng rá-bèrt
explosion (f)	การระเบิด	gaan rá-bèrt
coup (m) de feu	การยิง	gaan ying
tirer un coup de feu	ยิง	ying

fusillade (f)	การยิง	gaan ying
viser ... (cible)	เล็ง	leng
pointer (sur ...)	ชี้	chée
atteindre (cible)	ถูกเป้าหมาย	thòok bpâo măai

faire sombrer	จม	jom
trou (m) (dans un bateau)	รู	roo
sombrer (navire)	จม	jom

front (m)	แนวหน้า	naew nâa
évacuation (f)	การอพยพ	gaan òp-phá-yóp
évacuer (vt)	อพยพ	òp-phá-yóp

tranchée (f)	สนามเพลาะ	sà-năam phlór
barbelés (m pl)	ลวดหนาม	lûat năam
barrage (m) (~ antichar)	สิ่งกีดขวาง	sìng gèet-khwăang
tour (f) de guet	หอสังเกตการณ์	hŏr săng-gàyt gaan

hôpital (m)	โรงพยาบาลทหาร	rohng phá-yaa-baan thá-hăan
blesser (vt)	ทำให้บาดเจ็บ	tham hâi bàat jèp
blessure (f)	แผล	phlăe
blessé (m)	ผู้ได้รับบาดเจ็บ	phôo dâai ráp bàat jèp
être blessé	ได้รับบาดเจ็บ	dâai ráp bàat jèp
grave (blessure)	รายแรง	ráai raeng

185. La guerre. Partie 2

captivité (f)	การเป็นเชลย	gaan bpen chá-loie
captiver (vt)	จับเชลย	jàp chá-loie
être prisonnier	เป็นเชลย	bpen chá-loie
être fait prisonnier	ถูกจับเป็นเชลย	thòok jàp bpen chá-loie

camp (m) de concentration	ค่ายกักกัน	khâai gàk gan
prisonnier (m) de guerre	เชลยศึก	chá-loie sèuk
s'enfuir (vp)	หนี	nĕe

trahir (vt)	ทูรยศ	thor-rá-yót
traître (m)	ผู้ทรยศ	phôo thor-rá-yót
trahison (f)	การทรยศ	gaan thor-rá-yót

| fusiller (vt) | ประหาร | bprà-hăn |
| fusillade (f) (exécution) | การประหาร | gaan bprà-hăn |

équipement (m) (uniforme, etc.)	ชุดเสื้อผ้าทหาร	chút sêua phâa thá-hăan
épaulette (f)	บั้ง	bâng
masque (m) à gaz	หน้ากากกันแก๊ส	nâa gàak gan gàet

émetteur (m) radio	วิทยุสนาม	wít-thá-yú sà-năam
chiffre (m) (code)	รหัส	rá-hàt
conspiration (f)	ความลับ	khwaam láp
mot (m) de passe	รหัสผ่าน	rá-hàt phàan
mine (f) terrestre	กับระเบิด	gàp rá-bèrt

| miner (poser des mines) | วางกับระเบิด | waang gàp rá-bèrt |
| champ (m) de mines | เขตทุ่นระเบิด | khàyt thûn rá-bèrt |

alerte (f) aérienne	สัญญาณเตือนภัย ทางอากาศ	săn-yaan dteuan phai thaang aa-gàat
signal (m) d'alarme	สัญญาณเตือนภัย	săn-yaan dteuan phai
signal (m)	สัญญาณ	săn-yaan
fusée signal (f)	พลุสัญญาณ	phlú săn-yaan

état-major (m)	กองบัญชาการ	gorng ban-chaa gaan
reconnaissance (f)	การลาดตระเวน	gaan lâat dtrà-wayn
situation (f)	สถานการณ์	sà-thăan gaan
rapport (m)	การรายงาน	gaan raai ngaan
embuscade (f)	การซุ่มโจมตี	gaan sûm johm dtee
renfort (m)	กำลังเสริม	gam-lang sĕrm
cible (f)	เป้าหมาย	bpâo măai
polygone (m)	สถานที่ทดลอง	sà-tăan thêe thót long
manœuvres (f pl)	การซ้อมรบ	gaan sórm róp

panique (f)	ความตื่นตระหนก	khwaam dtèun dtrà-nòk
dévastation (f)	การทำลายล้าง	gaan tham-laai láang
destructions (f pl) (ruines)	ซาก	sâak
détruire (vt)	ทำลาย	tham laai

survivre (vi)	รอดชีวิต	rôt chee-wít
désarmer (vt)	ปลดอาวุธ	bplòt aa-wút
manier (une arme)	ใช้	chái

| Garde-à-vous! Fixe! | หยุด | yùt |
| Repos! | พัก | phák |

exploit (m)	การแสดงความ กล้าหาญ	gaan sà-daeng khwaam glâa hăan
serment (m)	คำสาบาน	kham săa-baan
jurer (de faire qch)	สาบาน	săa baan

décoration (f)	รางวัล	raang-wan
décorer (de la médaille)	มอบรางวัล	môrp raang-wan
médaille (f)	เหรียญรางวัล	rĭan raang-wan
ordre (m) (~ du Mérite)	เครื่องอิสริยาภรณ์	khrêuang ìt-sà-rí-yaa-phon

victoire (f)	ชัยชนะ	chai chá-ná
défaite (f)	ความพ่ายแพ้	khwaam phâai pháe
armistice (m)	การพักรบ	gaan phák róp

drapeau (m)	ธงรบ	thorng róp
gloire (f)	ความรุ่งโรจน์	khwaam rûng-rôht
défilé (m)	ขบวนสวนสนาม	khà-buan sŭan sà-năam
marcher (défiler)	เดินสวนสนาม	dern sŭan sà-năam

186. Les armes

| arme (f) | อาวุธ | aa-wút |
| armes (f pl) à feu | อาวุธปืน | aa-wút bpeun |

armes (f pl) blanches	อาวุธเย็น	aa-wút yen
arme (f) chimique	อาวุธเคมี	aa-wút khay-mee
nucléaire (adj)	นิวเคลียร์	niw-khlia
arme (f) nucléaire	อาวุธนิวเคลียร์	aa-wút niw-khlia
bombe (f)	ลูกระเบิด	lôok rá-bèrt
bombe (f) atomique	ลูกระเบิดปรมาณู	lôok rá-bèrt bpà-rá-maa-noo
pistolet (m)	ปืนพก	bpeun phók
fusil (m)	ปืนไรเฟิล	bpeun rai-fern
mitraillette (f)	ปืนกลมือ	bpeun gon meu
mitrailleuse (f)	ปืนกล	bpeun gon
bouche (f)	ปากปูระบอกปืน	bpàak bprà bòrk bpeun
canon (m)	ลำกลอง	lam glôrng
calibre (m)	ขนาดลำกล้อง	khà-nàat lam glôrng
gâchette (f)	ไกปืน	gai bpeun
mire (f)	ศูนย์เล็ง	sŏon leng
magasin (m)	แม็กกาซีน	máek-gaa-seen
crosse (f)	พานท้ายปืน	phaan tháai bpeun
grenade (f) à main	ระเบิดมือ	rá-bèrt meu
explosif (m)	วัตถุระเบิด	wát-thù rá-bèrt
balle (f)	ลูกกระสุน	lôok grà-sŭn
cartouche (f)	ตลับกระสุน	dtà-làp grà-sŭn
charge (f)	กระสุน	grà-sŭn
munitions (f pl)	อาวุธยุทธภัณฑ์	aa-wút yút-thá-phan
bombardier (m)	เครื่องบินทิ้งระเบิด	khrêuang bin thíng rá-bèrt
avion (m) de chasse	เครื่องบินขับไล่	khrêuang bin khàp lâi
hélicoptère (m)	เฮลิคอปเตอร์	hay-lí-khôrp-dtêr
pièce (f) de D.C.A.	ปืนต่อสู้อากาศยาน	bpeun dtòr sôo aa-gàat-sà-yaan
char (m)	รถถัง	rót thăng
canon (m) d'un char	ปืนรถถัง	bpeun rót thăng
artillerie (f)	ปืนใหญ่	bpeun yài
canon (m)	ปืน	bpeun
pointer (~ l'arme)	เล็งเป้าปืน	leng bpâo bpeun
obus (m)	กระสุน	grà-sŭn
obus (m) de mortier	กระสุนปืนครก	grà-sŭn bpeun khrók
mortier (m)	ปืนครก	bpeun khrók
éclat (m) d'obus	สะเก็ดระเบิด	sà-gèt rá-bèrt
sous-marin (m)	เรือดำน้ำ	reua dam náam
torpille (f)	ตอร์ปิโด	dtor-bpì-doh
missile (m)	ขีปนาวุธ	khĕe-bpà-naa-wút
charger (arme)	ใส่กระสุน	sài grà-sŭn
tirer (vi)	ยิง	ying
viser ... (cible)	เล็ง	leng
baïonnette (f)	ดาบปลายปืน	dàap bplaai bpeun

épée (f)	เรเปียร์	ray-bpia
sabre (m)	ดาบโค้ง	dàap khóhng
lance (f)	หอก	hòrk
arc (m)	ธนู	thá-noo
flèche (f)	ลูกธนู	lôok-thá-noo
mousquet (m)	ปืนคาบศิลา	bpeun khâap sì-laa
arbalète (f)	หน้าไม้	nâa máai

187. Les hommes préhistoriques

primitif (adj)	แบบดั้งเดิม	bàep dâng derm
préhistorique (adj)	ยุคก่อนประวัติศาสตร์	yúk gòn bprà-wàt sàat
ancien (adj)	โบราณ	boh-raan

Âge (m) de pierre	ยุคหิน	yúk hǐn
Âge (m) de bronze	ยุคสำริด	yúk sǎm-rít
période (f) glaciaire	ยุคน้ำแข็ง	yúk nám khǎeng

tribu (f)	เผ่า	phào
cannibale (m)	ผู้ที่กินเนื้อคน	phôo thêe gin néua khon
chasseur (m)	นักล่าสัตว์	nák lâa sàt
chasser (vi, vt)	ล่าสัตว์	lâa sàt
mammouth (m)	ช้างแมมมอธ	cháang-maem-môt

caverne (f)	ถ้ำ	thâm
feu (m)	ไฟ	fai
feu (m) de bois	กองไฟ	gorng fai
dessin (m) rupestre	ภาพวาดในถ้ำ	phâap-wâat nai thâm

outil (m)	เครื่องมือ	khrêuang meu
lance (f)	หอก	hòrk
hache (f) en pierre	ขวานหิน	khwǎan hǐn
faire la guerre	ทำสงคราม	tham sǒng-khraam
domestiquer (vt)	เชื่อง	chêuang

idole (f)	เทวรูป	theu-rôop
adorer, vénérer (vt)	บูชา	boo-chaa
superstition (f)	ความเชื่องมงาย	khwaam chêua ngom-ngaai
rite (m)	พิธีกรรม	phí-thee gam

évolution (f)	วิวัฒนาการ	wí-wát-thá-naa-gaan
développement (m)	การพัฒนา	gaan phát-thá-naa

disparition (f)	การสูญพันธุ์	gaan sǒon phan
s'adapter (vp)	ปรับตัว	bpràp dtua

archéologie (f)	โบราณคดี	boh-raan khá-dee
archéologue (m)	นักโบราณคดี	nák boh-raan-ná-khá-dee
archéologique (adj)	ทางโบราณคดี	thaang boh-raan khá-dee

site (m) d'excavation	แหล่งขุดค้น	làeng khùt khón
fouilles (f pl)	การขุดค้น	gaan khùt khón
trouvaille (f)	สิ่งที่คุณพบ	sìng thêe khón phóp
fragment (m)	เศษชิ้นส่วน	sàyt chín sùan

188. Le Moyen Âge

peuple (m)	ชาติพันธุ์	châat-dtì-phan
peuples (m pl)	ชุติพันธุ	châat-dtì-phan
tribu (f)	เผ่า	phào
tribus (f pl)	เผา	phào
Barbares (m pl)	อนารยชน	à-naa-rá-yá-chon
Gaulois (m pl)	ชาวโกล	chaao gloh
Goths (m pl)	ชาวกอธ	chaao gòt
Slaves (m pl)	ชาวสลาฟ	chaao sà-làaf
Vikings (m pl)	ชาวไวกิ้ง	chaao wai-gîng
Romains (m pl)	ชาวโรมัน	chaao roh-man
romain (adj)	โรมัน	roh-man
byzantins (m pl)	ชาวไบแซนไทน์	chaao bai-saen-tpai
Byzance (f)	ไบแซนเทียม	bai-saen-thiam
byzantin (adj)	ไบแซนไทน์	bai-saen-thai
empereur (m)	จักรพรรดิ	jàk-grà-phát
chef (m)	ผู้นำ	phôo nam
puissant (adj)	ทรงพลัง	song phá-lang
roi (m)	มูหากษัตริย์	má-hǎa gà-sàt
gouverneur (m)	ผู้ปกครอง	phôo bpòk khrorng
chevalier (m)	อัศวิน	àt-sà-win
féodal (m)	เจ้าครองนคร	jâo khrorng ná-khon
féodal (adj)	ระบบศักดินา	rá-bòp sàk-gà-dì naa
vassal (m)	เจ้าของที่ดิน	jâo khǒrng thêe din
duc (m)	ดยุค	dà-yúk
comte (m)	เอิร์ล	ern
baron (m)	บารอน	baa-rorn
évêque (m)	พระบิชอป	phrá bì-chôp
armure (f)	เกราะ	gròr
bouclier (m)	โล่	lôh
glaive (m)	ดาบ	dàap
visière (f)	กะบังหน้าของหมวก	gà-bang nâa khǒrng mùak
cotte (f) de mailles	เสื้อเกราะถัก	sêua gròr thàk
croisade (f)	สงครามครูเสด	sǒng-khraam khroo-sàyt
croisé (m)	ผู้ทำสงคราม	phôo tham sǒng-kraam
	ศาสนา	sàat-sà-nǎa
territoire (m)	อาณาเขต	aa-naa khàyt
attaquer (~ un pays)	โจมตี	johm dtee
conquérir (vt)	ยึดครอง	yéut khrorng
occuper (envahir)	บุกยึด	bùk yéut
siège (m)	การโอบล้อมโจมตี	gaan òhp lóm johm dtee
assiégé (adj)	ถูกลอมกรอบ	thòok lóm gròp
assiéger (vt)	ลอมโจมตี	lóm johm dtee
inquisition (f)	การไต่สวน	gaan dtài sǔan

inquisiteur (m)	ผู้ไต่สวน	phôo dtài sǔan
torture (f)	การทรมาน	gaan thor-rá-maan
cruel (adj)	โหดร้าย	hòht ráai
hérétique (m)	ผู้นอกรีต	phôo nôrk rêet
hérésie (f)	ความนอกรีต	khwaam nôrk rêet
navigation (f) en mer	การเดินเรือทะเล	gaan dern reua thá-lay
pirate (m)	โจรสลัด	john sà-làt
piraterie (f)	การปล้นสะดม ในน่านน้ำทะเล	gaan bplôn-sà-dom nai nâan náam thá-lay
abordage (m)	การบุกขึ้นเรือ	gaan bùk khêun reua
butin (m)	ของที่ปล้น สะดมมา	khǒrng têe bplôn- sà-dom maa
trésor (m)	สมบัติ	sǒm-bàt
découverte (f)	การค้นพบ	gaan khón phóp
découvrir (vt)	ค้นพบ	khón phóp
expédition (f)	การสำรวจ	gaan sǎm-rùat
mousquetaire (m)	ทหารถือ ปืนคาบศิลา	thá-hǎan thěu bpeun khâap sì-laa
cardinal (m)	พระคาร์ดินัล	phrá khaa-dì-nan
héraldique (f)	มุทราศาสตร์	mút-raa sàat
héraldique (adj)	ทางมุทราศาสตร์	thaang mút-raa sàat

189. Les dirigeants. Les responsables. Les autorités

roi (m)	ราชา	raa-chaa
reine (f)	ราชินี	raa-chí-nee
royal (adj)	เกี่ยวกับราชวงศ์	gìeow gàp râat-cha-wong
royaume (m)	ราชอาณาจักร	râat aa-naa jàk
prince (m)	เจ้าชาย	jâo chaai
princesse (f)	เจ้าหญิง	jâo yǐng
président (m)	ประธานาธิบดี	bprà-thaa-naa-thí-bor-dee
vice-président (m)	รองประธา นาธิบดี	rorng bprà-thaa- naa-thí-bor-dee
sénateur (m)	สมาชิกวุฒิสภา	sà-maa-chík wút-thí sà-phaa
monarque (m)	กษัตริย์	gà-sàt
gouverneur (m)	ผู้ปกครอง	phôo bpòk khrorng
dictateur (m)	เผด็จการ	phà-dèt gaan
tyran (m)	ทรราช	thor-rá-râat
magnat (m)	ผู้มีอิทธิพลสูง	phôo mee ìt-thí phon sǒong
directeur (m)	ผู้อำนวยการ	phôo am-nuay gaan
chef (m)	หัวหน้า	hǔa-nâa
gérant (m)	ผู้จัดการ	phôo jàt gaan
boss (m)	หัวหน้า	hǔa-nâa
patron (m)	เจ้าของ	jâo khǒrng
leader (m)	ผู้นำ	phôo nam
chef (m) (~ d'une délégation)	หัวหน้า	hǔa-nâa

| autorités (f pl) | เจ้าหน้าที่ | jâo nâa-thêe |
| supérieurs (m pl) | ผู้บังคับบัญชา | phôo bang-kháp ban-chaa |

gouverneur (m)	ผู้ว่าการ	phôo wâa gaan
consul (m)	กงสุล	gong-sŭn
diplomate (m)	นักการทูต	nák gaan thôot
maire (m)	นายกเทศมนตรี	naa-yók thâyt-sà-mon-dtree
shérif (m)	นายอำเภอ	naai am-pher

empereur (m)	จักรพรรดิ	jàk-grà-phát
tsar (m)	ซาร์	saa
pharaon (m)	ฟาโรห์	faa-roh
khan (m)	ขาน	khàan

190. L'itinéraire. La direction. Le chemin

| route (f) | ถนน | thà-nŏn |
| voie (f) | ทิศทาง | thít thaang |

autoroute (f)	ทางด่วน	thaang dùan
grande route (autoroute)	ทางหลวง	thaang lŭang
route (f) nationale	ทางหลวงอินเตอร์สเตต	thaang lŭang in-dtèrt-dtàyt

| route (f) principale | ถนนใหญ่ | thà-nŏn yài |
| route (f) de campagne | ถนนลูกรัง | thà-nŏn loo-grang |

| chemin (m) (sentier) | ทางเดิน | thaang dern |
| sentier (m) | ทางเดิน | thaang dern |

Où?	ที่ไหน?	thêe năi
Où? (~ vas-tu?)	ที่ไหน?	thêe năi
D'où?	จากที่ไหน?	jàak thêe năi

| direction (f) | ทิศทาง | thít thaang |
| indiquer (le chemin) | ชี้ | chée |

à gauche (tournez ~)	ทางซ้าย	thaang sáai
à droite (tournez ~)	ทางขวา	thaang khwăa
tout droit (adv)	ตรงไป	dtrorng bpai
en arrière (adv)	กลับ	glàp

virage (m)	ทางโค้ง	thaang khóhng
tourner (~ à gauche)	เลี้ยว	líeow
faire un demi-tour	กลับรถ	glàp rót

| se dessiner (vp) | มองเห็นได้ | morng hĕn dâai |
| apparaître (vi) | ปรากฏ | bpraa-gòt |

halte (f)	การหยุด	gaan yùt
se reposer (vp)	พัก	phák
repos (m)	การหยุดพัก	gaan yùt phák

| s'égarer (vp) | หลงทาง | lŏng thaang |
| mener à ... (le chemin) | ไปสู่ | bpai sòo |

arriver à ...	อุอกมาถึง	òrk maa thĕung
tronçon (m) (de chemin)	สวน	sùan
asphalte (m)	ถนนลาดยาง	thà-nŏn lâat yaang
bordure (f)	ขอบถนน	khòrp thà-nŏn
fossé (m)	คูน้ำ	khoo náam
bouche (f) d'égout	ฝาทอระบายน้ำ	făa thôr rá-baai nám
bas-côté (m)	ข้างถนน	khâang thà-nŏn
nid-de-poule (m)	หลุม	lŭm
aller (à pied)	ไป	bpai
dépasser (vt)	แซง	saeng
pas (m)	ก้าวเดิน	gâao dern
à pied	เดินเท้า	dern tháo
barrer (vt)	กีดขวาง	gèet khwăang
barrière (f)	แขนกั้นรถ	khăen gân rót
impasse (f)	ทางตัน	thaang dtan

191. Les crimes. Les criminels. Partie 1

bandit (m)	โจร	john
crime (m)	อาชญากรรม	àat-yaa-gam
criminel (m)	อาชญากร	àat-yaa-gon
voleur (m)	ขโมย	khà-moi
voler (qch à qn)	ขโมย	khà-moi
vol (m) (activité)	การลักขโมย	gaan lák khà-moi
vol (m) (~ à la tire)	การลักทรัพย์	gaan lák sáp
kidnapper (vt)	ลักพาตัว	lák phaa dtua
kidnapping (m)	การลักพาตัว	gaan lák phaa dtua
kidnappeur (m)	ผู้ลักพาตัว	phôo lák phaa dtua
rançon (f)	ค่าไถ่	khâa thài
exiger une rançon	เรียกเงินค่าไถ่	rîak ngern khâa thài
cambrioler (vt)	ปล้น	bplôn
cambriolage (m)	การปล้น	gaan bplôn
cambrioleur (m)	ขโมยขโจร	khà-moi khà-john
extorquer (vt)	รีดไถ	rêet thăi
extorqueur (m)	ผู้รีดไถ	phôo rêet thăi
extorsion (f)	การรีดไถ	gaan rêet thăi
tuer (vt)	ฆ่า	khâa
meurtre (m)	ฆาตกรรม	khâat-dtà-gaam
meurtrier (m)	ฆาตกร	khâat-dtà-gon
coup (m) de feu	การยิงปืน	gaan ying bpeun
tirer un coup de feu	ยิง	ying
abattre (par balle)	ยิงให้ตาย	ying hâi dtaai
tirer (vi)	ยิง	ying

coups (m pl) de feu	การยิง	gaan ying
incident (m)	เหตุการณ์	hàyt gaan
bagarre (f)	การต่อสู้	gaan dtòr sôo
Au secours!	ขอช่วย	khŏr chûay
victime (f)	เหยื่อ	yèua

endommager (vt)	ทำความเสียหาย	tham khwaam sĭa hăai
dommage (m)	ความเสียหาย	khwaam sĭa hăai
cadavre (m)	ศพ	sòp
grave (~ crime)	รายแรง	ráai raeng

attaquer (vt)	จู่โจม	jòo johm
battre (frapper)	ตี	dtee
passer à tabac	ซ้อม	sórm
prendre (voler)	ปล้น	bplôn
poignarder (vt)	แทงให้ตาย	thaeng hâi dtaai
mutiler (vt)	ทำให้บาดเจ็บสาหัส	tham hâi bàat jèp săa hàt
blesser (vt)	บาด	bàat

chantage (m)	การกรรโชก	gaan-gan-chôhk
faire chanter	กรรโชก	gan-chôhk
maître (m) chanteur	ผู้กรรโชก	phôo khòo gan-chôhk

racket (m) de protection	การคุมครอง ผิดกฎหมาย	gaan khum khrorng phìt gòt măai
racketteur (m)	ผู้ที่หาเงิน จากกิจกรรมที่ ผิดกฎหมาย	phôo thêe hăa ngern jàak gìt-jà-gam thêe phìt gòt măai
gangster (m)	เหล่าร้าย	lào ráai
mafia (f)	มาเฟีย	maa-fia

pickpocket (m)	ขโมยล้วงกระเป๋า	khà-moi lúang grà-bpăo
cambrioleur (m)	ขโมยยองเบา	khà-moi yông bao
contrebande (f) (trafic)	การลักลอบ	gaan lák-lôrp
contrebandier (m)	ผู้ลักลอบ	phôo lák lôrp

contrefaçon (f)	การปลอมแปลง	gaan bplorm bplaeng
falsifier (vt)	ปลอมแปลง	bplorm bplaeng
faux (falsifié)	ปลอม	bplorm

192. Les crimes. Les criminels. Partie 2

viol (m)	การข่มขืน	gaan khòm khĕun
violer (vt)	ข่มขืน	khòm khĕun
violeur (m)	โจรข่มขืน	john khòm khĕun
maniaque (m)	คนบ้า	khon bâa

prostituée (f)	โสเภณี	sŏh-phay-nee
prostitution (f)	การค้าประเวณี	gaan kháa bprà-way-nee
souteneur (m)	แมงดา	maeng-daa

drogué (m)	ผู้ติดยาเสพติด	phôo dtìt yaa-sàyp-dtìt
trafiquant (m) de drogue	พอค้ายาเสพติด	phôr kháa yaa-sàyp-dtìt
faire exploser	ระเบิด	rá-bèrt

175

explosion (f)	การระเบิด	gaan rá-bèrt
mettre feu	เผา	phǎo
incendiaire (m)	ผู้ลอบวางเพลิง	phôo lôp waang phlerng

terrorisme (m)	การก่อการร้าย	gaan gòr gaan ráai
terroriste (m)	ผู้ก่อการราย	phôo gòr gaan ráai
otage (m)	ตัวประกัน	dtua bprà-gan

escroquer (vt)	ล่อลวง	lôr luang
escroquerie (f)	การล่อลวง	gaan lôr luang
escroc (m)	นักตมตุ๋น	nák dtôm dtǔn

soudoyer (vt)	ติดสินบน	dtìt sǐn-bon
corruption (f)	การติดสินบน	gaan dtìt sǐn-bon
pot-de-vin (m)	สินบน	sǐn bon

poison (m)	ยาพิษ	yaa phít
empoisonner (vt)	วางยาพิษ	waang-yaa phít
s'empoisonner (vp)	กินยาตาย	gin yaa dtaai

| suicide (m) | การฆ่าตัวตาย | gaan khâa dtua dtaai |
| suicidé (m) | ผู้ฆาตัวตาย | phôo khâa dtua dtaai |

menacer (vt)	ขู่	khòo
menace (f)	คำขู่	kham khòo
attenter (vt)	พยายามฆ่า	phá-yaa-yaam khâa
attentat (m)	การพยายามฆ่า	gaan phá-yaa-yaam khâa

| voler (un auto) | จี้ | jêe |
| détourner (un avion) | จี้ | jêe |

| vengeance (f) | การแก้แค้น | gaan gâe kháen |
| se venger (vp) | แกแคน | gâe kháen |

torturer (vt)	ทรมาณ	thon-maan
torture (f)	การทรมาน	gaan thor-rá-maan
tourmenter (vt)	ทำทารุณ	tam taa-run

pirate (m)	โจรสลัด	john sà-làt
voyou (m)	นักเลง	nák-layng
armé (adj)	มีอาวุธ	mee aa-wút
violence (f)	ความรุนแรง	khwaam run raeng
illégal (adj)	ผิดกฎหมาย	phìt gòt mǎai

| espionnage (m) | จารกรรม | jaa-rá-gam |
| espionner (vt) | ลวงความลับ | lúang khwaam láp |

193. La police. La justice. Partie 1

| justice (f) | ยุติธรรม | yút-dtì-tham |
| tribunal (m) | ศาล | sǎan |

| juge (m) | ผู้พิพากษา | phôo phí-phâak-sǎa |
| jury (m) | ลูกขุน | lôok khǔn |

cour (f) d'assises	การไต่สวนคดี	gaan dtài sŭan khá-dee
	แบบมีลูกขุน	bàep mee lôok khŭn
juger (vt)	พิพากษา	phí-phâak-săa
avocat (m)	ทนายความ	thá-naai khwaam
accusé (m)	จำเลย	jam loie
banc (m) des accusés	คอกจำเลย	khôrk jam loie
inculpation (f)	ข้อกล่าวหา	khôr glàao hăa
inculpé (m)	ถูกกลาวหา	thòok glàao hăa
condamnation (f)	การลงโทษ	gaan long thôht
condamner (vt)	พิพากษา	phí-phâak-săa
coupable (m)	ผู้กระทำความผิด	phôo grà-tham khwaam phìt
punir (vt)	ลงโทษ	long thôht
punition (f)	การลงโทษ	gaan long thôht
amende (f)	ปรับ	bpràp
détention (f) à vie	การจำคุก	gaan jam khúk
	ตลอดชีวิต	dtà-lòt chee-wít
peine (f) de mort	โทษประหาร	thôht-bprà-hăan
chaise (f) électrique	เก้าอี้ไฟฟ้า	gâo-êe fai-fáa
potence (f)	ตะแลงแกง	dtà-laeng-gaeng
exécuter (vt)	ประหาร	bprà-hăan
exécution (f)	การประหาร	gaan bprà-hăan
prison (f)	คุก	khúk
cellule (f)	ห้องขัง	hôrng khăng
escorte (f)	ผู้ควบคุมตัว	phôo khûap khum dtua
gardien (m) de prison	ผู้คุม	phôo khum
prisonnier (m)	นักโทษ	nák thôht
menottes (f pl)	กุญแจมือ	gun-jae meu
mettre les menottes	ใส่กุญแจมือ	sài gun-jae meu
évasion (f)	การแหกคุก	gaan hàek khúk
s'évader (vp)	แหก	hàek
disparaître (vi)	หายตัวไป	hăai dtua bpai
libérer (vt)	ถูกปล่อยตัว	thòok bplòi dtua
amnistie (f)	การนิรโทษกรรม	gaan ní-rá-thôht gam
police (f)	ตำรวจ	dtam-rùat
policier (m)	เจ้าหน้าที่ตำรวจ	jâo nâa-thêe dtam-rùat
commissariat (m) de police	สถานีตำรวจ	sà-thăa-nee dtam-rùat
matraque (f)	กระบองตำรวจ	grà-bong dtam-rùat
haut parleur (m)	โทรโข่ง	toh-ra -khòhng
voiture (f) de patrouille	รถลาดตระเวน	rót lâat dtrà-wayn
sirène (f)	หวอ	wŏr
enclencher la sirène	เปิดหวอ	bpèrt wŏr
hurlement (m) de la sirène	เสียงหวอ	sĭang wŏr
lieu (m) du crime	ที่เกิดเหตุ	thêe gèrt hàyt
témoin (m)	พยาน	phá-yaan

liberté (f)	อิสระ	ìt-sà-rà
complice (m)	ผู้รวมกระทำผิด	phôo rûam grà-tham phìt
s'enfuir (vp)	หนี	něe
trace (f)	รองรอย	rông roi

194. La police. La justice. Partie 2

recherche (f)	การสืบสวน	gaan sèup sǔan
rechercher (vt)	หาตัว	hǎa dtua
suspicion (f)	ความสงสัย	khwaam sǒng-sǎi
suspect (adj)	น่าสงสัย	nâa sǒng-sǎi
arrêter (dans la rue)	เรียกให้หยุด	rîak hâi yùt
détenir (vt)	กักตัว	gàk dtua

affaire (f) (~ pénale)	คดี	khá-dee
enquête (f)	การสืบสวน	gaan sèup sǔan
détective (m)	นักสืบ	nák sèup
enquêteur (m)	นักสอบสวน	nák sòrp sǔan
hypothèse (f)	สันนิษฐาน	sǎn-nít-thǎan

motif (m)	เหตุจูงใจ	hàyt joong jai
interrogatoire (m)	การสอบปากคำ	gaan sòp bpàak kham
interroger (vt)	สอบสวน	sòrp sǔan
interroger (~ les voisins)	ไถ่ถาม	thài thǎam
inspection (f)	การตรวจสอบ	gaan dtrùat sòp

rafle (f)	การรวบตัว	gaan rûap dtua
perquisition (f)	การตรวจค้น	gaan dtrùat khón
poursuite (f)	การุไล่ลา	gaan lâi lâa
poursuivre (vt)	ไล่ลา	lâi lâa
dépister (vt)	สืบ	sèup

arrestation (f)	การจับกุม	gaan jàp gum
arrêter (vt)	จับกุม	jàp gum
attraper (~ un criminel)	จับ	jàp
capture (f)	การจับ	gaan jàp

document (m)	เอกสาร	àyk sǎan
preuve (f)	หลักฐาน	làk thǎan
prouver (vt)	พิสูจน์	phí-sòot
empreinte (f) de pied	รอยเท้า	roi tháo
empreintes (f pl) digitales	รอยนิ้วมือ	roi níw meu
élément (m) de preuve	หลักฐาน	làk thǎan

alibi (m)	ข้อแก้ตัว	khôr gâe dtua
innocent (non coupable)	พ้นผิด	phón phìt
injustice (f)	ความอยุติธรรม	khwaam a-yút-dtì-tam
injuste (adj)	ไม่เป็นธรรม	mâi bpen-tham

criminel (adj)	อาชญากร	àat-yaa-gon
confisquer (vt)	ยึด	yéut
drogue (f)	ยาเสพติด	yaa sàyp dtìt
arme (f)	อาวุธ	aa-wút
désarmer (vt)	ปลดอาวุธ	bplòt aa-wút

ordonner (vt)	ออกคำสั่ง	òrk kham sàng
disparaître (vi)	หายตัวไป	hăai dtua bpai
loi (f)	กฎหมาย	gòt măai
légal (adj)	ตามกฎหมาย	dtaam gòt măai
illégal (adj)	ผิดกฎหมาย	phìt gòt măai
responsabilité (f)	ความรับผิดชอบ	khwaam ráp phìt chôp
responsable (adj)	รับผิดชอบ	ráp phìt chôp

LA NATURE

La Terre. Partie 1

195. L'espace cosmique

cosmos (m)	อวกาศ	a-wá-gàat
cosmique (adj)	ทางอวกาศ	thang a-wá-gàat
espace (m) cosmique	อวกาศ	a-wá-gàat
monde (m)	โลก	lôhk
univers (m)	จักรวาล	jàk-grà-waan
galaxie (f)	ดาราจักร	daa-raa jàk
étoile (f)	ดาว	daao
constellation (f)	กลุ่มดาว	glùm daao
planète (f)	ดาวเคราะห์	daao khrór
satellite (m)	ดาวเทียม	daao thiam
météorite (m)	ดาวตก	daao dtòk
comète (f)	ดาวหาง	daao hǎang
astéroïde (m)	ดาวเคราะห์น้อย	daao khrór nói
orbite (f)	วงโคจร	wong khoh-jon
tourner (vi)	เวียน	wian
atmosphère (f)	บรรยากาศ	ban-yaa-gàat
Soleil (m)	ดวงอาทิตย์	duang aa-thít
système (m) solaire	ระบบสุริยะ	rá-bòp sù-rí-yá
éclipse (f) de soleil	สุริยุปราคา	sù-rí-yú-bpà-raa-kaa
Terre (f)	โลก	lôhk
Lune (f)	ดวงจันทร์	duang jan
Mars (m)	ดาวอังคาร	daao ang-khaan
Vénus (f)	ดาวศุกร์	daao sùk
Jupiter (m)	ดาวพฤหัส	daao phá-réu-hàt
Saturne (m)	ดาวเสาร์	daao sǎo
Mercure (m)	ดาวพุธ	daao phút
Uranus (m)	ดาวยูเรนัส	daao-yoo-ray-nát
Neptune	ดาวเนปจูน	daao-nâyp-joon
Pluton (m)	ดาวพลูโต	daao phloo-dtoh
la Voie Lactée	ทางช้างเผือก	thaang cháang phèuak
la Grande Ours	กลุ่มดาวหมีใหญ่	glùm daao měe yài
la Polaire	ดาวเหนือ	daao něua
martien (m)	ชาวดาวอังคาร	chaao daao ang-khaan
extraterrestre (m)	มนุษย์ต่างดาว	má-nút dtàang daao

alien (m)	มนุษย์ต่างดาว	má-nút dtàang daao
soucoupe (f) volante	จานบิน	jaan bin
vaisseau (m) spatial	ยานอวกาศ	yaan a-wá-gàat
station (f) orbitale	สถานีอวกาศ	sà-thǎa-nee a-wá-gàat
lancement (m)	การปล่อยจรวด	gaan bplòi jà-rùat
moteur (m)	เครื่องยนต์	khrêuang yon
tuyère (f)	ท่อไอพ่น	thôr ai phôn
carburant (m)	เชื้อเพลิง	chéua phlerng
cabine (f)	ที่นั่งคนขับ	thêe nâng khon khàp
antenne (f)	เสาอากาศ	sǎo aa-gàat
hublot (m)	ช่อง	chôrng
batterie (f) solaire	อุปกรณ์พลังงานแสงอาทิตย์	ù-bpà-gon phá-lang ngaan sǎeng aa-thít
scaphandre (m)	ชุดอวกาศ	chút a-wá-gàat
apesanteur (f)	สภาพไร้น้ำหนัก	sà-phâap rái nám nàk
oxygène (m)	อ็อกซิเจน	ók sí jayn
arrimage (m)	การเทียบท่า	gaan thîap thâa
s'arrimer à ...	เทียบทา	thîap thâa
observatoire (m)	หอดูดาว	hǒr doo daao
télescope (m)	กล้องโทรทรรศน์	glôrng thoh-rá-thát
observer (vt)	เฝ้าสังเกต	fâo sǎng-gàyt
explorer (un cosmos)	สำรวจ	sǎm-rùat

196. La Terre

Terre (f)	โลก	lôhk
globe (m) terrestre	ลูกโลก	lôok lôhk
planète (f)	ดาวเคราะห์	daao khrór
atmosphère (f)	บรรยากาศ	ban-yaa-gàat
géographie (f)	ภูมิศาสตร์	phoo-mí-sàat
nature (f)	ธรรมชาติ	tham-má-châat
globe (m) de table	ลูกโลก	lôok lôhk
carte (f)	แผนที่	phǎen thêe
atlas (m)	หนังสือแผนที่โลก	nǎng-sěu phǎen thêe lôhk
Europe (f)	ยุโรป	yú-ròhp
Asie (f)	เอเชีย	ay-chia
Afrique (f)	แอฟริกา	àef-rí-gaa
Australie (f)	ออสเตรเลีย	òrt-dtray-lia
Amérique (f)	อเมริกา	a-may-rí-gaa
Amérique (f) du Nord	อเมริกาเหนือ	a-may-rí-gaa něua
Amérique (f) du Sud	อเมริกาใต้	a-may-rí-gaa dtâi
l'Antarctique (m)	แอนตาร์กติกา	aen-dtàak-dtì-gaa
l'Arctique (m)	อาร์กติค	àak-dtìk

197. Les quatre parties du monde

nord (m)	เหนือ	nĕua
vers le nord	ทิศเหนือ	thít nĕua
au nord	ที่ภาคเหนือ	thêe phâak nĕua
du nord (adj)	ทางเหนือ	thaang nĕua

sud (m)	ใต้	dtâi
vers le sud	ทิศใต้	thít dtâi
au sud	ที่ภาคใต้	thêe phâak dtâi
du sud (adj)	ทางใต้	thaang dtâi

ouest (m)	ตะวันตก	dtà-wan dtòk
vers l'occident	ทิศตะวันตก	thít dtà-wan dtòk
à l'occident	ที่ภาคตะวันตก	thêe phâak dtà-wan dtòk
occidental (adj)	ทางตะวันตก	thaang dtà-wan dtòk

est (m)	ตะวันออก	dtà-wan òrk
vers l'orient	ทิศตะวันออก	thít dtà-wan òrk
à l'orient	ที่ภาคตะวันออก	thêe phâak dtà-wan òrk
oriental (adj)	ทางตะวันออก	thaang dtà-wan òrk

198. Les océans et les mers

mer (f)	ทะเล	thá-lay
océan (m)	มหาสมุทร	má-hăa sà-mùt
golfe (m)	อ่าว	àao
détroit (m)	ช่องแคบ	chôrng khâep

| terre (f) ferme | พื้นดิน | phéun din |
| continent (m) | ทวีป | thá-wêep |

île (f)	เกาะ	gòr
presqu'île (f)	คาบสมุทร	khâap sà-mùt
archipel (m)	หมู่เกาะ	mòo gòr

baie (f)	อ่าว	àao
port (m)	ท่าเรือ	thâa reua
lagune (f)	ลากูน	laa-goon
cap (m)	แหลม	lăem

atoll (m)	อะทอลล์	à-thorn
récif (m)	แนวปะการัง	naew bpà-gaa-rang
corail (m)	ปะการัง	bpà gaa-rang
récif (m) de corail	แนวปะการัง	naew bpà-gaa-rang

profond (adj)	ลึก	léuk
profondeur (f)	ความลึก	khwaam léuk
abîme (m)	หุบเหวลึก	hùp wăy léuk
fosse (f) océanique	ร่องลึกก้นสมุทร	rông léuk gôn sà-mùt

| courant (m) | กระแสน้ำ | grà-săe náam |
| baigner (vt) (mer) | ล้อมรอบ | lórm rôrp |

| littoral (m) | ชายฝั่ง | chaai fàng |
| côte (f) | ชายฝั่ง | chaai fàng |

marée (f) haute	น้ำขึ้น	náam khêun
marée (f) basse	น้ำลง	náam long
banc (m) de sable	หาดตื้น	hàat dtêun
fond (m)	กนทะเล	gôn thá-lay

vague (f)	คลื่น	khlêun
crête (f) de la vague	มวนคลื่น	múan khlêun
mousse (f)	ฟองคลื่น	forng khlêun

tempête (f) en mer	พายุ	phaa-yú
ouragan (m)	พายุเฮอร์ริเคน	phaa-yú her-rí-khayn
tsunami (m)	คลื่นยักษ์	khlêun yák
calme (m)	ภาวะไร้ลมพัด	phaa-wá rái lom phát
calme (tranquille)	สงบ	sà-ngòp

| pôle (m) | ขั้วโลก | khûa lôhk |
| polaire (adj) | ขั้วโลก | khûa lôhk |

latitude (f)	เส้นรุ้ง	sên rúng
longitude (f)	เส้นแวง	sên waeng
parallèle (f)	เส้นขนาน	sên khà-nǎan
équateur (m)	เสนศูนย์สูตร	sên sǒon sòot

ciel (m)	ท้องฟ้า	thórng fáa
horizon (m)	ขอบฟ้า	khòrp fáa
air (m)	อากาศ	aa-gàat

phare (m)	ประภาคาร	bprà-phaa-khaan
plonger (vi)	ดำ	dam
sombrer (vi)	จม	jom
trésor (m)	สมบัติ	sǒm-bàt

199. Les noms des mers et des océans

océan (m) Atlantique	มหาสมุทรแอตแลนติก	má-hǎa sà-mùt àet-laen-dtìk
océan (m) Indien	มหาสมุทรอินเดีย	má-hǎa sà-mùt in-dia
océan (m) Pacifique	มหาสมุทรแปซิฟิก	má-hǎa sà-mùt bpae-sí-fík
océan (m) Glacial	มหาสมุทรอาร์คติก	má-hǎa sà-mùt aa-ká-dtìk

mer (f) Noire	ทะเลดำ	thá-lay dam
mer (f) Rouge	ทะเลแดง	thá-lay daeng
mer (f) Jaune	ทะเลเหลือง	thá-lay lěuang
mer (f) Blanche	ทะเลขาว	thá-lay khǎao

mer (f) Caspienne	ทะเลแคสเปียน	thá-lay khâet-bpian
mer (f) Morte	ทะเลเดดซี	thá-lay dàyt-see
mer (f) Méditerranée	ทะเลเมดิเตอร์เรเนียน	thá-lay may-dì-dtêr-ray-nian

mer (f) Égée	ทะเลเอเจี้ยน	thá-lay ay-jîan
mer (f) Adriatique	ทะเลเอเดรียติก	thá-lay ay-day-ree-yá-dtìk
mer (f) Arabique	ทะเลอาหรับ	thá-lay aa-ràp

mer (f) du Japon	ทะเลญี่ปุ่น	thá-lay yêe-bpùn
mer (f) de Béring	ทะเลเบริง	thá-lay bae-rîng
mer (f) de Chine Méridionale	ทะเลจีนใต้	thá-lay jeen-dtâi
mer (f) de Corail	ทะเลคอรัล	thá-lay khor-ran
mer (f) de Tasman	ทะเลแทสมัน	thá-lay thâet man
mer (f) Caraïbe	ทะเลแคริบเบียน	thá-lay khae-ríp-bian
mer (f) de Barents	ทะเลบาเรนท์	thá-lay baa-rayn
mer (f) de Kara	ทะเลคารา	thá-lay khaa-raa
mer (f) du Nord	ทะเลเหนือ	thá-lay nĕua
mer (f) Baltique	ทะเลบอลติก	thá-lay bon-dtìk
mer (f) de Norvège	ทะเลนอรเวย์	thá-lay nor-rá-way

200. Les montagnes

montagne (f)	ภูเขา	phoo khăo
chaîne (f) de montagnes	ทิวเขา	thiw khăo
crête (f)	สันเขา	săn khăo
sommet (m)	ยอดเขา	yôrt khăo
pic (m)	ยอด	yôrt
pied (m)	ตีนเขา	dteun khăo
pente (f)	ไหลเขา	lài khăo
volcan (m)	ภูเขาไฟ	phoo khăo fai
volcan (m) actif	ภูเขาไฟมีพลัง	phoo khăo fai mee phá-lang
volcan (m) éteint	ภูเขาไฟที่ดับแล้ว	phoo khăo fai thêe dàp láew
éruption (f)	ภูเขาไฟระเบิด	phoo khăo fai rá-bèrt
cratère (m)	ปล่องภูเขาไฟ	bplòng phoo khăo fai
magma (m)	หินหนืด	hĭn nèut
lave (f)	ลาวา	laa-waa
en fusion (lave ~)	หลอมเหลว	lŏrm lĕo
canyon (m)	หุบเขาลึก	hùp khăo léuk
défilé (m) (gorge)	ช่องเขา	chôrng khăo
crevasse (f)	รอยแตกภูเขา	roi dtàek phoo khăo
précipice (m)	หุบเหวลึก	hùp wăy léuk
col (m) de montagne	ทางผ่าน	thaang phàan
plateau (m)	ที่ราบสูง	thêe râap sŏong
rocher (m)	หน้าผา	nâa phăa
colline (f)	เนินเขา	nern khăo
glacier (m)	ธารน้ำแข็ง	thaan náam khăeng
chute (f) d'eau	น้ำตก	nám dtòk
geyser (m)	น้ำพุร้อน	nám phú rórn
lac (m)	ทะเลสาบ	thá-lay sàap
plaine (f)	ที่ราบ	thêe râap
paysage (m)	ภูมิทัศน์	phoom thát
écho (m)	เสียงสะท้อน	sĭang sà-thón

alpiniste (m)	นักปีนเขา	nák bpeen khǎo
varappeur (m)	นักไต่เขา	nák dtài khǎo
conquérir (vt)	ไต่เขาถึงยอด	dtài khǎo thěung yôt
ascension (f)	การปีนเขา	gaan bpeen khǎo

201. Les noms des chaînes de montagne

Alpes (f pl)	เทือกเขาแอลป์	thêuak-khǎo-aen
Mont Blanc (m)	ยอดเขามงบล็อง	yôt khǎo mong-bà-lǒng
Pyrénées (f pl)	เทือกเขาไพรีนีส	thêuak khǎo pai-ree-nêet
Carpates (f pl)	เทือกเขาคาร์เพเทียน	thêuak khǎo khaa-phay-thian
Monts Oural (m pl)	เทือกเขายูรัล	thêuak khǎo yoo-ran
Caucase (m)	เทือกเขาคอเคซัส	thêuak khǎo khor-khay-sát
Elbrous (m)	ยอดเขาเอลบรุส	yôt khǎo ayn-brùt
Altaï (m)	เทือกเขาอัลไต	thêuak khǎo an-dtai
Tian Chan (m)	เทือกเขาเทียนชาน	thêuak khǎo thian-chaan
Pamir (m)	เทือกเขาพาเมียร์	thêuak khǎo paa-mia
Himalaya (m)	เทือกเขาหิมาลัย	thêuak khǎo hì-maa-lai
Everest (m)	ยอดเขาเอเวอเรสต์	yôt khǎo ay-wer-râyt
Andes (f pl)	เทือกเขาแอนดีส	thêuak-khǎo-aen-dèet
Kilimandjaro (m)	ยอดเขาคิลิมันจาโร	yôt khǎo khí-lí-man-jaa-roh

202. Les fleuves

rivière (f), fleuve (m)	แม่น้ำ	mâe náam
source (f)	แหลงน้ำแร่	làeng náam râe
lit (m) (d'une rivière)	เสนทางแม่น้ำ	sên thaang mâe náam
bassin (m)	ลุมน้ำ	lûm náam
se jeter dans …	ไหลไปสู่…	lǎi bpai sòo…
affluent (m)	สาขา	sǎa-khǎa
rive (f)	ฝั่งแม่น้ำ	fàng mâe náam
courant (m)	กระแสน้ำ	grà-sǎe náam
en aval	ตามกระแสน้ำ	dtaam grà-sǎe náam
en amont	ทวนน้ำ	thuan náam
inondation (f)	น้ำท่วม	nám thûam
les grandes crues	น้ำท่วม	nám thûam
déborder (vt)	เอ่อล้น	èr lón
inonder (vt)	ท่วม	thûam
bas-fond (m)	บริเวณน้ำตื้น	bor-rí-wayn nám dtêun
rapide (m)	กระแสน้ำเชี่ยว	grà-sǎe nám-chîeow
barrage (m)	เขื่อน	khèuan
canal (m)	คลอง	khlorng
lac (m) de barrage	ที่เก็บกักน้ำ	thêe gèp gàk náam
écluse (f)	ประตูระบายน้ำ	bprà-dtoo rá-baai náam

plan (m) d'eau	พื้นน้ำ	phéun náam
marais (m)	บึง	beung
fondrière (f)	ห้วย	hûay
tourbillon (m)	น้ำวน	nám won
ruisseau (m)	ลำธาร	lam thaan
potable (adj)	น้ำดื่มได้	nám dèum dâai
douce (l'eau ~)	น้ำจืด	nám jèut
glace (f)	น้ำแข็ง	nám khǎeng
être gelé	แชแข็ง	châe khǎeng

203. Les noms des fleuves

Seine (f)	แม่น้ำเซน	mâe náam sayn
Loire (f)	แม่น้ำลัวร์	mâe-náam lua
Tamise (f)	แม่น้ำเทมส์	mâe-náam them
Rhin (m)	แม่น้ำไรน์	mâe-náam rai
Danube (m)	แม่น้ำดานูบ	mâe-náam daa-nôop
Volga (f)	แม่น้ำวอลกา	mâe-náam won-gaa
Don (m)	แม่น้ำดอน	mâe-náam don
Lena (f)	แม่น้ำลีนา	mâe-náam lee-naa
Huang He (m)	แม่น้ำหวง	mâe-náam hǔang
Yangzi Jiang (m)	แม่น้ำแยงซี	mâe-náam yaeng-see
Mékong (m)	แม่น้ำโขง	mâe-náam khǒhng
Gange (m)	แม่น้ำคงคา	mâe-náam khong-khaa
Nil (m)	แม่น้ำไนล์	mâe-náam nai
Congo (m)	แม่น้ำคองโก	mâe-náam khong-goh
Okavango (m)	แม่น้ำโอคาวังโก	mâe-náam oh-khaa wang goh
Zambèze (m)	แม่น้ำแซมบีซี	mâe-náam saem bee see
Limpopo (m)	แม่น้ำลิมโปโป	mâe-náam lim-bpoh-bpoh
Mississippi (m)	แม่น้ำมิสซิสซิปปี	mâe-náam mít-sít-síp-bpee

204. La forêt

forêt (f)	ป่าไม้	bpàa máai
forestier (adj)	ป่า	bpàa
fourré (m)	ป่าทึบ	bpàa théup
bosquet (m)	ป่าละเมาะ	bpàa lá-mór
clairière (f)	ทุ่งโล่ง	thûng lôhng
broussailles (f pl)	ป่าละเมาะ	bpàa lá-mór
taillis (m)	ป่าละเมาะ	bpàa lá-mór
sentier (m)	ทางเดิน	thaang dern
ravin (m)	ร่องธาร	rông thaan

arbre (m)	ต้นไม้	dtôn máai
feuille (f)	ใบไม้	bai máai
feuillage (m)	ใบไม้	bai máai

chute (f) de feuilles	ใบไม้ร่วง	bai máai rûang
tomber (feuilles)	ร่วง	rûang
sommet (m)	ยอด	yôrt

rameau (m)	กิ่ง	gìng
branche (f)	กานไม้	gâan mái
bourgeon (m)	ยอดอ่อน	yôrt òrn
aiguille (f)	เข็ม	khěm
pomme (f) de pin	ลูกสน	lôok sǒn

creux (m)	โพรงไม้	phrohng máai
nid (m)	รัง	rang
terrier (m) (~ d'un renard)	โพรง	phrohng

tronc (m)	ลำต้น	lam dtôn
racine (f)	ราก	râak
écorce (f)	เปลือกไม้	bplèuak máai
mousse (f)	มอส	môt

déraciner (vt)	ถอนราก	thǒrn râak
abattre (un arbre)	โค่น	khôhn
déboiser (vt)	ตัดไม้ทำลายป่า	dtàt mái tham laai bpàa
souche (f)	ตอไม้	dtor máai

feu (m) de bois	กองไฟ	gorng fai
incendie (m)	ไฟป่า	fai bpàa
éteindre (feu)	ดับไฟ	dàp fai

garde (m) forestier	เจ้าหน้าที่ดูแลป่า	jâo nâa-thêe doo lae bpàa
protection (f)	การปกป้อง	gaan bpòk bpôrng
protéger (vt)	ปกป้อง	bpòk bpôrng
braconnier (m)	นักลอบล่าสัตว์	nák lôrp lâa sàt
piège (m) à mâchoires	กับดักเหล็ก	gàp dàk lèk

| cueillir (vt) | เก็บ | gèp |
| s'égarer (vp) | หลงทาง | lǒng thaang |

205. Les ressources naturelles

ressources (f pl) naturelles	ทรัพยากรธรรมชาติ	sáp-pá-yaa-gon tham-má-châat
minéraux (m pl)	แร่	râe
gisement (m)	ตะกอน	dtà-gorn
champ (m) (~ pétrolifère)	บอ	bòr

extraire (vt)	ขุดแร่	khùt râe
extraction (f)	การขุดแร่	gaan khùt râe
minerai (m)	แร่	râe
mine (f) (site)	เหมืองแร่	měuang râe
puits (m) de mine	ช่องเหมือง	chôrng měuang

mineur (m)	คนงานเหมือง	khon ngaan mĕuang
gaz (m)	แก๊ส	gáet
gazoduc (m)	ท่อแก๊ส	thôr gáet
pétrole (m)	น้ำมัน	nám man
pipeline (m)	ท่อน้ำมัน	thôr náam man
tour (f) de forage	บ่อน้ำมัน	bòr náam man
derrick (m)	ปั้นจั่นขนาดใหญ่	bpân jàn khà-nàat yài
pétrolier (m)	เรือบรรทุกน้ำมัน	reua ban-thúk nám man
sable (m)	ทราย	saai
calcaire (m)	หินปูน	hĭn bpoon
gravier (m)	กรวด	grùat
tourbe (f)	พีต	phêet
argile (f)	ดินเหนียว	din nĭeow
charbon (m)	ถ่านหิน	thàan hĭn
fer (m)	เหล็ก	lèk
or (m)	ทอง	thorng
argent (m)	เงิน	ngern
nickel (m)	นิเกิล	ní-gêrn
cuivre (m)	ทองแดง	thorng daeng
zinc (m)	สังกะสี	săng-gà-sĕe
manganèse (m)	แมงกานีส	maeng-gaa-nêet
mercure (m)	ปรอท	bpa -ròrt
plomb (m)	ตะกั่ว	dtà-gùa
minéral (m)	แร่	râe
cristal (m)	ผลึก	phà-lèuk
marbre (m)	หินออน	hĭn òrn
uranium (m)	ยูเรเนียม	yoo-ray-niam

La Terre. Partie 2

206. Le temps

temps (m)	สภาพอากาศ	sà-phâap aa-gàat
météo (f)	พยากรณ์	phá-yaa-gon
	สภาพอากาศ	sà-phâap aa-gàat
température (f)	อุณหภูมิ	un-hà-phoom
thermomètre (m)	ปรอทวัดอุณหภูมิ	bpà-ròrt wát un-hà-phoom
baromètre (m)	เครื่องวัดความดัน	khrêuang wát khwaam dan
	บรรยากาศ	ban-yaa-gàat
humide (adj)	ชื้น	chéun
humidité (f)	ความชื้น	khwaam chéun
chaleur (f) (canicule)	ความร้อน	khwaam rórn
torride (adj)	ร้อน	rórn
il fait très chaud	มันร้อน	man rórn
il fait chaud	มันอุ่น	man ùn
chaud (modérément)	อุ่น	ùn
il fait froid	อากาศเย็น	aa-gàat yen
froid (adj)	เย็น	yen
soleil (m)	ดวงอาทิตย์	duang aa-thít
briller (soleil)	สองแสง	sòrng sǎeng
ensoleillé (jour ~)	มีแสงแดด	mee sǎeng dàet
se lever (vp)	ขึ้น	khêun
se coucher (vp)	ตก	dtòk
nuage (m)	เมฆ	mâyk
nuageux (adj)	มีเมฆมาก	mee mâyk mâak
nuée (f)	เมฆฝน	mâyk fǒn
sombre (adj)	มืดครึ้ม	mêut khréum
pluie (f)	ฝน	fǒn
il pleut	ฝนตก	fǒn dtòk
pluvieux (adj)	ฝนตก	fǒn dtòk
bruiner (v imp)	ฝนปรอย	fòn bproi
pluie (f) torrentielle	ฝนตกหนัก	fǒn dtòk nàk
averse (f)	ฝนหาใหญ่	fǒn hàa yài
forte (la pluie ~)	หนัก	nàk
flaque (f)	หลมน้ำ	lòm nám
se faire mouiller	เปียก	bpìak
brouillard (m)	หมอก	mòrk
brumeux (adj)	หมอกจัด	mòrk jàt
neige (f)	หิมะ	hì-má
il neige	หิมะตก	hì-má dtòk

207. Les intempéries. Les catastrophes naturelles

orage (m)	พายุฟ้าคะนอง	phaa-yú fáa khá-nong
éclair (m)	ฟ้าผา	fáa phàa
éclater (foudre)	แลบ	lâep
tonnerre (m)	ฟ้าคะนอง	fáa khá-norng
gronder (tonnerre)	มีฟ้าคะนอง	mee fáa khá-norng
le tonnerre gronde	มีฟ้าร้อง	mee fáa rórng
grêle (f)	ลูกเห็บ	lôok hèp
il grêle	มีลูกเห็บตก	mee lôok hèp dtòk
inonder (vt)	ท่วม	thûam
inondation (f)	น้ำท่วม	nám thûam
tremblement (m) de terre	แผ่นดินไหว	phàen din wăi
secousse (f)	ไหว	wăi
épicentre (m)	จุดเหนือศูนย์แผ่นดินไหว	jùt něua sŏon phàen din wăi
éruption (f)	ภูเขาไฟระเบิด	phoo khăo fai rá-bèrt
lave (f)	ลาวา	laa-waa
tourbillon (m)	พายุหมุน	phaa-yú mŭn
tornade (f)	พายุทอร์เนโด	phaa-yú thor-nay-doh
typhon (m)	พายุไต้ฝุ่น	phaa-yú dtâi fùn
ouragan (m)	พายุเฮอร์ริเคน	phaa-yú her-rí-khayn
tempête (f)	พายุ	phaa-yú
tsunami (m)	คลื่นสึนามิ	khlêun sèu-naa-mí
cyclone (m)	พายุไซโคลน	phaa-yú sai-khlohn
intempéries (f pl)	อากาศไม่ดี	aa-gàat mâi dee
incendie (m)	ไฟไหม้	fai mâi
catastrophe (f)	ความหายนะ	khwaam hăa-yá-ná
météorite (m)	อุกกาบาต	ùk-gaa-bàat
avalanche (f)	หิมะถล่ม	hì-má thà-lòm
éboulement (m)	หิมะถลม	hì-má thà-lòm
blizzard (m)	พายุหิมะ	phaa-yú hì-má
tempête (f) de neige	พายุหิมะ	phaa-yú hì-má

208. Les bruits. Les sons

silence (m)	ความเงียบ	khwaam ngîap
son (m)	เสียง	sĭang
bruit (m)	เสียงรบกวน	sĭang róp guan
faire du bruit	ทำเสียง	tam sĭang
bruyant (adj)	หนวกหู	nùak hŏo
fort (adv)	เสียงดัง	sĭang dang
fort (voix ~e)	ดัง	dang
constant (bruit, etc.)	ต่อเนื่อง	dtòr nêuang

cri (m)	เสียงตะโกน	sĭang dtà-gohn
crier (vi)	ตะโกน	dtà-gohn
chuchotement (m)	เสียงกระซิบ	sĭang grà síp
chuchoter (vi, vt)	กระซิบ	grà síp

aboiement (m)	เสียงเห่า	sĭang hào
aboyer (vi)	เหา	hào

gémissement (m)	เสียงคราง	sĭang khraang
gémir (vi)	คราง	khraang
toux (f)	เสียงไอ	sĭang ai
tousser (vi)	ไอ	ai

sifflement (m)	เสียงผิวปาก	sĭang phĭw bpàak
siffler (vi)	ผิวปาก	phĭw bpàak
coups (m pl) à la porte	เสียงเคาะ	sĭang khór
frapper (~ à la porte)	เคาะ	khór

craquer (vi)	เปรี๊ยะ	bpría
craquement (m)	เสียงเปรี๊ยะ	sĭang bpría

sirène (f)	เสียงสัญญาณเตือน	sĭang săn-yaan dteuan
sifflement (m) (de train)	เสียงนกหวีด	sĭang nók wèet
siffler (train, etc.)	เป่านกหวีด	bpào nók wèet
coup (m) de klaxon	เสียงแตร	sĭang dtrae
klaxonner (vi)	บีบแตร	bèep dtrae

209. L'hiver

hiver (m)	ฤดูหนาว	réu-doo năao
d'hiver (adj)	ฤดูหนาว	réu-doo năao
en hiver	ช่วงฤดูหนาว	chûang réu-doo năao

neige (f)	หิมะ	hì-má
il neige	มีหิมะตก	mee hì-má dtòk
chute (f) de neige	หิมะตก	hì-má dtòk
congère (f)	กองหิมะ	gong hì-má

flocon (m) de neige	เกล็ดหิมะ	glèt hì-má
boule (f) de neige	ก้อนหิมะ	gôn hì-má
bonhomme (m) de neige	ตุ๊กตาหิมะ	dtúk-gà-dtaa hì-má
glaçon (m)	แท่งน้ำแข็ง	thâeng nám khăeng

décembre (m)	ธันวาคม	than-waa khom
janvier (m)	มกราคม	mók-gà-raa khom
février (m)	กุมภาพันธ์	gum-phaa phan

gel (m)	ความหนาวๆ	kwaam năao năao
glacial (nuit ~)	หนาวจัด	năao jàt

au-dessous de zéro	ต่ำกว่าศูนย์องศา	dtàm gwàa sŏon ong-săa
premières gelées (f pl)	ลมหนาวแรก	lom năao râek
givre (m)	น้ำค้างแข็ง	náam kháang khăeng
froid (m)	ความหนาว	khwaam năao

il fait froid	อากาศหนาว	aa-gàat nǎao
manteau (m) de fourrure	เสื้อโคทขนสัตว์	sêua khóht khǒn sàt
moufles (f pl)	ถุงมือ	thǔng meu
tomber malade	เป็นหวัด	bpen wàt
refroidissement (m)	หวัด	wàt
prendre froid	เป็นหวัด	bpen wàt
glace (f)	น้ำแข็ง	nám khǎeng
verglas (m)	น้ำแข็งบาง บนพื้นถนน	nám khǎeng baang bon phéun thà-nǒn
être gelé	แช่แข็ง	châe khǎeng
bloc (m) de glace	แพน้ำแข็ง	phae nám khǎeng
skis (m pl)	สกี	sà-gee
skieur (m)	นักสกี	nák sà-gee
faire du ski	เล่นสกี	lên sà-gee
patiner (vi)	เลนสเก็ต	lên sà-gèt

La faune

210. Les mammifères. Les prédateurs

prédateur (m)	สัตว์กินเนื้อ	sàt gin néua
tigre (m)	เสือ	sĕua
lion (m)	สิงโต	sĭng dtoh
loup (m)	หมาป่า	măa bpàa
renard (m)	หมาจิ้งจอก	măa jĭng-jòk
jaguar (m)	เสือจากัวร์	sĕua jaa-gua
léopard (m)	เสือดาว	sĕua daao
guépard (m)	เสือชีตาห์	sĕua chee-dtaa
panthère (f)	เสือดำ	sĕua dam
puma (m)	สิงโตภูเขา	sĭng-dtoh phoo khăo
léopard (m) de neiges	เสือดาวหิมะ	sĕua daao hì-má
lynx (m)	แมวป่า	maew bpàa
coyote (m)	โคโยตี้	khoh-yoh-dtêe
chacal (m)	หมาจิ้งจอกทอง	măa jĭng-jòk thorng
hyène (f)	ไฮยีนา	hai-yee-naa

211. Les animaux sauvages

animal (m)	สัตว์	sàt
bête (f)	สัตว์	sàt
écureuil (m)	กระรอก	grà rôk
hérisson (m)	เม่น	mâyn
lièvre (m)	กระต่ายป่า	grà-dtàai bpàa
lapin (m)	กระต่าย	grà-dtàai
blaireau (m)	แบดเจอร์	baet-jer
raton (m)	แร็คคูน	ráek khoon
hamster (m)	หนูแฮมสเตอร์	nŏo haem-sà-dtêr
marmotte (f)	มารมอต	maa-môt
taupe (f)	ตุ่น	dtùn
souris (f)	หนู	nŏo
rat (m)	หนู	nŏo
chauve-souris (f)	ค้างคาว	kháang khaao
hermine (f)	เออร์มิน	er-min
zibeline (f)	เซเบิล	say bern
martre (f)	มารเทิน	maa thern
belette (f)	เพียงพอนสีน้ำตาล	phiang phon sĕe nám dtaan
vison (m)	เพียงพอน	phiang phorn

castor (m)	ปีเวอร์	bee-wer
loutre (f)	นาก	nâak
cheval (m)	ม้า	máa
élan (m)	กวางมูส	gwaang môot
cerf (m)	กวาง	gwaang
chameau (m)	อูฐ	òot
bison (m)	วัวป่า	wua bpàa
aurochs (m)	วัวป่าออรอช	wua bpàa or rôt
buffle (m)	ควาย	khwaai
zèbre (m)	ม้าลาย	máa laai
antilope (f)	แอนทีโลป	aen-thi-lòp
chevreuil (m)	กวางโรเดียร์	gwaang roh-dia
biche (f)	กวางแฟลโลว์	gwaang flae-loh
chamois (m)	เลียงผา	liang-phǎa
sanglier (m)	หมูป่า	mǒo bpàa
baleine (f)	วาฬ	waan
phoque (m)	แมวน้ำ	maew náam
morse (m)	ช้างน้ำ	cháang náam
ours (m) de mer	แมวน้ำมีขน	maew náam mee khǒn
dauphin (m)	โลมา	loh-maa
ours (m)	หมี	mǐe
ours (m) blanc	หมีขั้วโลก	mǐe khûa lôhk
panda (m)	หมีแพนดา	mǐe phaen-dâa
singe (m)	ลิง	ling
chimpanzé (m)	ลิงชิมแปนซี	ling chim-bpaen-see
orang-outang (m)	ลิงอุรังอุตัง	ling u-rang-u-dtang
gorille (m)	ลิงกอริลลา	ling gor-rin-lâa
macaque (m)	ลิงแม็กแคก	ling mâk-khâk
gibbon (m)	ชะนี	chá-nee
éléphant (m)	ช้าง	cháang
rhinocéros (m)	แรด	râet
girafe (f)	ยีราฟ	yee-râaf
hippopotame (m)	ฮิปโปโปเตมัส	híp-bpoh-bpoh-dtay-mát
kangourou (m)	จิงโจ้	jing-jôh
koala (m)	หมีโคอาล่า	mǐe khoh aa lâa
mangouste (f)	พังพอน	phang phon
chinchilla (m)	คินคิลลา	khin-khin laa
mouffette (f)	สกั๊งก์	sà-gang
porc-épic (m)	เม่น	mâyn

212. Les animaux domestiques

chat (m) (femelle)	แมวตัวเมีย	maew dtua mia
chat (m) (mâle)	แมวตัวผู้	maew dtua phôo
chien (m)	สุนัข	sù-nák

cheval (m)	ม้า	máa
étalon (m)	ม้าตัวผู้	máa dtua phôo
jument (f)	ม้าตัวเมีย	máa dtua mia
vache (f)	วัว	wua
taureau (m)	กระทิง	grà-thing
bœuf (m)	วัว	wua
brebis (f)	แกะตัวเมีย	gàe dtua mia
mouton (m)	แกะตัวผู้	gàe dtua phôo
chèvre (f)	แพะตัวเมีย	pháe dtua mia
bouc (m)	แพะตัวผู้	pháe dtua phôo
âne (m)	ลา	laa
mulet (m)	ลอ	lôr
cochon (m)	หมู	mŏo
pourceau (m)	ลูกหมู	lôok mŏo
lapin (m)	กระตาย	grà-dtàai
poule (f)	ไก่ตัวเมีย	gài dtua mia
coq (m)	ไก่ตัวผู้	gài dtua phôo
canard (m)	เป็ดตัวเมีย	bpèt dtua mia
canard (m) mâle	เป็ดตัวผู้	bpèt dtua phôo
oie (f)	หาน	hàan
dindon (m)	ไก่งวงตัวผู้	gài nguang dtua phôo
dinde (f)	ไก่งวงตัวเมีย	gài nguang dtua mia
animaux (m pl) domestiques	สัตว์เลี้ยง	sàt líang
apprivoisé (adj)	เลี้ยง	líang
apprivoiser (vt)	เชื่อง	chêuang
élever (vt)	ขยายพันธุ์	khà-yăai phan
ferme (f)	ฟาร์ม	faam
volaille (f)	สัตว์ปีก	sàt bpèek
bétail (m)	วัวควาย	wua khwaai
troupeau (m)	ฝูง	fŏong
écurie (f)	คอกม้า	khôrk máa
porcherie (f)	คอกหมู	khôrk mŏo
vacherie (f)	คอกวัว	khôrk wua
cabane (f) à lapins	คอกกระตาย	khôrk grà-dtàai
poulailler (m)	เลาไก่	láo gài

213. Le chien. Les races

chien (m)	สุนัข	sù-nák
berger (m)	สุนัขเลี้ยงแกะ	sù-nák líang gàe
berger (m) allemand	เยอรมันเชฟเฟิร์ด	yer-rá-man chayf-fêrt
caniche (f)	พูเดิ้ล	phoo dêrn
teckel (m)	ดัชชุน	dàt chun
bouledogue (m)	บูลด็อก	boon dòrk

boxer (m)	บ็อกเซอร์	bòk-sêr
mastiff (m)	มัสตีฟ	mát-dtèef
rottweiler (m)	ร็อตไวเลอร์	rót-wai-ler
doberman (m)	โดเบอรแมน	doh-ber-maen

basset (m)	บาสเซ็ต	bàat-sét
bobtail (m)	บ็อบเทล	bòp-thayn
dalmatien (m)	ดัลเมเชียน	dan-may-chian
cocker (m)	ค็อกเกอรสเปเนียล	khórk-gêr sà-bpay-nian

| terre-neuve (m) | นิวฟาวนด์ฮาวน์ดแลนด์ | niw-faao-dà-haao-dà-lǎen |
| saint-bernard (m) | เซนตเบอรนารด | sayn ber nâat |

husky (m)	ฮัสกี้	hát-gêe
chow-chow (m)	เชาเชา	chao chao
spitz (m)	สปิตซ	sà-bpìt
carlin (m)	ปัก	bpák

214. Les cris des animaux

aboiement (m)	เสียงเห่า	sìang hào
aboyer (vi)	เห่า	hào
miauler (vi)	ร้องเหมียว	rórng mǐeow
ronronner (vi)	ทำเสียงคราง	tham sìang khraang

meugler (vi)	ร้องมอๆ	rórng mor mor
beugler (taureau)	ส่งเสียงคำราม	sòng sǐang kham-raam
rugir (chien)	โฮก	hôhk

hurlement (m)	เสียงหอน	sǐang hǒn
hurler (loup)	หอน	hǒrn
geindre (vi)	ครางหงิงๆ	khraang ngǐng ngǐng

bêler (vi)	ร้องแบะๆ	rórng bàe bàe
grogner (cochon)	ร้องอูดๆ	rórng ùùt ùùt
glapir (cochon)	ร้องเสียงแหลม	rórng sǐang lǎem

coasser (vi)	ร้องอ๊บๆ	rórng ôp ôp
bourdonner (vi)	หึ่ง	hèung
striduler (vi)	ทำเสียงจ๊อกแจ๊ก	tham sǐang jòrk jáek

215. Les jeunes animaux

bébé (m) (~ lapin)	ลูกสัตว์	lôok sàt
chaton (m)	ลูกแมว	lôok maew
souriceau (m)	ลูกหนู	lôok nǒo
chiot (m)	ลูกหมา	lôok mǎa

levraut (m)	ลูกกระต่ายป่า	lôok grà-dtàai bpàa
lapereau (m)	ลูกกระต่าย	lôok grà-dtàai
louveteau (m)	ลูกหมาป่า	lôok mǎa bpàa
renardeau (m)	ลูกหมาจิ้งจอก	lôok mǎa jîng-jòk

ourson (m)	ลูกหมี	lôok mĕe
lionceau (m)	ลูกสิงโต	lôok sĭng dtoh
bébé (m) tigre	ลูกเสือ	lôok sĕua
éléphanteau (m)	ลูกช้าง	lôok cháang

pourceau (m)	ลูกหมู	lôok mŏo
veau (m)	ลูกวัว	lôok wua
chevreau (m)	ลูกแพะ	lôok pháe
agneau (m)	ลูกแกะ	lôok gàe
faon (m)	ลูกกวาง	lôok gwaang
bébé (m) chameau	ลูกอูฐ	lôok òot

| serpenteau (m) | ลูกงู | lôok ngoo |
| bébé (m) grenouille | ลูกกบ | lôok gòp |

oisillon (m)	ลูกนก	lôok nók
poussin (m)	ลูกไก่	lôok gài
canardeau (m)	ลูกเป็ด	lôok bpèt

216. Les oiseaux

oiseau (m)	นก	nók
pigeon (m)	นกพิราบ	nók phí-râap
moineau (m)	นกกระจิบ	nók grà-jìp
mésange (f)	นกติ๊ด	nók dtít
pie (f)	นกสาลิกา	nók săa-lí gaa

corbeau (m)	นกอีกา	nók ee-gaa
corneille (f)	นกกา	nók gaa
choucas (m)	นกจำพวกกา	nók jam phûak gaa
freux (m)	นกการูด	nók gaa róok

canard (m)	เป็ด	bpèt
oie (f)	ห่าน	hàan
faisan (m)	ไก่ฟ้า	gài fáa

aigle (m)	นกอินทรี	nók in-see
épervier (m)	นกเหยี่ยว	nók yìeow
faucon (m)	นกเหยี่ยว	nók yìeow
vautour (m)	นกแร้ง	nók ráeng
condor (m)	นกแร้งขนาดใหญ่	nók ráeng kà-nàat yài

cygne (m)	นกหงส์	nók hŏng
grue (f)	นกกระเรียน	nók grà rian
cigogne (f)	นกกระสา	nók grà-săa

perroquet (m)	นกแก้ว	nók gâew
colibri (m)	นกฮัมมิ่งเบิร์ด	nók ham-mîng-bèrt
paon (m)	นกยูง	nók yoong

autruche (f)	นกกระจอกเทศ	nók grà-jòrk-thâyt
héron (m)	นกยาง	nók yaang
flamant (m)	นกฟลามิงโก	nók flaa-ming-goh
pélican (m)	นกกระทุง	nók-grà-thung

| rossignol (m) | นกไนติงเกล | nók-nai-dting-gayn |
| hirondelle (f) | นกนางแอน | nók naang-àen |

merle (m)	นกเดินดง	nók dern dong
grive (f)	นกเดินดงร้องเพลง	nók dern dong rórng phlayng
merle (m) noir	นกเดินดงสีดำ	nók-dern-dong sĕe dam

martinet (m)	นกแอ่น	nók àen
alouette (f) des champs	นกลารค	nók lâak
caille (f)	นกคุม	nók khûm

pivert (m)	นกหัวขวาน	nók hŭa khwăan
coucou (m)	นกดุเหวา	nók dù hăy wâa
chouette (f)	นกฮูก	nók hôok
hibou (m)	นกเค้าใหญ่	nók kháo yài
tétras (m)	ไก่ป่า	gài bpàa
tétras-lyre (m)	ไก่ดำ	gài dam
perdrix (f)	นกกระทา	nók-grà-thaa

étourneau (m)	นกกิ้งโครง	nók-gîng-khrohng
canari (m)	นกขุมิ้น	nók khà-mîn
gélinotte (f) des bois	ไก่น้ำตาล	gài nám dtaan
pinson (m)	นกจาบ	nók-jàap
bouvreuil (m)	นกบูลฟินช์	nók boon-fin

mouette (f)	นกนางนวล	nók naang-nuan
albatros (m)	นกอัลบาทรอส	nók an-baa-thrôt
pingouin (m)	นกเพนกวิน	nók phayn-gwin

217. Les oiseaux. Le chant, les cris

chanter (vi)	ร้องเพลง	rórng phlayng
crier (vi)	ร้อง	rórng
chanter (le coq)	ร้องขัน	rórng khăn
cocorico (m)	เสียงขัน	sĭang khăn

glousser (vi)	ร้องกุ๊กๆ	rórng gúk gúk
croasser (vi)	ร้องเสียงกาๆ	rórng sĭang gaa gaa
cancaner (vi)	ร้องกาบๆ	rórng gâap gâap
piauler (vi)	ร้องเสียงจิ๊บ ๆ	rórng sĭang jíp jíp
pépier (vi)	ร้องจอกแจก	rórng jòk jáek

218. Les poissons. Les animaux marins

brème (f)	ปลาบรีม	bplaa bpreem
carpe (f)	ปลาคารุป	bplaa khâap
perche (f)	ปลาเพิรช	bplaa phêrt
silure (m)	ปลาดุก	bplaa-dùk
brochet (m)	ปลาไพค์	bplaa phai

| saumon (m) | ปลาแซลมอน | bplaa saen-morn |
| esturgeon (m) | ปลาสเตอรเจียน | bpláa sà-dtêr jian |

hareng (m)	ปลาเฮอร์ริง	bplaa her-ring
saumon (m) atlantique	ปลาแซลมอนแอตแลนติก	bplaa saen-mon àet-laen-dtìk
maquereau (m)	ปลาซาบะ	bplaa saa-bà
flet (m)	ปลาลิ้นหมา	bplaa lín-măa

sandre (f)	ปลาไพค์เพิร์ช	bplaa phái phert
morue (f)	ปลาค็อด	bplaa khót
thon (m)	ปลาทูน่า	bplaa thoo-nâa
truite (f)	ปลาเทราท์	bplaa thrau

anguille (f)	ปลาไหล	bplaa lăi
torpille (f)	ปลากระเบนไฟฟ้า	bplaa grà-bayn-fai-fáa
murène (f)	ปลาไหลมอเรย์	bplaa lăi mor-ray
piranha (m)	ปลาปิรันยา	bplaa bpì-ran-yâa

requin (m)	ปลาฉลาม	bplaa chà-lăam
dauphin (m)	โลมา	loh-maa
baleine (f)	วาฬ	waan

crabe (m)	ปู	bpoo
méduse (f)	แมงกะพรุน	maeng gà-phrun
pieuvre (f), poulpe (m)	ปลาหมึก	bplaa mèuk

étoile (f) de mer	ปลาดาว	bplaa daao
oursin (m)	หอยเม่น	hŏi mâyn
hippocampe (m)	ม้าน้ำ	máa nám

huître (f)	หอยนางรม	hŏi naang rom
crevette (f)	กุ้ง	gûng
homard (m)	กุ้งมังกร	gûng mang-gon
langoustine (f)	กุ้งมังกร	gûng mang-gon

219. Les amphibiens. Les reptiles

| serpent (m) | งู | ngoo |
| venimeux (adj) | พิษ | phít |

vipère (f)	งูแมวเซา	ngoo maew sao
cobra (m)	งูเห่า	ngoo hào
python (m)	งูเหลือม	ngoo lĕuam
boa (m)	งูโบอา	ngoo boh-aa

couleuvre (f)	งูเล็กที่ไม่เป็นอันตราย	ngoo lék thêe mâi bpen an-dtà-raai
serpent (m) à sonnettes	งูหางกระดิ่ง	ngoo hăang grà-dìng
anaconda (m)	งูอนาคอนดา	ngoo a -naa-khon-daa

lézard (m)	กิ้งก่า	gîng-gàa
iguane (m)	อีกัวน่า	ee gua naa
varan (m)	กิ้งกามอนิเตอร์	gîng-gàa mor-ní-dtêr
salamandre (f)	ซาลาแมนเดอร์	saa-laa-maen-dêr
caméléon (m)	กิ้งกาคามิเลียน	gîng-gàa khaa-mí-lian
scorpion (m)	แมงป่อง	maeng bpòrng
tortue (f)	เต่า	dtào

grenouille (f)	กบ	gòp
crapaud (m)	คางคก	khaang-kók
crocodile (m)	จระเข้	jor-rá-khây

220. Les insectes

insecte (m)	แมลง	má-laeng
papillon (m)	ผีเสื้อ	phǎe sêua
fourmi (f)	มด	mót
mouche (f)	แมลงวัน	má-laeng wan
moustique (m)	ยุง	yung
scarabée (m)	แมลงปีกแข็ง	má-laeng bpèek khǎeng

guêpe (f)	ตอ	dtòr
abeille (f)	ผึ้ง	phêung
bourdon (m)	ผึ้งบัมเบิลบี	phêung bam-bern bee
œstre (m)	เหลือบ	lèuap

| araignée (f) | แมงมุม | maeng mum |
| toile (f) d'araignée | ใยแมงมุม | yai maeng mum |

libellule (f)	แมลงปอ	má-laeng bpor
sauterelle (f)	ตั๊กแตน	dták-gà-dtaen
papillon (m)	ผีเสื้อกลางคืน	phǎe sêua glaang kheun

cafard (m)	แมลงสาบ	má-laeng sàap
tique (f)	เห็บ	hèp
puce (f)	หมัด	màt
moucheron (m)	ริ้น	rín

criquet (m)	ตั๊กแตน	dták-gà-dtaen
escargot (m)	หอยทาก	hǒi thâak
grillon (m)	จิ้งหรีด	jîng-rèet
luciole (f)	หิ่งห้อย	hìng-hôi
coccinelle (f)	แมลงเต่าทอง	má-laeng dtào thorng
hanneton (m)	แมงอีนูน	maeng ee noon

sangsue (f)	ปลิง	bpling
chenille (f)	บุ้ง	bûng
ver (m)	ไส้เดือน	sâi deuan
larve (f)	ตัวอ่อน	dtua òrn

221. Les parties du corps des animaux

bec (m)	จงอยปาก	ja-ngoi bpàak
ailes (f pl)	ปีก	bpèek
patte (f)	เท้า	tháo
plumage (m)	ขนนก	khǒn nók
plume (f)	ขนนก	khǒn nók
houppe (f)	ขนหัว	khǒn hǔa
ouïes (f pl)	เหงือก	ngèuak
œufs (m pl)	ไข่ปลา	khài-bplaa

larve (f)	ตัวอ่อน	dtua òrn
nageoire (f)	ครีบ	khrêep
écaille (f)	เกล็ด	glèt
croc (m)	เขี้ยว	khîeow
patte (f)	เท้า	tháo
museau (m)	จมูกและปาก	jà-mòok láe bpàak
gueule (f)	ปาก	bpàak
queue (f)	หาง	hăang
moustaches (f pl)	หนวด	nùat
sabot (m)	กีบ	gèep
corne (f)	เขา	khăo
carapace (f)	กระดอง	grà dorng
coquillage (m)	เปลือก	bplèuak
coquille (f) d'œuf	เปลือกไข่	bplèuak khài
poil (m)	ขน	khŏn
peau (f)	หนัง	năng

222. Les mouvements des animaux

voler (vi)	บิน	bin
faire des cercles	บินวน	bin-won
s'envoler (vp)	บินไป	bin bpai
battre des ailes	กระพือ	grà-pheu
picorer (vt)	จิก	jìk
couver (vt)	กกไข่	gòk khài
éclore (vt)	ฟักตัวออกจากไข่	fák dtua òrk jàak kài
faire un nid	สร้างรัง	sâang rang
ramper (vi)	เลื้อย	léuay
piquer (insecte)	ต่อย	dtòi
mordre (animal)	กัด	gàt
flairer (vt)	ดม	dom
aboyer (vi)	เห่า	hào
siffler (serpent)	ออกเสียงฟ่อ	òrk sĭang fôr
effrayer (vt)	ทำให้...กลัว	tham hâi...glua
attaquer (vt)	จู่โจม	jòo johm
ronger (vt)	ขบ	khòp
griffer (vt)	ขวน	khùan
se cacher (vp)	ซ่อน	sôrn
jouer (chatons, etc.)	เล่น	lên
chasser (vi, vt)	ล่า	lâa
être en hibernation	จำศีล	jam sĕen
disparaître (dinosaures)	สูญพันธุ์	sŏon phan

223. Les habitats des animaux

habitat (m) naturel	ที่อยู่อาศัย	thêe yòo aa-săi
migration (f)	การอพยพ	gaan òp-phá-yóp
montagne (f)	ภูเขา	phoo khăo
récif (m)	แนวปะการัง	naew bpà-gaa-rang
rocher (m)	หนาผา	nâa phăa
forêt (f)	ป่า	bpàa
jungle (f)	ป่าดิบชื้น	bpàa dìp chéun
savane (f)	สะวันนา	sà wan naa
toundra (f)	ทันดรา	than-draa
steppe (f)	ทุ่งหญ้าสเตปป์	thûng yâa sà-dtàyp
désert (m)	ทะเลทราย	thá-lay saai
oasis (f)	โอเอซิส	oh-ay-sít
mer (f)	ทะเล	thá-lay
lac (m)	ทะเลสาบ	thá-lay sàap
océan (m)	มหาสมุทร	má-hăa sà-mùt
marais (m)	บึง	beung
d'eau douce (adj)	น้ำจืด	nám jèut
étang (m)	บ่อน้ำ	bòr náam
rivière (f), fleuve (m)	แม่น้ำ	mâe náam
tanière (f)	ถ้ำสัตว์	thâm sàt
nid (m)	รัง	rang
creux (m)	โพรงไม้	phrohng máai
terrier (m) (~ d'un renard)	โพรง	phrohng
fourmilière (f)	รังมด	rang mót

224. Les soins aux animaux

zoo (m)	สวนสัตว์	sŭan sàt
réserve (f) naturelle	เขตสงวน ธรรมชาติ	khàyt sà-ngŭan tham-má-châat
pépinière (f)	ที่ขยายพันธุ์	thêe khà-yăai phan
volière (f)	กรง	grorng
cage (f)	กรง	grorng
niche (f)	บานสุนัข	baan sù-nák
pigeonnier (m)	บ้านนกพิราบ	bâan nók phí-râap
aquarium (m)	ตู้ปลา	dtôo bplaa
delphinarium (m)	บ่อโลมา	bòr loh-maa
élever (vt)	ขยายพันธุ์	khà-yăai phan
nichée (f), portée (f)	ลูกสัตว์	lôok sàt
apprivoiser (vt)	เชื่อง	chêuang
dresser (un chien)	ฝึก	fèuk
aliments (pl) pour animaux	อาหาร	aa-hăan

nourrir (vt)	ให้อาหาร	hâi aa-hǎan
magasin (m) d'animaux	ร้านสัตว์เลี้ยง	ráan sàt líang
muselière (f)	ตะกร้อปาก	dtà-grôr bpàak
collier (m)	ปลอกคอ	bplòrk kor
nom (m) (d'un animal)	ชื่อ	chêu
pedigree (m)	สายพันธุ์	sǎai phan

225. Les animaux. Divers

meute (f) (~ de loups)	ฝูง	fǒong
volée (f) d'oiseaux	ฝูง	fǒong
banc (m) de poissons	ฝูง	fǒong
troupeau (m)	ฝูง	fǒong

| mâle (m) | ตัวผู้ | dtua phôo |
| femelle (f) | ตัวเมีย | dtua mia |

affamé (adj)	หิว	hǐw
sauvage (adj)	ป่า	bpàa
dangereux (adj)	อันตราย	an-dtà-raai

226. Les chevaux

| cheval (m) | ม้า | máa |
| race (f) | พันธุ์ | phan |

| poulain (m) | ลูกม้า | lôok máa |
| jument (f) | ม้าตัวเมีย | máa dtua mia |

mustang (m)	ม้าป่า	máa bpàa
poney (m)	ม้าพันธุ์เล็ก	máa phan lék
cheval (m) de trait	ม้างาน	máa ngaan

| crin (m) | แผงคอ | phǎeng khor |
| queue (f) | หาง | hǎang |

sabot (m)	กีบ	gèep
fer (m) à cheval	เกือก	gèuak
ferrer (vt)	ใส่เกือก	sài gèuak
maréchal-ferrant (m)	ช่างเหล็ก	châang lèk

selle (f)	อานม้า	aan máa
étrier (m)	โกลน	glohn
bride (f)	บังเหียน	bang hǐan
rênes (f pl)	สายบังเหียน	sǎai bang hǐan
fouet (m)	แส	sâe

cavalier (m)	นักขี่ม้า	nák khèe máa
seller (vt)	ใส่อานม้า	sài aan máa
se mettre en selle	ขึ้นขี่ม้า	khêun khèe máa
galop (m)	การควบม้า	gaan khûap máa
aller au galop	ควบม้า	khûap máa

trot (m)	การเหยาะย่าง	gaan yòr yâang
au trot (adv)	แบบเหยาะยาง	bàep yòr yâang
aller au trot	เหยาะยาง	yòr yâang

| cheval (m) de course | ม้าแข่ง | máa khàeng |
| courses (f pl) à chevaux | การแข่งม้า | gaan khàeng máa |

écurie (f)	คอกม้า	khôrk máa
nourrir (vt)	ให้อาหาร	hâi aa-hǎan
foin (m)	หญ้าแหง	yâa hâeng
abreuver (vt)	ให้น้ำ	hâi nám
laver (le cheval)	ทำความสะอาด	tham khwaam sà-àat

charrette (f)	รถเทียมม้า	rót thiam máa
paître (vi)	เล็มหญ้า	lem yâa
hennir (vi)	ร้องฮี้ๆ	rórng híí híí
ruer (vi)	ถีบ	thèep

La flore

227. Les arbres

arbre (m)	ต้นไม้	dtôn máai
à feuilles caduques	ผลัดใบ	phlàt bai
conifère (adj)	สน	sŏn
à feuilles persistantes	ซึ่งเขียวชอุ่มตลอดปี	sêung khĭeow chá-ùm dtà-lòrt bpee
pommier (m)	ต้นแอปเปิ้ล	dtôn àep-bpêrn
poirier (m)	ต้นแพร	dtôn phae
merisier (m)	ต้นเชอร์รี่ป่า	dtôn cher-rêe bpàa
cerisier (m)	ต้นเชอร์รี่	dtôn cher-rêe
prunier (m)	ตนพลัม	dtôn phlam
bouleau (m)	ต้นเบิร์ช	dtôn bèrt
chêne (m)	ต้นโอ๊ค	dtôn óhk
tilleul (m)	ตนไมดอกเหลือง	dtôn máai dòrk lĕuang
tremble (m)	ต้นแอสเพน	dtôn ae sà-phayn
érable (m)	ตนเมเปิล	dtôn may bpêrn
épicéa (m)	ต้นเฟอร์	dtôn fer
pin (m)	ต้นเกี๊ยะ	dtôn gía
mélèze (m)	ตนลารช	dtôn lâat
sapin (m)	ต้นเฟอร์	dtôn fer
cèdre (m)	ตนซีดาร	dtôn-see-daa
peuplier (m)	ต้นปอปลาร์	dtôn bpor-bplaa
sorbier (m)	ตนโรเวน	dtôn-roh-waen
saule (m)	ต้นวิลโลว์	dtôn win-loh
aune (m)	ตนอัลเดอร	dtôn an-dêr
hêtre (m)	ต้นบีช	dtôn bèet
orme (m)	ตนเอลม	dtôn elm
frêne (m)	ต้นแอช	dtôn aesh
marronnier (m)	ตนเกาลัด	dtôn gao lát
magnolia (m)	ต้นแมกโนเลีย	dtôn mâek-noh-lia
palmier (m)	ต้นปาลม	dtôn bpaam
cyprès (m)	ตนไซเปรส	dtôn-sai-bpràyt
palétuvier (m)	ต้นโกงกาง	dtôn gohng gaang
baobab (m)	ต้นเบาบับ	dtôn bao-bàp
eucalyptus (m)	ต้นยูคาลิปตัส	dtôn yoo-khaa-líp-dtàt
séquoia (m)	ตนสนซีควยา	dtôn sŏn see kua yaa

228. Les arbustes

buisson (m)	พุ่มไม้	phûm máai
arbrisseau (m)	ตนไมพุม	dtôn máai phûm
vigne (f)	ต้นองุ่น	dtôn a-ngùn
vigne (f) (vignoble)	ไรองุ่น	râi a-ngùn
framboise (f)	พุ่มราสเบอร์รี่	phûm râat-ber-rêe
cassis (m)	พุมแบล็คเคอร์แรนท์	phûm blàek-khêr-raèn
groseille (f) rouge	พุมเรดเคอร์แรนท	phûm râyt-khêr-raen
groseille (f) verte	พุมฎสเบอรรี	phûm gòot-ber-rêe
acacia (m)	ตู้นอาเคเชีย	dtôn aa-khay-chia
berbéris (m)	ตนบารเบอรรี่	dtôn baa-ber-rêe
jasmin (m)	มะลิ	má-lí
genévrier (m)	ต้นจูนิเปอร์	dtôn joo-ní-bper
rosier (m)	พุมกุหลาบ	phûm gù làap
églantier (m)	พุมดี้อกโรส	phûm dòrk-rôht

229. Les champignons

champignon (m)	เห็ด	hèt
champignon (m) comestible	เห็ดกินได้	hèt gin dâai
champignon (m) vénéneux	เห็ดมีพิษ	hèt mee pít
chapeau (m)	ดอกเห็ด	dòrk hèt
pied (m)	ตนเห็ด	dtôn hèt
cèpe (m)	เห็ดพอร์ชินี	hèt phor chí nee
bolet (m) orangé	เห็ดพอรชินีดอกเหลือง	hèt phor chí nee dòrk lĕuang
bolet (m) bai	เห็ดตับเตาที่ขึน	hèt dtàp dtào thêe khêun
	บนตนเบิรช	bon dtôn-bèrt
girolle (f)	เห็ดก่อเหลือง	hèt gòr lĕuang
russule (f)	เห็ดตะไค	hèt dtà khai
morille (f)	เห็ดมอเรล	hèt mor rayn
amanite (f) tue-mouches	เห็ดพิษหมวกแดง	hèt phít mùak daeng
oronge (f) verte	เห็ดระโงกหิน	hèt rá ngôhk hĭn

230. Les fruits. Les baies

fruit (m)	ผลไม้	phŏn-lá-máai
fruits (m pl)	ผลไม	phŏn-lá-máai
pomme (f)	แอปเปิ้ล	àep-bpêrn
poire (f)	ลูกแพร	lôok phae
prune (f)	พลัม	phlam
fraise (f)	สตรอว์เบอร์รี่	sà-dtror-ber-rêe
cerise (f)	เชอรรี่	cher-rêe

merise (f)	เชอรรี่ป่า	cher-rêe bpàa
raisin (m)	องุน	a-ngùn
framboise (f)	ราสเบอรรี่	râat-ber-rêe
cassis (m)	แบล็คเคอรแรนท	blàek khêr-raen
groseille (f) rouge	เรดเคอรุแรนท	râyt-khêr-raen
groseille (f) verte	กูสเบอรรี่	gòot-ber-rêe
canneberge (f)	แครนเบอรรี่	khraen-ber-rêe
orange (f)	สม	sôm
mandarine (f)	สมแมนดาริน	sôm maen daa rin
ananas (m)	สับปะรด	sàp-bpà-rót
banane (f)	กลวย	glûay
datte (f)	อินทผลัม	in-thá-phâ-lam
citron (m)	เลมอน	lay-mon
abricot (m)	แอปรีคอท	ae-bprì-khôrt
pêche (f)	ลูกทอ	lôok thór
kiwi (m)	กีวี	gee wee
pamplemousse (m)	สมโอ	sôm oh
baie (f)	เบอรรี่	ber-rêe
baies (f pl)	เบอรรี่	ber-rêe
airelle (f) rouge	คาวเบอรรี่	khaao-ber-rêe
fraise (f) des bois	สตรอวเบอรรี่ป่า	sá-dtrorw ber-rêe bpàa
myrtille (f)	บิลเบอรรี่	bil-ber-rêe

231. Les fleurs. Les plantes

fleur (f)	ดอกไม	dòrk máai
bouquet (m)	ชอดอกไม	chôr dòrk máai
rose (f)	ดอกกุหลาบ	dòrk gù làap
tulipe (f)	ดอกทิวลิป	dòrk thiw-líp
oeillet (m)	ดอกคารเนชั่น	dòrk khaa-nay-chân
glaïeul (m)	ดอกแกลดิโอลัส	dòrk gaen-dì-oh-lát
bleuet (m)	ดอกคอรนฟลาวเวอร	dòrk khon-flaao-wer
campanule (f)	ดอกระฆัง	dòrk rá-khang
dent-de-lion (f)	ดอกแดนดิไลออน	dòrk daen-dì-lai-on
marguerite (f)	ดอกคาโมมายล	dòrk khaa-moh maai
aloès (m)	วานหางจระเข	wâan-hăang-jor-rá-khây
cactus (m)	ตะบองเพชร	dtà-bong-phét
ficus (m)	ตนเลียบ	dtôn lîap
lis (m)	ดอกลิลี่	dòrk lí-lêe
géranium (m)	ดอกเจอราเนี่ยม	dòrk jer-raa-niam
jacinthe (f)	ดอกไฮอะซินท	dòrk hai-a-sin
mimosa (m)	ดอกไมยราบ	dòrk mai râap
jonquille (f)	ดอกนารซิสซัส	dòrk naa-sít-sát
capucine (f)	ดอกแนสเตอรชัม	dòrk nâet-dtêr-cham
orchidée (f)	ดอกกลวยไม	dòrk glûay máai

| pivoine (f) | ดอกโบตั๋น | dòrk boh-dtăn |
| violette (f) | ดอกไวโอเล็ต | dòrk wai-oh-lét |

pensée (f)	ดอกแพนซี	dòrk phaen-see
myosotis (m)	ดอกฟอร์เก็ตมีน็อต	dòrk for-gèt-mee-nót
pâquerette (f)	ดอกเดซี	dòrk day see

coquelicot (m)	ดอกป๊อปปี้	dòrk bpóp-bpêe
chanvre (m)	กัญชา	gan chaa
menthe (f)	สะระแหน่	sà-rá-nàe

| muguet (m) | ดอกลิลลี่แห่งหุบเขา | dòrk lí-lá-lêe hàeng hùp khăo |
| perce-neige (f) | ดอกหยาดหิมะ | dòrk yàat hì-má |

ortie (f)	ตำแย	dtam-yae
oseille (f)	ซอร์เรล	sor-rayn
nénuphar (m)	บัว	bua
fougère (f)	เฟิร์น	fern
lichen (m)	ไลเคน	lai-khayn

serre (f) tropicale	เรือนกระจก	reuan grà-jòk
gazon (m)	สนามหญ้า	sà-năam yâa
parterre (m) de fleurs	สนามดอกไม้	sà-năam-dòrk-máai

plante (f)	พืช	phêut
herbe (f)	หญ้า	yâa
brin (m) d'herbe	ใบหญ้า	bai yâa

feuille (f)	ใบไม้	bai máai
pétale (m)	กลีบดอก	glèep dòrk
tige (f)	ลำต้น	lam dtôn
tubercule (m)	หัวใต้ดิน	hŭa dtâi din

| pousse (f) | ต้นอ่อน | dtôn òrn |
| épine (f) | หนาม | năam |

fleurir (vi)	บาน	baan
se faner (vp)	เหี่ยว	hìeow
odeur (f)	กลิ่น	glìn
couper (vt)	ตัด	dtàt
cueillir (fleurs)	เด็ด	dèt

232. Les céréales

grains (m pl)	เมล็ด	má-lét
céréales (f pl) (plantes)	ธัญพืช	than-yá-phêut
épi (m)	รวงข้าว	ruang khâao

blé (m)	ข้าวสาลี	khâao săa-lee
seigle (m)	ข้าวไรย์	khâao rai
avoine (f)	ข้าวโอ๊ต	khâao óht
millet (m)	ข้าวฟ่าง	khâao fâang
orge (f)	ข้าวบาร์เลย์	khâao baa-lây
maïs (m)	ข้าวโพด	khâao-phôht

| riz (m) | ข้าว | khâao |
| sarrasin (m) | บัควีท | bàk-wêet |

pois (m)	ถั่วลันเตา	thùa-lan-dtao
haricot (m)	ถั่วรูปไต	thùa rôop dtai
soja (m)	ถั่วเหลือง	thùa lĕuang
lentille (f)	ถั่วเลนทิล	thùa layn thin
fèves (f pl)	ถั่ว	thùa

233. Les légumes

| légumes (m pl) | ผัก | phàk |
| verdure (f) | ผักใบเขียว | phàk bai khĭeow |

tomate (f)	มะเขือเทศ	má-khĕua thâyt
concombre (m)	แตงกวา	dtaeng-gwaa
carotte (f)	แครอท	khae-rót
pomme (f) de terre	มันฝรั่ง	man fà-ràng
oignon (m)	หัวหอม	hŭa hŏrm
ail (m)	กระเทียม	grà-thiam

chou (m)	กะหล่ำปลี	gà-làm bplee
chou-fleur (m)	ดอกกะหล่ำ	dòrk gà-làm
chou (m) de Bruxelles	กะหล่ำดาว	gà-làm-daao
brocoli (m)	บร็อคโคลี่	bròrk-khoh-lêe

betterave (f)	บีท	beet
aubergine (f)	มะเขือยาว	má-khĕua-yaao
courgette (f)	ซูกินี	soo-gi -nee
potiron (m)	ฟักทอง	fák-thorng
navet (m)	หัวผักกาด	hŭa-phàk-gàat

persil (m)	ผักชีฝรั่ง	phàk chee fà-ràng
fenouil (m)	ผักชีลาว	phàk-chee-laao
laitue (f) (salade)	ผักกาดหอม	phàk gàat hŏrm
céleri (m)	คื่นฉ่ายู	khêun-châai
asperge (f)	หน่อไม้ฝรั่ง	nòr máai fà-ràng
épinard (m)	ผักโขม	phàk khŏm

pois (m)	ถั่วลันเตา	thùa-lan-dtao
fèves (f pl)	ถั่ว	thùa
maïs (m)	ข้าวโพด	khâao-phôht
haricot (m)	ถั่วรูปไต	thùa rôop dtai

poivron (m)	พริกหยวก	phrík-yùak
radis (m)	หัวผักกาดแดง	hŭa-phàk-gàat daeng
artichaut (m)	อาร์ติโชค	aa dtì chôhk

LA GÉOGRAPHIE RÉGIONALE

Les pays du monde. Les nationalités

234. L'Europe de l'Ouest

Europe (f)	ยุโรป	yú-ròhp
Union (f) européenne	สหภาพยุโรป	sà-hà phâap yú-rôhp
européen (m)	คนยุโรป	khon yú-rôhp
européen (adj)	ยุโรป	yú-ròhp
Autriche (f)	ประเทศออสเตรีย	bprà-thâyt òt-dtria
Autrichien (m)	คนออสเตรีย	khon òt-dtria
Autrichienne (f)	คนออสเตรีย	khon òt-dtria
autrichien (adj)	ออสเตรีย	òrt-dtria
Grande-Bretagne (f)	บริเตนใหญ่	brì-dtayn yài
Angleterre (f)	ประเทศอังกฤษ	bprà-thâyt ang-grìt
Anglais (m)	คนอังกฤษ	khon ang-grìt
Anglaise (f)	คนอังกฤษ	khon ang-grìt
anglais (adj)	อังกฤษ	ang-grìt
Belgique (f)	ประเทศเบลเยียม	bprà-thâyt bayn-yiam
Belge (m)	คนเบลเยียม	khon bayn-yiam
Belge (f)	คนเบลเยียม	khon bayn-yiam
belge (adj)	เบลเยียม	bayn-yiam
Allemagne (f)	ประเทศเยอรมนี	bprà-thâyt yer-rá-ma-nee
Allemand (m)	คนเยอรมัน	khon yer-rá-man
Allemande (f)	คนเยอรมัน	khon yer-rá-man
allemand (adj)	เยอรมัน	yer-rá-man
Pays-Bas (m)	ประเทศเนเธอร์แลนด์	bprà-thâyt nay-ther-laen
Hollande (f)	ประเทศฮอลแลนด์	bprà-thâyt hon-laen
Hollandais (m)	คนเนเธอร์แลนด์	khon nay-ther-laen
Hollandaise (f)	คนเนเธอร์แลนด์	khon nay-ther-laen
hollandais (adj)	เนเธอร์แลนด์	nay-ter-laen
Grèce (f)	ประเทศกรีซ	bprà-thâyt grèet
Grec (m)	คนกรีก	khon grèek
Grecque (f)	คนกรีก	khon grèek
grec (adj)	กรีซ	grèet
Danemark (m)	ประเทศเดนมาร์ก	bprà-thâyt dayn-màak
Danois (m)	คนเดนมาร์ก	khon dayn-màak
Danoise (f)	คนเดนมาร์ก	khon dayn-màak
danois (adj)	เดนมาร์ก	dayn-màak
Irlande (f)	ประเทศไอร์แลนด์	bprà-thâyt ai-laen
Irlandais (m)	คนไอริช	khon ai-rít

Irlandaise (f)	คนไอริช	khon ai-rít
irlandais (adj)	ไอรแลนด์	ai-laen
Islande (f)	ประเทศไอซ์แลนด์	bprà-thâyt ai-laen
Islandais (m)	คนไอซ์แลนด์	khon ai-laen
Islandaise (f)	คนไอซ์แลนด์	khon ai-laen
islandais (adj)	ไอซ์แลนด์	ai-laen
Espagne (f)	ประเทศสเปน	bprà-thâyt sà-bpayn
Espagnol (m)	คนสเปน	khon sà-bpayn
Espagnole (f)	คนสเปน	khon sà-bpayn
espagnol (adj)	สเปน	sà-bpayn
Italie (f)	ประเทศอิตาลี	bprà-thâyt i-dtaa-lee
Italien (m)	คนอิตาเลียน	khon i-dtaa-lian
Italienne (f)	คนอิตาเลียน	khon i-dtaa-lian
italien (adj)	อิตาลี	i-dtaa-lee
Chypre (m)	ประเทศไซปรัส	bprà-thâyt sai-bpràt
Chypriote (m)	คนไซปรัส	khon sai-bpràt
Chypriote (f)	คนไซปรัส	khon sai-bpràt
chypriote (adj)	ไซปรัส	sai-bpràt
Malte (f)	ประเทศมอลตา	bprà-thâyt mon-dtaa
Maltais (m)	คนมอลตา	khon mon-dtaa
Maltaise (f)	คนมอลตา	khon mon-dtaa
maltais (adj)	มอลตา	mon-dtâa
Norvège (f)	ประเทศนอร์เวย์	bprà-thâyt nor-way
Norvégien (m)	คนนอร์เวย์	khon nor-way
Norvégienne (f)	คนนอร์เวย์	khon nor-way
norvégien (adj)	นอร์เวย	nor-way
Portugal (m)	ประเทศโปรตุเกส	bprà-thâyt bproh-dtù-gàyt
Portugais (m)	คนโปรตุเกส	khon bproh-dtù-gàyt
Portugaise (f)	คนโปรตุเกส	khon bproh-dtù-gàyt
portugais (adj)	โปรตุเกส	bproh-dtù-gàyt
Finlande (f)	ประเทศฟินแลนด์	bprà-thâyt fin-laen
Finlandais (m)	คนฟินแลนด์	khon fin-laen
Finlandaise (f)	คนฟินแลนด์	khon fin-laen
finlandais (adj)	ฟินแลนด์	fin-laen
France (f)	ประเทศฝรั่งเศส	bprà-thâyt fà-ràng-sàyt
Français (m)	คนฝรั่งเศส	khon fà-ràng-sàyt
Française (f)	คนฝรั่งเศส	khon fà-ràng-sàyt
français (adj)	ฝรั่งเศส	fà-ràng-sàyt
Suède (f)	ประเทศสวีเดน	bprà-thâyt sà-wĕe-dayn
Suédois (m)	คนสวีเดน	khon sà-wĕe-dayn
Suédoise (f)	คนสวีเดน	khon sà-wĕe-dayn
suédois (adj)	สวีเดน	sà-wĕe-dayn
Suisse (f)	ประเทศสวิตเซอร์แลนด์	bprà-thâyt sà-wìt-sêr-laen
Suisse (m)	คนสวิส	khon sà-wìt
Suissesse (f)	คนสวิส	khon sà-wìt

suisse (adj)	สวิส	sà-wìt
Écosse (f)	ประเทศสก็อตแลนด์	bprà-thâyt sà-gòt-laen
Écossais (m)	คนสก็อต	khon sà-gòt
Écossaise (f)	คนสก็อต	khon sà-gòt
écossais (adj)	สก็อตแลนด์	sà-gòt-laen
Vatican (m)	นครรัฐวาติกัน	ná-khon rát waa-dtì-gan
Liechtenstein (m)	ประเทศลิกเตนสไตน์	bprà-thâyt lík-tay-ná-sà-dtai
Luxembourg (m)	ประเทศลักเซมเบิร์ก	bprà-thâyt lák-saym-bèrk
Monaco (m)	ประเทศโมนาโก	bprà-thâyt moh-naa-goh

235. L'Europe Centrale et l'Europe de l'Est

Albanie (f)	ประเทศแอลเบเนีย	bprà-thâyt aen-bay-nia
Albanais (m)	คนแอลเบเนีย	khon aen-bay-nia
Albanaise (f)	คนแอลเบเนีย	khon aen-bay-nia
albanais (adj)	แอลเบเนีย	aen-bay-nia
Bulgarie (f)	ประเทศบัลแกเรีย	bprà-thâyt ban-gae-ria
Bulgare (m)	คนบัลแกเรีย	khon ban-gae-ria
Bulgare (f)	คนบัลแกเรีย	khon ban-gae-ria
bulgare (adj)	บัลแกเรีย	ban-gae-ria
Hongrie (f)	ประเทศฮังการี	bprà-thâyt hang-gaa-ree
Hongrois (m)	คนฮังการี	khon hang-gaa-ree
Hongroise (f)	คนฮังการี	khon hang-gaa-ree
hongrois (adj)	ฮังการี	hang-gaa-ree
Lettonie (f)	ประเทศลัตเวีย	bprà-thâyt lát-wia
Letton (m)	คนลัตเวีย	khon lát-wia
Lettonne (f)	คนลัตเวีย	khon lát-wia
letton (adj)	ลัตเวีย	lát-wia
Lituanie (f)	ประเทศลิทัวเนีย	bprà-thâyt lí-thua-nia
Lituanien (m)	คนลิทัวเนีย	khon lí-thua-nia
Lituanienne (f)	คนลิทัวเนีย	khon lí-thua-nia
lituanien (adj)	ลิทัวเนีย	lí-thua-nia
Pologne (f)	ประเทศโปแลนด์	bprà-thâyt bpoh-laen
Polonais (m)	คนโปแลนด์	khon bpoh-laen
Polonaise (f)	คนโปแลนด์	khon bpoh-laen
polonais (adj)	โปแลนด์	bpoh-laen
Roumanie (f)	ประเทศโรมาเนีย	bprà-thâyt roh-maa-nia
Roumain (m)	คนโรมาเนีย	khon roh-maa-nia
Roumaine (f)	คนโรมาเนีย	khon roh-maa-nia
roumain (adj)	โรมาเนีย	roh-maa-nia
Serbie (f)	ประเทศเซอร์เบีย	bprà-thâyt sêr-bia
Serbe (m)	คนเซอร์เบีย	khon sêr-bia
Serbe (f)	คนเซอร์เบีย	khon sêr-bia
serbe (adj)	เซอร์เบีย	sêr-bia
Slovaquie (f)	ประเทศสโลวาเกีย	bprà-thâyt sà-loh-waa-gia
Slovaque (m)	คนสโลวาเกีย	khon sà-loh-waa-gia

| Slovaque (f) | คนสโลวาเกีย | khon sà-loh-waa-gia |
| slovaque (adj) | สโลวาเกีย | sà-loh-waa-gia |

Croatie (f)	ประเทศโครเอเชีย	bprà-thâyt khroh-ay-chia
Croate (m)	คนโครเอเชีย	khon khroh-ay-chia
Croate (f)	คนโครเอเชีย	khon khroh-ay-chia
croate (adj)	โครเอเชีย	khroh-ay-chia

République (f) Tchèque	ประเทศเช็กเกีย	bprà-thâyt chék-gia
Tchèque (m)	คนเช็ก	khon chék
Tchèque (f)	คนเช็ก	khon chék
tchèque (adj)	เช็กเกีย	chék-gia

Estonie (f)	ประเทศเอสโตเนีย	bprà-thâyt àyt-dtoh-nia
Estonien (m)	คนเอสโตเนีย	khon àyt-dtoh-nia
Estonienne (f)	คนเอสโตเนีย	khon àyt-dtoh-nia
estonien (adj)	เอสโตเนีย	àyt-dtoh-nia

Bosnie (f)	ประเทศบอสเนีย	bprà-thâyt bòt-nia
	และเฮอรเซโกวีนา	láe her-say-goh-wí-naa
Macédoine (f)	ประเทศมาซิโดเนีย	bprà-thâyt maa-sí-doh-nia
Slovénie (f)	ประเทศสโลวีเนีย	bprà-thâyt sà-loh-wee-nia
Monténégro (m)	ประเทศ	bprà-thâyt
	มอนเตเนโกร	mon-dtay-nay-groh

236. Les pays de l'ex-U.R.S.S.

Azerbaïdjan (m)	ประเทศอาเซอรไบจาน	bprà-thâyt aa-sêr-bai-jaan
Azerbaïdjanais (m)	คนอาเซอรไบจาน	khon aa-sêr-bai-jaan
Azerbaïdjanaise (f)	คนอาเซอรไบจาน	khon aa-sêr-bai-jaan
azerbaïdjanais (adj)	อาเซอรไบจาน	aa-sêr-bai-jaan

Arménie (f)	ประเทศอารเมเนีย	bprà-thâyt aa-may-nia
Arménien (m)	คนอารเมเนีย	khon aa-may-nia
Arménienne (f)	คนอารเมเนีย	khon aa-may-nia
arménien (adj)	อารเมเนีย	aa-may-nia

Biélorussie (f)	ประเทศเบลารุส	bprà-thâyt blao-rút
Biélorusse (m)	คนเบลารุส	khon blao-rút
Biélorusse (f)	คนเบลารุส	khon blao-rút
biélorusse (adj)	เบลารุส	blao-rút

Géorgie (f)	ประเทศจอรเจีย	bprà-thâyt jor-jia
Géorgien (m)	คนจอรเจีย	khon jor-jia
Géorgienne (f)	คนจอรเจีย	khon jor-jia
géorgien (adj)	จอรเจีย	jor-jia

Kazakhstan (m)	ประเทศคาซัคสถาน	bprà-thâyt khaa-sák-sà-thăan
Kazakh (m)	คนคาซัคสถาน	khon khaa-sák-sà-thăan
Kazakhe (f)	คนคาซัคสถาน	khon khaa-sák-sà-thăan
kazakh (adj)	คาซัคสถาน	khaa-sák-sà-thăan

| Kirghiz (m) | คนคีรกีซสถาน | khon khee-gèet-sà-thăan |
| Kirghize (f) | คนคีรกีซสถาน | khon khee-gèet-sà-thăan |

| kirghiz (adj) | คีร์กีซสถาน | khee-gèet-sà-thăan |
| Kirghizistan (m) | ประเทศคีร์กีซสถาน | bprà-thâyt khee-gèet--à-thăan |

Moldavie (f)	ประเทศมอลโดวา	bprà-thâyt mon-doh-waa
Moldave (m)	คนมอลโดวา	khon mon-doh-waa
Moldave (f)	คนมอลโดวา	khon mon-doh-waa
moldave (adj)	มอลโดวา	mon-doh-waa

Russie (f)	ประเทศรัสเซีย	bprà-thâyt rát-sia
Russe (m)	คนรัสเซีย	khon rát-sia
Russe (f)	คนรัสเซีย	khon rát-sia
russe (adj)	รัสเซีย	rát-sia

Tadjikistan (m)	ประเทศทาจิกิสถาน	bprà-thâyt thaa-jì-gìt-thăan
Tadjik (m)	คนทาจิกิสถาน	khon thaa-jì-gìt-thăan
Tadjik (f)	คนทาจิกิสถาน	khon thaa-jì-gìt-thăan
tadjik (adj)	ทาจิกิสถาน	thaa-jì-gìt-thăan

Turkménistan (m)	ประเทศเติร์กเมนิสถาน	bprà-thâyt dtèrk-may-nít-thăan
Turkmène (m)	คนเติร์กเมนิสถาน	khon dtèrk-may-nít-thăan
Turkmène (f)	คนเติร์กเมนิสถาน	khon dtèrk-may-nít-thăan
turkmène (adj)	เติร์กเมนิสถาน	dtèrk-may-nít-thăan

Ouzbékistan (m)	ประเทศอุซเบกิสถาน	bprà-thâyt ùt-bay-gìt-thăan
Ouzbek (m)	คนอุซเบกิสถาน	khon ùt-bay-gìt-thăan
Ouzbek (f)	คนอุซเบกิสถาน	khon ùt-bay-gìt-thăan
ouzbek (adj)	อุซเบกิสถาน	ùt-bay-gìt-thăan

Ukraine (f)	ประเทศยูเครน	bprà-thâyt yoo-khrayn
Ukrainien (m)	คนยูเครน	khon yoo-khrayn
Ukrainienne (f)	คนยูเครน	khon yoo-khrayn
ukrainien (adj)	ยูเครน	yoo-khrayn

237. L'Asie

| Asie (f) | เอเชีย | ay-chia |
| asiatique (adj) | เอเชีย | ay-chia |

Vietnam (m)	ประเทศเวียดนาม	bprà-thâyt wîat-naam
Vietnamien (m)	คนเวียดนาม	khon wîat-naam
Vietnamienne (f)	คนเวียดนาม	khon wîat-naam
vietnamien (adj)	เวียดนาม	wîat-naam

Inde (f)	ประเทศอินเดีย	bprà-thâyt in-dia
Indien (m)	คนอินเดีย	khon in-dia
Indienne (f)	คนอินเดีย	khon in-dia
indien (adj)	อินเดีย	in-dia

Israël (m)	ประเทศอิสราเอล	bprà-thâyt ìt-sà-răa-ayn
Israélien (m)	คนอิสราเอล	khon ìt-sà-răa-ayn
Israélienne (f)	คนอิสราเอล	khon ìt-sà-răa-ayn
israélien (adj)	อิสราเอล	ìt-sà-răa-ayn

Juif (m)	คนยิว	khon yiw
Juive (f)	คนยิว	khon yiw
juif (adj)	ยิว	yiw

Chine (f)	ประเทศจีน	bprà-thâyt jeen
Chinois (m)	คนจีน	khon jeen
Chinoise (f)	คนจีน	khon jeen
chinois (adj)	จีน	jeen

Coréen (m)	คนเกาหลี	khon gao-lĕe
Coréenne (f)	คนเกาหลี	khon gao-lĕe
coréen (adj)	เกาหลี	gao-lĕe

Liban (m)	ประเทศเลบานอน	bprà-thâyt lay-baa-non
Libanais (m)	คนเลบานอน	khon lay-baa-non
Libanaise (f)	คนเลบานอน	khon lay-baa-non
libanais (adj)	เลบานอน	lay-baa-non

Mongolie (f)	ประเทศมองโกเลีย	bprà-thâyt mong-goh-lia
Mongole (m)	คนมองโกล	khon mong-gloh
Mongole (f)	คนมองโกล	khon mong-gloh
mongole (adj)	มองโกเลีย	mong-goh-lia

Malaisie (f)	ประเทศมาเลเซีย	bprà-thâyt maa-lay-sia
Malaisien (m)	คนมาเลย์	khon maa-lây
Malaisienne (f)	คนมาเลย์	khon maa-lây
malais (adj)	มาเลเซีย	maa-lay-sia

Pakistan (m)	ประเทศปากีสถาน	bprà-thâyt bpaa-gèet-thăan
Pakistanais (m)	คนปากีสถาน	khon bpaa-gèet-thăan
Pakistanaise (f)	คนปากีสถาน	khon bpaa-gèet-thăan
pakistanais (adj)	ปากีสถาน	bpaa-gèet-thăan

Arabie (f) Saoudite	ประเทศ ชาอุดิอาระเบีย	bprà-thâyt saa-u-dì aa-ra--bia
Arabe (m)	คนอาหรับ	khon aa-ràp
Arabe (f)	คนอาหรับ	khon aa-ràp
arabe (adj)	อาหรับ	aa-ràp

Thaïlande (f)	ประเทศไทย	bprà-tâyt thai
Thaïlandais (m)	คนไทย	khon thai
Thaïlandaise (f)	คนไทย	khon thai
thaïlandais (adj)	ไทย	thai

Taïwan (m)	ไต้หวัน	dtâi-wăn
Taïwanais (m)	คนไต้หวัน	khon dtâi-wăn
Taïwanaise (f)	คนไต้หวัน	khon dtâi-wăn
taïwanais (adj)	ไต้หวัน	dtâi-wăn

Turquie (f)	ประเทศตุรกี	bprà-thâyt dtù-rá-gee
Turc (m)	คนเติร์ก	khon dtèrk
Turque (f)	คนเติร์ก	khon dtèrk
turc (adj)	ตุรกี	dtù-rá-gee

| Japon (m) | ประเทศญี่ปุ่น | bprà-thâyt yêe-bpùn |
| Japonais (m) | คนญี่ปุ่น | khon yêe-bpùn |

Japonaise (f)	คนญี่ปุ่น	khon yêe-bpùn
japonais (adj)	ญี่ปุ่น	yêe-bpùn
Afghanistan (m)	ประเทศอัฟกานิสถาน	bprà-thâyt àf-gaa-nít-thăan
Bangladesh (m)	ประเทศบังคลาเทศ	bprà-thâyt bang-khlaa-thâyt
Indonésie (f)	ประเทศอินโดนีเซีย	bprà-thâyt in-doh-nee-sia
Jordanie (f)	ประเทศจอร์แดน	bprà-thâyt jor-daen
Iraq (m)	ประเทศอิรัก	bprà-thâyt i-rák
Iran (m)	ประเทศอิหราน	bprà-thâyt i-ràan
Cambodge (m)	ประเทศกัมพูชา	bprà-thâyt gam-phoo-chaa
Koweït (m)	ประเทศคูเวต	bprà-thâyt khoo-wâyt
Laos (m)	ประเทศลาว	bprà-thâyt laao
Myanmar (m)	ประเทศเมียนมาร์	bprà-thâyt mian-maa
Népal (m)	ประเทศเนปาล	bprà-thâyt nay-bpaan
Fédération (f) des Émirats Arabes Unis	สหรัฐอาหรับเอมิเรตส์	sà-hà-rát aa-ràp ay-mí-râyt
Syrie (f)	ประเทศซีเรีย	bprà-thâyt see-ria
Palestine (f)	ปาเลสไตน์	bpaa-lâyt-dtai
Corée (f) du Sud	เกาหลีใต้	gao-lĕe dtâi
Corée (f) du Nord	เกาหลีเหนือ	gao-lĕe nĕua

238. L'Amérique du Nord

Les États Unis	สหรัฐอเมริกา	sà-hà-rát a-may-rí-gaa
Américain (m)	คนอเมริกา	khon a-may-rí-gaa
Américaine (f)	คนอเมริกา	khon a-may-rí-gaa
américain (adj)	อเมริกา	a-may-rí-gaa
Canada (m)	ประเทศแคนาดา	bprà-thâyt khae-naa-daa
Canadien (m)	คนแคนาดา	khon khae-naa-daa
Canadienne (f)	คนแคนาดา	khon khae-naa-daa
canadien (adj)	แคนาดา	khae-naa-daa
Mexique (m)	ประเทศเม็กซิโก	bprà-thâyt mék-sí-goh
Mexicain (m)	คนเม็กซิโก	khon mék-sí-goh
Mexicaine (f)	คนเม็กซิโก	khon mék-sí-goh
mexicain (adj)	เม็กซิโก	mék-sí-goh

239. L'Amérique Centrale et l'Amérique du Sud

Argentine (f)	ประเทศอาร์เจนตินา	bprà-thâyt aa-jayn-dtì-naa
Argentin (m)	คนอาร์เจนตินา	khon aa-jayn-dtì-naa
Argentine (f)	คนอาร์เจนตินา	khon aa-jayn-dtì-naa
argentin (adj)	อาร์เจนตินา	aa-jayn-dtì-naa
Brésil (m)	ประเทศบราซิล	bprà-thâyt braa-sin
Brésilien (m)	คนบราซิล	khon braa-sin
Brésilienne (f)	คนบราซิล	khon braa-sin
brésilien (adj)	บราซิล	braa-sin

Colombie (f)	ประเทศโคลัมเบีย	bprà-thâyt khoh-lam-bia
Colombien (m)	คนโคลัมเบีย	khon khoh-lam-bia
Colombienne (f)	คนโคลัมเบีย	khon khoh-lam-bia
colombien (adj)	โคลัมเบีย	khoh-lam-bia

Cuba (f)	ประเทศคิวบา	bprà-thâyt khiw-baa
Cubain (m)	คนคิวบา	khon khiw-baa
Cubaine (f)	คนคิวบา	khon khiw-baa
cubain (adj)	คิวบา	khiw-baa

Chili (m)	ประเทศชิลี	bprà-thâyt chí-lee
Chilien (m)	คนชิลี	khon chí-lee
Chilienne (f)	คนชิลี	khon chí-lee
chilien (adj)	ชิลี	chí-lee

Bolivie (f)	ประเทศโบลิเวีย	bprà-thâyt boh-lí-wia
Venezuela (f)	ประเทศเวเนซุเอลา	bprà-thâyt way-nay-sú-ay-laa
Paraguay (m)	ประเทศปารากวัย	bprà-thâyt bpaa-raa-gwai
Pérou (m)	ประเทศเปรู	bprà-thâyt bpay-roo

Surinam (m)	ประเทศซูรินาม	bprà-thâyt soo-rí-naam
Uruguay (m)	ประเทศอุรุกวัย	bprà-thâyt u-rúk-wai
Équateur (m)	ประเทศเอกวาดอร์	bprà-thâyt ay-gwaa-dor

Bahamas (f pl)	ประเทศบาฮามาส	bprà-thâyt baa-haa-mâat
Haïti (m)	ประเทศเฮติ	bprà-thâyt hay-dtì
République (f) Dominicaine	สาธารณรัฐโดมินิกัน	sǎa-thaa-rá-ná rát doh-mí-ní-gan
Panamá (m)	ประเทศปานามา	bprà-thâyt bpaa-naa-maa
Jamaïque (f)	ประเทศจาเมกา	bprà-thâyt jaa-may-gaa

240. L'Afrique

Égypte (f)	ประเทศอียิปต์	bprà-thâyt bprà-thâyt ee-yíp
Égyptien (m)	คนอียิปต์	khon ee-yíp
Égyptienne (f)	คนอียิปต์	khon ee-yíp
égyptien (adj)	อียิปต์	ee-yíp

Maroc (m)	ประเทศมอร็อคโค	bprà-thâyt mor-rók-khoh
Marocain (m)	คนมอร็อคโค	khon mor-rók-khoh
Marocaine (f)	คนมอร็อคโค	khon mor-rók-khoh
marocain (adj)	มอร็อคโค	mor-rók-khoh

Tunisie (f)	ประเทศตูนิเซีย	bprà-thâyt dtoo-ní-sia
Tunisien (m)	คนตูนีเซีย	khon dtoo-ní-sia
Tunisienne (f)	คนตูนีเซีย	khon dtoo-ní-sia
tunisien (adj)	ตูนีเซีย	dtoo-ní-sia

Ghana (m)	ประเทศกานา	bprà-thâyt gaa-naa
Zanzibar (m)	ประเทศแซนซิบาร์	bprà-thâyt saen-sí-baa
Kenya (m)	ประเทศเคนยา	bprà-thâyt khayn-yâa
Libye (f)	ประเทศลิเบีย	bprà-thâyt lí-bia
Madagascar (f)	ประเทศมาดากัสการ์	bprà-thâyt maa-daa-gàt-gaa
Namibie (f)	ประเทศนามิเบีย	bprà-thâyt naa-mí-bia

Sénégal (m)	ประเทศเซเนกัล	bprà-thâyt say-nay-gan
Tanzanie (f)	ประเทศแทนซาเนีย	bprà-thâyt thaen-saa-nia
République (f) Sud-africaine	ประเทศแอฟริกาใต้	bprà-thâyt àef-rí-gaa dtâi

Africain (m)	คนแอฟริกา	khon àef-rí-gaa
Africaine (f)	คนแอฟริกา	khon àef-rí-gaa
africain (adj)	แอฟริกา	àef-rí-gaa

241. L'Australie et Océanie

Australie (f)	ประเทศออสเตรเลีย	bprà-thâyt òt-dtray-lia
Australien (m)	คนออสเตรเลีย	khon òt-dtray-lia
Australienne (f)	คนออสเตรเลีย	khon òt-dtray-lia
australien (adj)	ออสเตรเลีย	òrt-dtray-lia

Nouvelle Zélande (f)	ประเทศนิวซีแลนด์	bprà-thâyt niw-see-laen
Néo-Zélandais (m)	คนนิวซีแลนด์	khon niw-see-laen
Néo-Zélandaise (f)	คนนิวซีแลนด์	khon niw-see-laen
néo-zélandais (adj)	นิวซีแลนด์	niw-see-laen

| Tasmanie (f) | ประเทศแทสเมเนีย | bprà-thâyt thâet-may-nia |
| Polynésie (f) Française | เฟรนช์โปลินีเซีย | frayn-bpoh-lí-nee-sia |

242. Les grandes villes

Amsterdam (f)	อัมสเตอร์ดัม	am-sà-dtêr-dam
Ankara (m)	อังคารา	ang-khaa-raa
Athènes (m)	เอเธนส์	ay-thayn

Bagdad (m)	แบกแดด	bàek-dàet
Bangkok (m)	กรุงเทพฯ	grung thâyp
Barcelone (f)	บาร์เซโลนา	baa-say-loh-naa
Berlin (m)	เบอร์ลิน	ber-lin
Beyrouth (m)	เบรุต	bay-rút

Bombay (m)	มุมไบ	mum-bai
Bonn (f)	บอนน์	bon
Bordeaux (f)	บอร์โด	bor doh
Bratislava (m)	บราติสลาวา	braa-dtìt-laa-waa
Bruxelles (m)	บรัสเซล	bràt-sayn
Bucarest (m)	บูคาเรสต์	boo-khaa-râyt
Budapest (m)	บูดาเปส	boo-daa-bpàyt

Caire (m)	ไคโร	khai-roh
Calcutta (f)	คัลคัตตา	khan-khát-dtaa
Chicago (f)	ชิคาโก	chí-khaa-goh
Copenhague (f)	โคเปนเฮเกน	khoh-bpayn-hay-gayn

Dar es-Salaam (f)	ดาร์เอสซาลาม	daa àyt saa laam
Delhi (f)	เดลี	day-lee
Dubaï (f)	ดูไบ	doo-bai
Dublin (f)	ดับบลิน	dàp-lin

Düsseldorf (f)	ดุสเซลดอุร์ฟ	dùt-sayn-dòf
Florence (f)	ฟลอเรนซ์	flor-rayn
Francfort (f)	แฟรงค์เฟิร์ท	fraeng-fêrt
Genève (f)	เจนีวา	jay-nee-waa
Hague (f)	เดอะเฮก	dùh hêyk
Hambourg (f)	แฮมเบิรก	haem-bèrk
Hanoi (f)	ฮานอย	haa-noi
Havane (f)	ฮาวานา	haa waa-naa
Helsinki (f)	เฮลซิงกิ	hayn-sing-gì
Hiroshima (f)	ฮิโรชิมา	hí-roh-chí-mâa
Hong Kong (m)	ฮองกง	hôrng-gong
Istanbul (f)	อิสตันบูล	ìt-dtan-boon
Jérusalem (f)	เยรูซาเลม	yay-roo-saa-laym
Kiev (f)	เคียฟ	khîaf
Kuala Lumpur (f)	กัวลาลัมเปอร์	gua-laa lam-bper
Lisbonne (f)	ลิสบอน	lít-bon
Londres (m)	ลอนดอน	lon-don
Los Angeles (f)	ลอสแองเจลิส	lôt-aeng-jay-lít
Lyon (f)	ลียง	lee-yong
Madrid (f)	มาดริด	maa-drìt
Marseille (f)	มารกเซย	màak-soie
Mexico (f)	เม็กซิโกซิตี้	mék-sí-goh sí-dtêe
Miami (f)	ไมอามี่	mai-aa-mêe
Montréal (f)	มอนทรีออล	mon-three-on
Moscou (f)	มอสโกว	mor-sà-goh
Munich (f)	มิวนิค	miw-ník
Nairobi (f)	ไนโรบี	nai-roh-bee
Naples (f)	เนเปิลส์	nay-bpern
New York (f)	นิวยอรค	niw-yôk
Nice (f)	นิซ	nít
Oslo (m)	ออสโล	òrt-loh
Ottawa (m)	อ็อตตาวา	òt-dtaa-waa
Paris (m)	ปารีส	bpaa-rêet
Pékin (m)	ปักกิ่ง	bpàk-gìng
Prague (m)	ปราก	bpràak
Rio de Janeiro (m)	ริโอเอจาเนโร	rí-oh-ay jaa-nay-roh
Rome (f)	โรม	rohm
Saint-Pétersbourg (m)	เซนต์ปิเตอร์สเบิร์ก	sayn bpì-dtèrt-bèrk
Séoul (m)	โซล	sohn
Shanghai (m)	เซี่ยงไฮ้	sîang-hái
Sidney (m)	ซิดนีย์	sít-nee
Singapour (f)	สิงคโปร์	sǐng-khá-bpoh
Stockholm (m)	สต็อกโฮลม	sà-dtòk-hohm
Taipei (m)	ไทเป	thai-bpay
Tokyo (m)	โตเกียว	dtoh-gieow
Toronto (m)	โตรอนโต	dtoh-ron-dtoh
Varsovie (f)	วอร์ซอว์	wor-sor
Venise (f)	เวนิส	way-nít

Vienne (f)	เวียนนา	wian-naa
Washington (f)	วอชิงตัน	wor ching dtan

243. La politique. Le gouvernement. Partie 1

politique (f)	การเมือง	gaan meuang
politique (adj)	ทางการเมือง	thang gaan meuang
homme (m) politique	นักการเมือง	nák gaan meuang
état (m)	รัฐ	rát
citoyen (m)	พลเมือง	phon-lá-meuang
citoyenneté (f)	สัญชาติ	săn-châat
armoiries (f pl) nationales	ตราประจำชาติ	dtraa bprà-jam châat
hymne (m) national	เพลงชาติ	phlayng châat
gouvernement (m)	รัฐบาล	rát-thà-baan
chef (m) d'état	ผู้นำประเทศ	phôo nam bprà-thâyt
parlement (m)	รัฐสภา	rát-thà-sà-phaa
parti (m)	พรรคการเมือง	phák gaan meuang
capitalisme (m)	ทุนนิยม	thun ní-yom
capitaliste (adj)	แบบทุนนิยม	bàep thun ní-yom
socialisme (m)	สังคมนิยม	săng-khom ní-yom
socialiste (adj)	แบบสังคมนิยม	bàep săng-khom ní-yom
communisme (m)	ลัทธิคอมมิวนิสต์	lát-thí khom-miw-nít
communiste (adj)	แบบคอมมิวนิสต์	bàep khom-miw-nít
communiste (m)	คนคอมมิวนิสต	khon khom-miw-nít
démocratie (f)	ประชาธิปไตย	bprà-chaa-thíp-bpà-dtai
démocrate (m)	ผู้นิยมฆประ ชาธิปไตย	phôo ní-yom bprà-chaa-típ-bpà-dtai
démocratique (adj)	แบบประชาธิปไตย	bàep bprà-chaa-thíp-bpà-dtai
parti (m) démocratique	พรรคประชาธิปัตย	phák bprà-chaa-tí-bpàt
libéral (m)	ผู้เอียงเสรีนิยม	phôo iang săy-ree ní-yom
libéral (adj)	แบบเสรีนิยม	bàep săy-ree ní-yom
conservateur (m)	ผู้เอียงอนุรักษ์นิยม	phôo iang a-nú rák ní-yom
conservateur (adj)	แบบอนุรักษ์นิยม	bàep a-nú rák ní-yom
république (f)	สาธารณรัฐ	săa-thaa-rá-ná rát
républicain (m)	รีพับลิกัน	ree pháp lí gan
parti (m) républicain	พรรครีพับลิกัน	phák ree-pháp-lí-gan
élections (f pl)	การเลือกตั้ง	gaan lêuak dtâng
élire (vt)	เลือก	lêuak
électeur (m)	ผู้ออกเสียงลงคะแนน	phôo òrk sĭang long khá-naen
campagne (f) électorale	การรณรงค์หาเสียง	gaan ron-ná-rorng hăa sĭang
vote (m)	การออกเสียงลงคะแนน	gaan òrk sĭang long khá-naen
voter (vi)	ลงคะแนน	long khá-naen

droit (m) de vote	สิทธิในการเลือกตั้ง	sìt-thí nai gaan lêuak dtâng
candidat (m)	ผู้สมัคร	phôo sà-màk
poser sa candidature	ลงสมัคร	long sà-màk
campagne (f)	การรณรงค์	gaan ron-ná-rorng

| d'opposition (adj) | ฝ่ายค้าน | fàai kháan |
| opposition (f) | ฝ่ายค้าน | fàai kháan |

visite (f)	การเยือน	gaan yeuan
visite (f) officielle	การเยือนอย่างเป็นทางการ	gaan yeuan yàang bpen thaang gaan
international (adj)	แบบสากล	bàep săa-gon

| négociations (f pl) | การเจรจา | gaan jayn-rá-jaa |
| négocier (vi) | เจรจา | jayn-rá-jaa |

244. La politique. Le gouvernement. Partie 2

société (f)	สังคม	sǎng-khom
constitution (f)	รัฐธรรมนูญ	rát-thà-tham-má-noon
pouvoir (m)	อำนาจ	am-nâat
corruption (f)	การทุจริตคอรัปชั่น	gaan thút-jà-rìt khor-ráp-chân

| loi (f) | กฎหมาย | gòt măai |
| légal (adj) | ทางกฎหมาย | thaang gòt măai |

| justice (f) | ความยุติธรรม | khwaam yút-dtì-tham |
| juste (adj) | เป็นธรรม | bpen tham |

comité (m)	คณะกรรมการ	khá-ná gam-má-gaan
projet (m) de loi	ราง	râang
budget (m)	งบประมาณ	ngóp bprà-maan
politique (f)	นโยบาย	ná-yoh-baai
réforme (f)	ปฏิรูป	bpà-dtì rôop
radical (adj)	รุนแรง	run raeng

puissance (f)	กำลัง	gam-lang
puissant (adj)	ทรงพลัง	song phá-lang
partisan (m)	ผู้สนับสนุน	phôo sà-nàp-sà-nŭn
influence (f)	อิทธิพล	ìt-thí pon

régime (m)	ระบอบการปกครอง	rá-bòrp gaan bpòk khrorng
conflit (m)	ความขัดแย้ง	khwaam khàt yáeng
complot (m)	การคบคิด	gaan khóp khít
provocation (f)	การยั่วยุ	gaan yûa yú

renverser (le régime)	ล้มล้าง	lóm láang
renversement (m)	การล้ม	gaan lóm
révolution (f)	ปฏิวัติ	bpà-dtì-wát

coup (m) d'État	รัฐประหาร	rát-thà-bprà-hăn
coup (m) d'État militaire	การยึดอำนาจด้วยกำลังทหาร	gaan yéut am-nâat dûay gam-lang thá-hăan
crise (f)	วิกฤติ	wí-grìt

baisse (f) économique	ภาวะเศรษฐกิจถดถอย	phaa-wá sàyt-thà-gìt thòt thŏi
manifestant (m)	ผู้ประท้วง	phôo bprà-thúang
manifestation (f)	การประท้วง	gaan bprà-thúang
loi (f) martiale	กฎอัยการศึก	gòt ai-yá-gaan sèuk
base (f) militaire	ฐานทัพ	thăan tháp
stabilité (f)	ความมั่นคง	khwaam mân-khong
stable (adj)	มั่นคง	mân khong
exploitation (f)	การขูดรีด	gaan khòot rêet
exploiter (vt)	ขูดรีด	khòot rêet
racisme (m)	ลัทธินิยมเชื้อชาติ	khá-dtì ní-yom chéua châat
raciste (m)	ผู้เหยียดผิว	phôo yìat phĭw
fascisme (m)	ลัทธิฟาสซิสต์	lát-thí fâat-sít
fasciste (m)	ผู้นิยมลัทธิฟาสซิสต์	phôo ní-yom lát-thí fâat-sít

245. Les différents pays du monde. Divers

étranger (m)	คนต่างชาติ	khon dtàang châat
étranger (adj)	ต่างชาติ	dtàang châat
à l'étranger (adv)	ต่างประเทศ	dtàang bprà-thâyt
émigré (m)	ผู้อพยพ	phôo òp-phá-yóp
émigration (f)	การอพยพ	gaan òp-phá-yóp
émigrer (vi)	อพยพ	òp-phá-yóp
Ouest (m)	ตะวันตก	dtà-wan dtòk
Est (m)	ตะวันออก	dtà-wan òrk
Extrême Orient (m)	ตะวันออกไกล	dtà-wan òrk glai
civilisation (f)	อารยธรรม	aa-rá-yá-tham
humanité (f)	มนุษยชาติ	má-nút-sà-yá-châat
monde (m)	โลก	lôhk
paix (f)	ความสงบสุข	khwaam sà-ngòp-sùk
mondial (adj)	ทั่วโลก	thûa lôhk
patrie (f)	บ้านเกิด	bâan gèrt
peuple (m)	ประชาชน	bprà-chaa chon
population (f)	ประชากร	bprà-chaa gon
gens (m pl)	ประชาชน	bprà-chaa chon
nation (f)	ชาติ	châat
génération (f)	รุ่น	rûn
territoire (m)	อาณาเขต	aa-naa khàyt
région (f)	ภูมิภาค	phoo-mí-phâak
état (m) (partie du pays)	รัฐ	rát
tradition (f)	ธรรมเนียม	tham-niam
coutume (f)	ประเพณี	bprà-phay-nee
écologie (f)	นิเวศวิทยา	ní-wâyt wít-thá-yaa
indien (m)	อินเดียนแดง	in-dian daeng
bohémien (m)	คนยิปซี	khon yíp-see

bohémienne (f)	คนยิปซี	khon yíp-see
bohémien (adj)	ยิปซี	yíp see
empire (m)	จักรวรรดิ	jàk-grà-wàt
colonie (f)	อาณานิคม	aa-naa ní-khom
esclavage (m)	การใช้แรงงานทาส	gaan chái raeng ngaan thâat
invasion (f)	การบุกรุก	gaan bùk rúk
famine (f)	ความอดอยาก	khwaam òt yàak

246. Les groupes religieux. Les confessions

religion (f)	ศาสนา	sàat-sà-năa
religieux (adj)	ศาสนา	sàat-sà-năa
foi (f)	ศรัทธา	sàt-thaa
croire (en Dieu)	นับถือ	náp thĕu
croyant (m)	ผู้ศรัทธา	phôo sàt-thaa
athéisme (m)	อเทวนิยม	a-thay-wá ní-yom
athée (m)	ผู้เชื่อว่า	phôo chêua wâa
	ไม่มีพระเจ้า	mâi mee phrá jâo
christianisme (m)	ศาสนาคริสต์	sàat-sà-năa khrít
chrétien (m)	ผู้นับถือ	phôo náp thĕu
	ศาสนาคริสต์	sàat-sà-năa khrít
chrétien (adj)	ศาสนาคริสต์	sàat-sà-năa khrít
catholicisme (m)	ศาสนาคาธอลิก	sàat-sà-năa khaa-thor-lík
catholique (m)	ผู้นับถือ	phôo náp thĕu
	ศาสนาคาธอลิก	sàat-sà-năa khaa-thor-lík
catholique (adj)	คาธอลิก	khaa-thor-lík
protestantisme (m)	ศาสนา	sàat-sà-năa
	โปรแตสแตนท์	bproh-dtàet-dtaen
Église (f) protestante	โบสถ์นิกาย	bòht ní-gaai
	โปรแตสแตนท์	bproh-dtàet-dtaen
protestant (m)	ผู้นับถือศาสนา	phôo náp thĕu sàat-sà-năa
	โปรแตสแตนท์	bproh-dtàet-dtaen
Orthodoxie (f)	ศาสนาออร์ทอดอกซ์	sàat-sà-năa or-thor-dòrk
Église (f) orthodoxe	โบสถ์ศาสนาออร์ทอดอกซ์	bòht sàat-sà-năa or-thor-dòrk
orthodoxe (m)	ผู้นับถือ	phôo náp thĕu
	ศาสนาออร์ทอดอกซ์	sàat-sà-năa or-thor-dòrk
Presbytérianisme (m)	นิกายเพรสไบทีเรียน	ní-gaai phrayt-bai-thee-rian
Église (f) presbytérienne	โบสถ์นิกาย	bòht ní-gaai
	เพรสไบทีเรียน	phrayt-bai-thee-rian
presbytérien (m)	ผู้นับถือนิกาย	phôo náp thĕu ní-gaai
	เพรสไบทีเรียน	phrayt bai thee rian
Église (f) luthérienne	นิกายลูเทอแรน	ní-gaai loo-thay-a-răen
luthérien (m)	ผู้นับถือนิกาย	phôo náp thĕu ní-gaai
	ลูเทอแรน	loo-thay-a-răen
Baptisme (m)	นิกายแบบติสท์	ní-gaai báep-dtìt

baptiste (m)	ผู้นับถือนิกาย แบบติสท	phôo náp thẽu ní-gaai báep-dtìt
Église (f) anglicane	โบสถ์นิกายแองกลิกัน	bòht ní-gaai ae-ngók-lí-gan
anglican (m)	ผู้นับถือนิกาย แองกลิกัน	phôo náp thẽu ní-gaai ae ngók lí gan
Mormonisme (m)	นิกายมอร์มอน	ní-gaai mor-mon
mormon (m)	ผู้นับถือนิกาย มอรมอน	phôo náp thẽu ní-gaai mor-mon
judaïsme (m)	ศาสนายิว	sàat-sà-nǎa yiw
juif (m)	คนยิว	khon yiw
Bouddhisme (m)	ศาสนาพุธ	sàat-sà-nǎa phút
bouddhiste (m)	ผู้นับถือ ศาสนาพุธ	phôo náp thẽu sàat-sà-nǎa phút
hindouisme (m)	ศาสนาฮินดู	sàat-sà-nǎa hin-doo
hindouiste (m)	ผู้นับถือ ศาสนาฮินดู	phôo náp thẽu sàat-sà-nǎa hin-doo
islam (m)	ศาสนาอิสลาม	sàat-sà-nǎa ìt-sà-laam
musulman (m)	ผู้นับถือ ศาสนาอิสลาม	phôo náp thẽu sàat-sà-nǎa ìt-sà-laam
musulman (adj)	มุสลิม	mút-sà-lim
Chiisme (m)	ศาสนา อิสลามนิกายชีอะฮ์	sàat-sà-nǎa ìt-sà-laam ní-gaai shi-à
chiite (m)	ผู้นับถือนิกายชีอะฮ์	phôo náp thẽu ní-gaai shi-à
Sunnisme (m)	ศาสนา อิสลามนิกายซุนนี	sàat-sà-nǎa ìt-sà-laam ní-gaai sun-nee
sunnite (m)	ผู้นับถือนิกาย ซุนนี	phôo náp thẽu ní-gaai sun-nee

247. Les principales religions. Le clergé

prêtre (m)	นักบวช	nák bùat
Pape (m)	พระสันตะปาปา	phrá sǎn-dtà-bpaa-bpaa
moine (m)	พระ	phrá
bonne sœur (f)	แม่ชี	mâe chee
pasteur (m)	ศาสนาจารย์	sàat-sà-nǎa-jaan
abbé (m)	เจ้าอาวาส	jâo aa-wâat
vicaire (m)	เจาอาวาส	jâo aa-wâat
évêque (m)	มุขนายก	múk naa-yók
cardinal (m)	พระคาร์ดินัล	phrá khaa-dì-nan
prédicateur (m)	นักเทศน์	nák thâyt
sermon (m)	การเทศนา	gaan thâyt-sà-nǎa
paroissiens (m pl)	ลูกวัด	lôok wát
croyant (m)	ผู้ศรัทธา	phôo sàt-thaa
athée (m)	ผู้เชื่อวา ไม่มีพระเจ้า	phôo chẽua wâa mâi mee phrá jâo

248. La foi. Le Christianisme. L'Islam

Adam	อาดัม	aa-dam
Ève	เอวา	ay-waa
Dieu (m)	พระเจ้า	phrá jâo
le Seigneur	พระเจ้า	phrá jâo
le Tout-Puissant	พระผู้เป็นเจ้า	phrá phôo bpen jâo
péché (m)	บาป	bàap
pécher (vi)	ทำบาป	tham bàap
pécheur (m)	คนบาป	khon bàap
pécheresse (f)	คนบาป	khon bàap
enfer (m)	นรก	ná-rók
paradis (m)	สวรรค์	sà-wăn
Jésus	พระเยซู	phrá yay-soo
Jésus Christ	พระเยซูคริสต์	phrá yay-soo khrít
le Saint-Esprit	พระจิต	phrá jìt
le Sauveur	พระผู้ไถ่	phrá phôo thài
la Sainte Vierge	พระนางมารีย์	phrá naang maa ree
	พรหมจารี	phrom-má-jaa-ree
le Diable	มาร	maan
diabolique (adj)	ของมาร	khŏrng maan
Satan	ซาตาน	saa-dtaan
satanique (adj)	ซาตาน	saa-dtaan
ange (m)	เทวทูต	thay-wá-thôot
ange (m) gardien	เทวดาผู้	thay-wá-daa phôo
	คุมครอง	khúm khrorng
angélique (adj)	ของเทวดา	khŏrng thay-wá-daa
apôtre (m)	สาวก	săa-wók
archange (m)	หัวหน้าทูตสวรรค์	hŭa nâa thôot sà-wăn
antéchrist (m)	ศัตรูของพระคริสต์	sàt-dtroo khŏrng phrá khrít
Église (f)	โบสถ์	bòht
Bible (f)	คัมภีร์ไบเบิ้ล	kham-phee bai-bêrn
biblique (adj)	ไบเบิ้ล	bai-bêrn
Ancien Testament (m)	พันธสัญญาเดิม	phan-thá-săn-yaa derm
Nouveau Testament (m)	พันธสัญญาใหม	phan-thá-săn-yaa mài
Évangile (m)	พระวรสาร	phrá won săan
Sainte Écriture (f)	พระคัมภีร์ไบเบิล	phrá kham-phee bai-bern
Cieux (m pl)	สวรรค์	sà-wăn
commandement (m)	บัญญัติ	ban-yàt
prophète (m)	ผู้เผยพระวจนะ	phôo phŏie phrá wá-jà-ná
prophétie (f)	คำพยากรณ์	kham phá-yaa-gon
Allah	อัลลอฮ์	an-lor
Mahomet	พระมูฮัมหมัด	phrá moo ham màt

le Coran	อัลกุรอาน	an gù-rá-aan
mosquée (f)	สุเหรา	sù-rào
mulla (m)	มุลละ	mun lá
prière (f)	บทสวดมนต์	bòt sùat mon
prier (~ Dieu)	สวด	sùat

pèlerinage (m)	การจาริกแสวงบุญ	gaan jaa-rík sà-wăeng bun
pèlerin (m)	ผู้แสวงบุญ	phôo sà-wăeng bun
La Mecque	มักกะฮ	mák-gà

église (f)	โบสถ์	bòht
temple (m)	วิหาร	wí-hăan
cathédrale (f)	มหาวิหาร	má-hăa wí-hăan
gothique (adj)	แบบโกธิก	bàep goh-thík
synagogue (f)	โบสถ์ของศาสนายิว	bòht khŏrng sàat-sà-năa yiw
mosquée (f)	สุเหรา	sù-rào

chapelle (f)	ห้องสวดมนต์	hôrng sùat mon
abbaye (f)	วัด	wát
couvent (m)	สำนักแม่ชี	săm-nák mâe chee
monastère (m)	อาราม	aa raam

cloche (f)	ระฆัง	rá-khang
clocher (m)	หอระฆัง	hŏr rá-khang
sonner (vi)	ตีระฆัง	dtee rá-khang

croix (f)	ไม้กางเขน	mái gaang khăyn
coupole (f)	หลังคาทรงโดม	lăng kaa song dohm
icône (f)	รูปเคารพ	rôop kpao-róp

âme (f)	วิญญาณ	win-yaan
sort (m) (destin)	ชะตากรรม	chá-dtaa gam
mal (m)	ความชั่วร้าย	khwaam chûa ráai
bien (m)	ความดี	khwaam dee

vampire (m)	ผีดูดเลือด	phĕe dòot lêuat
sorcière (f)	แมมด	mâe mót
démon (m)	ปีศาจ	bpee-sàat
esprit (m)	ผี	phĕe

| rachat (m) | การไถ่ถอน | gaan thài thŏrn |
| racheter (pécheur) | ไถ่ถอน | thài thŏrn |

office (m), messe (f)	พิธีมิสซา	phí-tee mít-saa
dire la messe	ประกอบพิธี	bprà-gòp phí-thee
	ศีลมหาสนิท	sĕen má-hăa sà-nìt
confession (f)	การสารภาพ	gaan săa-rá-phâap
se confesser (vp)	สารภาพ	săa-rá-phâap

saint (m)	นักบุญ	nák bun
sacré (adj)	ศักดิ์สิทธิ์	sàk-gà-dì sìt
l'eau bénite	น้ำมนต์	nám mon

rite (m)	พิธีกรรม	phí-thee gam
rituel (adj)	แบบพิธีกรรม	bpaep phí-thee gam
sacrifice (m)	การบูชายัญ	gaan boo-chaa yan

superstition (f)	ความเชื่องมงาย	khwaam chêua ngom-ngaai
superstitieux (adj)	เชื่องมงาย	chêua ngom-ngaai
vie (f) après la mort	ชีวิตหลังความตาย	chee-wít lǎng khwaam dtaai
vie (f) éternelle	ชีวิตอันเป็นนิรันดร์	chee-wít an bpen ní-ran

DIVERS

249. Quelques mots et formules utiles

aide (f)	ความช่วยเหลือ	khwaam chûay lěua
arrêt (m) (pause)	การหยุด	gaan yùt
balance (f)	สมดุล	sà-má-dun
barrière (f)	สิ่งกีดขวาง	sìng gèet-khwǎang
base (f)	ฐาน	thǎan
catégorie (f)	หมวดหมู่	mùat mòo
cause (f)	สาเหตุ	sǎa-hàyt
choix (m)	ตัวเลือก	dtua lêuak
chose (f) (objet)	สิ่ง	sìng
coïncidence (f)	ความบังเอิญ	khwaam bang-ern
comparaison (f)	การเปรียบเทียบ	gaan bprìap thîap
compensation (f)	การชดเชย	gaan chót-choie
confortable (adj)	สะดวกสบาย	sà-dùak sà-baai
croissance (f)	การเติบโต	gaan dtèrp dtoh
début (m)	จุดเริ่มตน	jùt rêrm-dtôn
degré (m) (~ de liberté)	ระดับ	rá-dàp
développement (m)	การพัฒนา	gaan phát-thá-naa
différence (f)	ความแตกตาง	khwaam dtàek dtàang
d'urgence (adv)	อยางเรงดวน	yàang râyng dùan
effet (m)	ผลกระทบ	phǒn grà-thóp
effort (m)	ความพยายาม	khwaam phá-yaa-yaam
élément (m)	องคประกอบ	ong bprà-gòrp
exemple (m)	ตัวอยาง	dtua yàang
fait (m)	ขอเท็จจริง	khôr thét jing
faute, erreur (f)	ขอผิดพลาด	khôr phìt phlâat
fin (f)	จบ	jòp
fond (m) (arrière-plan)	ฉากหลัง	chàak lǎng
forme (f)	รูปราง	rôop râang
fréquent (adj)	ถี่	thèe
genre (m) (type, sorte)	ประเภท	bprà-phâyt
idéal (m)	อุดมคติ	u-dom khá-dtì
labyrinthe (m)	เขาวงกต	khǎo-wong-gòt
mode (m) (méthode)	วิถีทาง	wí-thěe thaang
moment (m)	ชวงเวลา	chûang way-laa
objet (m)	สิ่งของ	sìng khǒrng
obstacle (m)	อุปสรรค	u-bpà-sàk
original (m)	ตนฉบับ	dtôn chà-bàp
part (f)	สวน	sùan
particule (f)	อนุภาค	a-nú phâak

228

pause (f)	การหยุดพัก	gaan yùt phák
position (f)	ตำแหน่ง	dtam-nàeng
principe (m)	หลักการ	làk gaan
problème (m)	ปัญหา	bpan-hǎa
processus (m)	กระบวนการ	grà-buan gaan
progrès (m)	ความก้าวหน้า	khwaam gâao nâa
propriété (f) (qualité)	คุณสมบัติ	khun-ná-sǒm-bàt
réaction (f)	ปฏิกิริยา	bpà-dtì gì-rí-yaa
risque (m)	ความเสี่ยง	khwaam sìang
secret (m)	ความลับ	khwaam láp
série (f)	ลำดับ	lam-dàp
situation (f)	สถานการณ์	sà-thǎan gaan
solution (f)	ทางแก	thaang gâe
standard (adj)	เป็นมาตรฐาน	bpen mâat-dtrà-thǎan
standard (m)	มาตรฐาน	mâat-dtrà-thǎan
style (m)	สไตล์	sà-dtai
système (m)	ระบบ	rá-bòp
tableau (m) (grille)	ตาราง	dtaa-raang
tempo (m)	จังหวะ	jang wà
terme (m)	คำ	kham
tour (m) (attends ton ~)	ตา	dtaa
type (m) (~ de sport)	ประเภท	bprà-phâyt
urgent (adj)	เร่งด่วน	râyng dùan
utilité (f)	ความมีประโยชน์	khwaam mee bprà-yòht
vérité (f)	ความจริง	khwaam jing
version (f)	ขอ	khôr
zone (f)	โซน	sohn

250. Les adjectifs. Partie 1

affamé (adj)	หิว	hǐw
agréable (la voix)	ดี	dee
aigre (fruits ~s)	เปรี้ยว	bprîeow
amer (adj)	ขม	khǒm
ancien (adj)	โบราณ	boh-raan
arrière (roue, feu)	หลัง	lǎng
artificiel (adj)	เทียม	thiam
attentionné (adj)	ที่หวงใย	thêe hùang yai
aveugle (adj)	ตาบอด	dtaa bòrt
bas (voix ~se)	ต่ำ	dtàm
basané (adj)	คล้ำ	khlám
beau (homme)	สวย	sǔay
beau, magnifique (adj)	สวย	sǔay
bien affilé (adj)	คม	khom
bon (~ voyage!)	ดี	dee
bon (au bon cœur)	ดี	dee

bon (savoureux)	อร่อย	à-ròi
bon marché (adj)	ถูก	thòok
bronzé (adj)	ผิวดำแดง	phĭw dam daeng
calme (tranquille)	สงบ	sà-ngòp
central (adj)	กลาง	glaang
chaud (modérément)	อุ่น	ùn
cher (adj)	แพง	phaeng
civil (droit ~)	พลเรือน	phon-lá-reuan
clair (couleur)	ออน	òrn
clair (explication ~e)	ชัดเจน	chát jayn
clandestin (adj)	ลับ	láp
commun (projet ~)	ร่วมกัน	rûam gan
compatible (adj)	เขากันได้	khâo gan dâai
considérable (adj)	สำคัญ	sǎm-khan
content (adj)	มีความสุข	mee khwaam sùk
continu (incessant)	ต่อเนื่อง	dtòr nêuang
continu (usage ~)	ยาวนาน	yaao naan
convenu (approprié)	ที่เหมาะสม	thêe mòr sǒm
court (de taille)	สั้น	sân
court (en durée)	มีอายุสั้น	mee aa-yú sân
cru (non cuit)	ดิบ	dìp
d'à côté, voisin	ใกล	glâi
dangereux (adj)	อันตราย	an-dtà-raai
d'enfant (adj)	ของเด็ก	khǒrng dèk
dense (brouillard ~)	หนาแนน	nǎa nâen
dernier (final)	ท้ายสุด	tháai sùt
différent (adj)	ตางกัน	dtàang gan
difficile (complexe)	ยาก	yâak
difficile (décision)	ยาก	yâak
divers (adj)	หลาย	lǎai
d'occasion (adj)	มือสอง	meu sǒrng
douce (l'eau ~)	จืด	jèut
droit (pas courbe)	ตรง	dtrorng
droit (situé à droite)	ขวา	khwǎa
dur (pas mou)	แข็ง	khǎeng
éloigné (adj)	ไกล	glai
ensoleillé (jour ~)	แดดแรง	dàet raeng
entier (adj)	ทั้งหมด	tháng mòt
épais (brouillard ~)	หนา	nǎa
épais (mur, etc.)	หุนา	nǎa
étranger (adj)	ตางชาติ	dtàang châat
étroit (passage, etc.)	แคบ	khâep
excellent (adj)	ยอดเยี่ยม	yôrt yîam
excessif (adj)	เกินขีด	gern khèet
extérieur (adj)	ภายนอก	phaai nôrk
facile (adj)	งาย	ngâai
faible (lumière)	สลัว	sà-lǔa

fatiguant (adj)	น่าเหนื่อยหน่าย	nâa nèuay nàai
fatigué (adj)	เหนื่อย	nèuay
fermé (adj)	ปิด	bpìt
fertile (le sol ~)	อุดมสมบูรณ์	ù-dom sǒm-boon
fort (homme ~)	แข็งแกร่ง	khǎeng gràeng
fort (voix ~e)	ดัง	dang
fragile (vaisselle, etc.)	เปราะบาง	bpròr baang
frais (adj) (légèrement froid)	เย็น	yen
frais (du pain ~)	สด	sòt
froid (boisson ~e)	เย็น	yen
gauche (adj)	ซ้าย	sáai
géant (adj)	ใหญ่	yài
gentil (adj)	ดี	dee
grand (dimension)	ใหญ่	yài
gras (repas ~)	มันๆ	man man
gratuit (adj)	ฟรี	free
heureux (adj)	มีความสุข	mee khwaam sùk
hostile (adj)	เป็นศัตรู	bpen sàt-dtroo
humide (adj)	ชื้น	chéun
immobile (adj)	ไม่ขยับ	mâi khà-yàp
important (adj)	สำคัญ	sǎm-khan
impossible (adj)	เป็นไปไม่ได้	bpen bpai mâi dâai
indéchiffrable (adj)	เข้าใจไม่ได้	khâo jai mâi dâai
indispensable (adj)	จำเป็น	jam bpen
intelligent (adj)	ฉลาด	chà-làat
intérieur (adj)	ภายใน	phaai nai
jeune (adj)	หนุ่ม	nùm
joyeux (adj)	รื่นเริง	rêun rerng
juste, correct (adj)	ถูก	thòok

251. Les adjectifs. Partie 2

large (~ route)	กว้าง	gwâang
le même, pareil (adj)	เหมือนกัน	mǔuan gan
le plus important	ที่สำคัญที่สุด	thêe sǎm-khan thêe sùt
le plus proche	ใกล้ที่สุด	glâi thêe sùt
légal (adj)	ทางกฎหมาย	thaang gòt mǎai
léger (pas lourd)	เบา	bao
libre (accès, etc.)	ไม่จำกัด	mâi jam-gàt
limité (adj)	จำกัด	jam-gàt
liquide (adj)	เหลว	lěo
lisse (adj)	เนียน	nian
lointain (adj)	ห่างไกล	hàang glai
long (~ chemin)	ยาว	yaao
lourd (adj)	หนัก	nàk
maigre (adj)	ผอม	phǒm
malade (adj)	ป่วย	bpùay

mat (couleur)	ด้าน	dâan
mauvais (adj)	แย	yâe
méticuleux (~ travail)	พิถีพิถัน	phí-thǎe-phí-thǎn
miséreux (adj)	ยากจน	yâak jon
mort (adj)	ตาย	dtaai
mou (souple)	นิ่ม	nîm
mûr (fruit ~)	สุก	sùk
myope (adj)	สายตาสั้น	sǎai dtaa sân
mystérieux (adj)	ลึกลับ	léuk láp
natal (ville, pays)	ดั้งเดิม	dâng derm
nécessaire (adj)	จำเป็น	jam bpen
négatif (adj)	แงลบ	ngâe lóp
négligent (adj)	ประมาท	bprà-màat
nerveux (adj)	กระวนกระวาย	grà won grà waai
neuf (adj)	ใหม	mài
normal (adj)	ปกติ	bpòk-gà-dtì
obligatoire (adj)	จำเป็น	jam bpen
opposé (adj)	ตรงขาม	dtrorng khâam
ordinaire (adj)	ปกติ	bpòk-gà-dtì
original (peu commun)	ดั้งเดิม	dâng derm
ouvert (adj)	เปิด	bpèrt
parfait (adj)	ยอดเยี่ยม	yôrt yîam
pas clair (adj)	ไมชัดเจน	mâi chát jayn
pas difficile (adj)	ไม่ยาก,	mâi yâak
pas grand (adj)	ไมใหญ	mâi yài
passé (le mois ~)	กลุาย	glaai
passé (participe ~)	ที่ผานมา	thêe phàan maa
pauvre (adj)	จน	jon
permanent (adj)	ถาวร	thǎa-won
personnel (adj)	สวนตัว	sùan dtua
petit (adj)	เล็ก	lék
peu expérimenté (adj)	ขาดประสบการณ์	khàat bprà-sòp gaan
peu important (adj)	ไมสำคัญ	mâi sǎm-khan
peu profond (adj)	ตื้น	dtêun
plat (l'écran ~)	แบน	baen
plat (surface ~e)	เรียบ	rîap
plein (rempli)	เต็ม	dtem
poli (adj)	สุภาพ	sù-phâap
ponctuel (adj)	ตรงเวลา	dtrorng way-laa
possible (adj)	เป็นไปได	bpen bpai dâai
précédent (adj)	กอนหนา	gòrn nâa
précis, exact (adj)	ถูกตอง	thòok dtôrng
présent (moment ~)	ปัจจุบัน	bpàt-jù-ban
principal (adj)	หลัก	làk
principal (idée ~e)	หลัก	làk
privé (réservé)	สวนบุคคล	sùan bùk-khon
probable (adj)	เป็นไปได	bpen bpai dâai

proche (pas lointain)	ใกล้	glâi
propre (chemise ~)	สะอาด	sà-àat
public (adj)	สาธารณะ	săa-thaa-rá-ná
rapide (adj)	เร็ว	reo

rare (adj)	หายาก	hăa yâak
reconnaissant (adj)	สำนึกในบุญคุณ	săm-néuk nai bun khun
risqué (adj)	เสี่ยง	sìang
salé (adj)	เค็ม	khem
sale (pas propre)	สกปรก	sòk-gà-bpròk

sans nuages (adj)	ไร้เมฆ	rái mâyk
satisfait (client, etc.)	พอใจ	phor jai
sec (adj)	แห้ง	hâeng
serré, étroit (vêtement)	คับ	kháp
similaire (adj)	คลายคลึง	khláai khleung

simple (adj)	ง่าย	ngâai
solide (bâtiment, etc.)	แข็ง	khăeng
sombre (paysage ~)	มืดมัว	mêut mua
sombre (pièce ~)	มืด	mêut
spacieux (adj)	กว้างขวาง	gwâang khwăang

spécial (adj)	พิเศษ	phí-sàyt
stupide (adj)	โง่	ngôh
sucré (adj)	หวาน	wăan
suivant (vol ~)	ถัดไป	thàt bpai
supplémentaire (adj)	เพิ่มเติม	phêrm dterm

suprême (adj)	สูงสุด	sŏong sùt
sûr (pas dangereux)	ปลอดภัย	bplòrt phai
surgelé (produits ~s)	แช่แข็ง	châe khăeng
tendre (affectueux)	อ่อนโยน	òn yohn
tranquille (adj)	เงียบ	ngîap

transparent (adj)	ใส	săi
trempé (adj)	เปียก	bpìak
très chaud (adj)	ร้อน	rórn
triste (adj)	เศร้า	sâo
triste (regard ~)	เศร้า	sâo

trop maigre (émacié)	ผอม	phŏrm
unique (exceptionnel)	อย่างเดียว	yàang dieow
vide (bouteille, etc.)	ว่าง	wâang
vieux (bâtiment, etc.)	เก่า	gào
voisin (maison ~e)	เพื่อนบ้าน	phêuan bâan

LES 500 VERBES LES PLUS UTILISÉS

252. Les verbes les plus courants (de A à C)

abaisser (vt)	ลด	lót
accompagner (vt)	รวมไปด้วย	rûam bpai dûay
accoster (vi)	จอดเรือ	jòrt reua
accrocher (suspendre)	แขวน	khwǎen
accuser (vt)	กล่าวหา	glàao hǎa
acheter (vt)	ซื้อ	séu
admirer (vt)	ชมเชย	chom choie
affirmer (vt)	ยืนยัน	yeun yan
agir (vi)	ปฏิบัติ	bpà-dtì-bàt
agiter (les bras)	โบกมือ	bòhk meu
aider (vt)	ช่วย	chûay
aimer (apprécier)	ชอบ	chôrp
aimer (qn)	รัก	rák
ajouter (vt)	เพิ่ม	phêrm
aller (à pied)	ไป	bpai
aller (en voiture, etc.)	ไป	bpai
aller bien (robe, etc.)	เหมาะ	mò
aller se coucher	ไปนอน	bpai norn
allumer (~ la cheminée)	จุดไฟ	jùt fai
allumer (la radio, etc.)	เปิด	bpèrt
amener, apporter (vt)	นำมา	nam maa
amputer (vt)	ตัดอวัยวะ	dtàt a-wai-wá
amuser (vt)	ทำให้รื่นเริง	thám hâi rêun rerng
annoncer (qch a qn)	แจง	jâeng
annuler (vt)	ยกเลิก	yók lêrk
apercevoir (vt)	สังเกต	sǎng-gàyt
apparaître (vi)	ปรากฏ	bpraa-gòt
appartenir à …	เป็นของของ...	bpen khǒrng khǒrng...
appeler (au secours)	เรียก	rîak
appeler (dénommer)	เรียก	rîak
appeler (vt)	เรียก	rîak
applaudir (vi)	ปรบมือ	bpròp meu
apprendre (qch à qn)	สอน	sǒrn
arracher (vt)	ฉีก	chèek
arriver (le train)	มาถึง	maa thěung
arroser (plantes)	รดน้ำ	rót náam
aspirer à …	ปรารถนา	bpràat-thà-nǎa
assister (vt)	ช่วย	chûay

attacher à ...	ผูกกับ...	phòok gàp...
attaquer (mil.)	โจมตี	johm dtee
atteindre (lieu)	ไปถึง	bpai thĕung
atteindre (objectif)	บรรลุ	ban-lú
attendre (vt)	รอ	ror
attraper (vt)	รับ	ráp
attraper ... (maladie)	ติดเชื้อ	dtìt chéua
augmenter (vi)	เพิ่ม	phêrm
augmenter (vt)	เพิ่ม	phêrm
autoriser (vt)	อนุญาต	a-nú-yâat
avertir (du danger)	เตือน	dteuan
aveugler (par les phares)	ทำให้มองไม่เห็น	tam hâi morng mâi hĕn
avoir (vt)	มี	mee
avoir confiance	เชื่อ	chêua
avoir peur	กลัว	glua
avouer (vi, vt)	สารภาพ	săa-rá-phâap
baigner (~ les enfants)	อาบน้ำให้	àap náam hâi
battre (frapper)	ตี	dtee
boire (vt)	ดื่ม	dèum
briller (vi)	สองแสง	sòrng săeng
briser, casser (vt)	ทำพัง	tham phang
brûler (des papiers)	เผา	phăo
cacher (vt)	ซอน	sôrn
calmer (enfant, etc.)	ทำให้...สงบ	tham hâi...sà-ngòp
caresser (vt)	ลูบ	lôop
céder (vt)	ยอม	yorm
cesser (vt)	หยุด	yùt
changer (~ d'avis)	เปลี่ยน	bplìan
changer (échanger)	แลกเปลี่ยน	lâek bplìan
charger (arme)	ใส่กระสุน	sài grà-sŭn
charger (véhicule, etc.)	ขนของ	khŏn khŏrng
charmer (vt)	หวานเสน่ห์	wàan sà-này
chasser (animaux)	ล่าหา	lâa hăa
chasser (faire partir)	ไล่ไป	lâi bpai
chauffer (vt)	อุ่นให้ร้อน	ùn hâi rórn
chercher (vt)	หา	hăa
choisir (vt)	เลือก	lêuak
citer (vt)	อางอิง	âang ing
combattre (vi)	สู้รบ	sôo róp
commander (~ le menu)	สั่งอาหาร	sàng aa-hăan
commencer (vt)	เริ่ม	rêrm
comparer (vt)	เปรียบเทียบ	bprìap thîap
compenser (vt)	ชดเชย	chót-choie
compliquer (vt)	ทำให้...ซับซ้อน	tham hâi...sáp són
composer (musique)	แต่ง	dtàeng
comprendre (vt)	เขาใจ	khâo jai

compromettre (vt)	ทำให้...เสียเกียรติ	tham hâi...sǐa gìat
compter (l'argent, etc.)	นับ	náp
compter sur ...	พึ่งพา	phêung phaa
concevoir (créer)	ออกแบบ	òrk bàep
concurrencer (vt)	แข่งขัน	khàeng khǎn
condamner (vt)	พิพากษา	phí-phâak-sǎa

conduire une voiture	ขับรถ	khàp rót
confondre (vt)	สับสน	sàp sǒn
connaître (qn)	รู้จัก	róo jàk
conseiller (vt)	แนะนำ	náe nam
consulter (docteur, etc.)	ปรึกษา	bprèuk-sǎa

contaminer (vt)	ทำให้ติดเชื้อ	tham hâi dtìt chéua
continuer (vt)	ดำเนินการต่อ	dam-nern gaan dtòr
contrôler (vt)	ควบคุม	khûap khum
convaincre (vt)	โน้มน้าว	nóhm náao

coopérer (vi)	ร่วมมือ	rûam meu
coordonner (vt)	ประสานงาน	bprà-sǎan ngaan
corriger (une erreur)	แก้ไข	gâe khǎi
couper (avec une hache)	ตัดออก	dtàt òrk

couper (un doigt, etc.)	ตัดออก	dtàt òrk
courir (vi)	วิ่ง	wîng
coûter (vt)	มีราคา	mee raa-khaa
cracher (vi)	ถุย	thǔi
créer (vt)	สร้าง	sâang

creuser (vt)	ขุด	khùt
crier (vi)	ตะโกน	dtà-gohn
croire (vi, vt)	คิด	khít
cueillir (fleurs, etc.)	เก็บ	gèp
cultiver (plantes)	ปลูก	bplòok

253. Les verbes les plus courants (de D à E)

dater de ...	มาตั้งแต่...	maa dtâng dtàe...
décider (vt)	ตัดสินใจ	dtàt sǐn jai
décoller (avion)	บินขึ้น	bin khêun
décorer (~ la maison)	ตกแต่ง	dtòk dtàeng

décorer (de la médaille)	มอบรางวัล	môrp raang-wan
découvrir (vt)	คนพบ	khón phóp
dédier (vt)	อุทิศ	u thít
défendre (vt)	ปกป้อง	bpòk bpôrng
déjeuner (vi)	ทานอาหารเที่ยง	thaan aa-hǎan thîang

demander (de faire qch)	ขอ	khǒr
dénoncer (vt)	ประณาม	bprà-naam
dépasser (village, etc.)	ผ่าน	phàan
dépendre de ...	พึ่งพา...	phêung phaa...
déplacer (des meubles)	ย้าย	yáai
déranger (vt)	รบกวน	róp guan

236

descendre (vi)	ลง	long
désirer (vt)	ปรารถนา	bpràat-thà-năa
détacher (vt)	แก้มัด	gâe mát
détruire (~ des preuves)	ทำลาย	tham laai
devenir (vi)	กลายเป็น	glaai bpen
devenir pensif	มัวแตครุ่นคิด	mua dtàe khrûn-khít
deviner (vt)	คาดเดา	khâat dao
devoir (v aux)	ต้อง	dtôrng
diffuser (distribuer)	แจกจ่าย	jàek jàai
diminuer (vt)	ลด	lót
dîner (vi)	ทานอาหารเย็น	thaan aa-hăan yen
dire (vt)	พูด	phôot
diriger (~ une usine)	จัดการ	jàt gaan
diriger (vers …)	บอกทาง	bòrk thaang
discuter (vt)	หารือ	hăa-reu
disparaître (vi)	หายไป	hăai bpai
distribuer (bonbons, etc.)	แจกจ่าย	jàek jàai
diviser (~ par 2)	หาร	hăan
dominer (château, etc.)	ทำให้…สูงเหนือ	tham hâi…sŏong nĕua
donner (qch à qn)	ให้	hâi
doubler (la mise, etc.)	เพิ่มเป็นสองเท่า	phêrm bpen sŏrng thâo
douter (vt)	สงสัย	sŏng-săi
dresser (~ une liste)	รวบรวม	rûap ruam
dresser (un chien)	ฝึก	fèuk
éclairer (soleil)	ทำให้สว่าง	tham hâi sà-wàang
écouter (vt)	ฟัง	fang
écouter aux portes	ลอบฟัง	lôrp fang
écraser (cafard, etc.)	บี้	bêe
écrire (vt)	เขียน	khĭan
effacer (vt)	ขัดออก	khàt òrk
éliminer (supprimer)	กำจัด	gam-jàt
embaucher (vt)	จาง	jâang
employer (utiliser)	ใช้	chái
emporter (vt)	เอาไป	ao bpai
emprunter (vt)	ขอยืม	khŏr yeum
enlever (~ des taches)	ลางออก	láang òrk
enlever (un objet)	เอาออก	ao òrk
enlever la boue	ทำความสะอาด	tham khwaam sà-àat
entendre (bruit, etc.)	ได้ยิน	dâai yin
entraîner (vt)	ฝึก	fèuk
entreprendre (vt)	ดำเนินการ	dam-nern gaan
entrer (vi)	เข้า	khâo
envelopper (vt)	หอ	hòr
envier (vt)	อิจฉา	ìt-chăa
envoyer (vt)	สง	sòng
épier (vt)	แอบดู	àep doo

équiper (vt)	ติด	dtìt
espérer (vi)	หวัง	wăng
essayer (de faire qch)	พยายาม	phá-yaa-yaam
éteindre (~ la lumière)	ปิด	bpìt
éteindre (incendie)	ดับ	dàp
étonner (vt)	ทำให้...ประหลาดใจ	tham hâi...bprà-làat jai
être (vi)	เป็น	bpen
être allongé (personne)	นอน	norn
être assez (suffire)	พอเพียง	phor phiang
être assis	นั่ง	nâng
être basé (sur ...)	อิง	ing
être convaincu de ...	ถูกโน้มน้าว	thook nóhm náao
être d'accord	เห็นด้วย	hěn dûay
être différent	แตกต่าง	dtàek dtàang
être en tête (de ...)	นำ	nam
être fatigué	เหนื่อย	nèuay
être indispensable	มีความจำเป็น	mee khwaam jam bpen
être la cause de ...	เป็นสาเหตุ...	bpen săa-hàyt...
être nécessaire	เป็นที่ต้องการ	bpen thêe dtôrng gaan
être perplexe	สับสน	sàp sŏn
être pressé	รีบ	rêep
étudier (vt)	เรียน	rian
éviter (~ la foule)	หลีกเลี่ยง	lèek lîang
examiner (une question)	ตรวจสอบ	dtrùat sòrp
exclure, expulser (vt)	ไล่ออก	lâi òrk
excuser (vt)	ให้อภัย	hâi a-phai
exiger (vt)	เรียกร้อง	rîak rórng
exister (vi)	มีอยู่	mee yòo
expliquer (vt)	อธิบาย	à-thí-baai
exprimer (vt)	แสดงออก	sà-daeng òrk

254. Les verbes les plus courants (de F à N)

fâcher (vt)	ทำให้...โกรธ	tham hâi...gròht
faciliter (vt)	ทำให้...ง่ายขึ้น	tham hâi...ngâai khêun
faire (vt)	ทำ	tham
faire allusion	พูดเป็นนัย	phôot bpen nai
faire connaissance	ทำความรู้จัก	tham khwaam róo jàk
faire de la publicité	โฆษณา	khôht-sà-naa
faire des copies	ถ่ายสำเนาหลายฉบับ	thàai săm-nao lăai chà-bàp
faire la guerre	ทำสงคราม	tham sŏng-khraam
faire la lessive	ซักผ้า	sák phâa
faire le ménage	จัดระเบียบ	jàt rá-bìap
faire surface (sous-marin)	ขึ้นมาที่ผิวน้ำ	khêun maa thêe phĭw náam
faire tomber	ทำให้...ตก	tham hâi...dtòk

faire un rapport	รายงาน	raai ngaan
fatiguer (vt)	ทำให้...เหนื่อย	tham hâi...nèuay
féliciter (vt)	แสดงความยินดี	sà-daeng khwaam yin dee
fermer (vt)	ปิด	bpìt
finir (vt)	จบ	jòp
flatter (vt)	ชม	chom
forcer (obliger)	บังคับ	bang-kháp
former (composer)	ก่อตั้ง	gòr dtâng
frapper (~ à la porte)	เคาะ	khór
garantir (vt)	รับประกัน	ráp bprà-gan
garder (lettres, etc.)	เก็บ	gèp
garder le silence	นิ่งเงียบ	nîng ngîap
griffer (vt)	ข่วน	khùan
gronder (qn)	ดุว่า	dù wâa
habiter (vt)	อยู่อาศัย	yòo aa-sǎi
hériter (vt)	รับมรดก	ráp mor-rá-dòrk
imaginer (vt)	มีจินตนาการ	mee jin-dtà-naa gaan
imiter (vt)	เลียนแบบ	lian bàep
importer (vt)	นำเข้า	nam khâo
indiquer (le chemin)	ชี้	chée
influer (vt)	มีอิทธิพล	mee ìt-thí phon
informer (vt)	แจง	jâeng
inquiéter (vt)	ทำให้...เป็นห่วง	tham hâi...bpen hùang
inscrire (sur la liste)	เขียน...ใส่	khǐan...sài
insérer (~ la clé)	สอดใส่	sòrt sài
insister (vi)	ยืนยัน	yeun yan
inspirer (vt)	บันดาลใจ	ban-daan jai
instruire (vt)	สอน	sǒrn
insulter (vt)	ดูถูก	doo thòok
interdire (vt)	ห้าม	hâam
intéresser (vt)	ทำให้...สนใจ	tham hâi...sǒn jai
intervenir (vi)	แทรกแซง	sâek saeng
inventer (machine, etc.)	ประดิษฐ์	bprà-dìt
inviter (vt)	เชิญ	chern
irriter (vt)	ทำให้...รำคาญ	tham hâi...ram-khaan
isoler (vt)	แยก	yâek
jeter (une pierre)	ขวาง	khwâang
jouer (acteur)	เล่นบท	lên bòt
jouer (s'amuser)	เล่น	lên
laisser (oublier)	ลืม	leum
lancer (un projet)	เปิด	bpèrt
larguer les amarres	ถอดออก	thòrt òrk
laver (vt)	ล้าง	láang
libérer (ville, etc.)	ปลดปล่อย	bplòt bplòi
ligoter (vt)	มัด	mát
limiter (vt)	จำกัด	jam-gàt

lire (vi, vt)	อ่าน	àan
louer (barque, etc.)	จ้วง	jâang
louer (prendre en location)	เช่า	châo
lutter (~ contre …)	สู้	sôo
lutter (sport)	มวยปล้ำ	muay bplâm
manger (vi, vt)	กิน	gin
manquer (l'école)	พลาด	phlâat
marquer (sur la carte)	ทำเครื่องหมาย	tham khrêuang măai
mélanger (vt)	ผสม	phà-sŏm
mémoriser (vt)	จดจำ	jòt jam
menacer (vt)	ขู่	khòo
mentionner (vt)	กล่าวถึง	glàao thĕung
mentir (vi)	โกหก	goh-hòk
mépriser (vt)	รังเกียจ	rang gìat
mériter (vt)	สมควรได้รับ	sŏm khuan dâai ráp
mettre (placer)	วาง	waang
montrer (vt)	แสดง	sà-daeng
multiplier (math)	คูณ	khoon
nager (vi)	ว่ายน้ำ	wâai náam
négocier (vi)	เจรจา	jayn-rá-jaa
nettoyer (vt)	ทำความสะอาด	tham khwaam sà-àat
nier (vt)	ปฏิเสธ	bpà-dtì-sàyt
nommer (à une fonction)	มอบหมาย	môrp măai
noter (prendre en note)	จดโน้ต	jòt nóht
nourrir (vt)	ให้อาหาร	hâi aa-hăan

255. Les verbes les plus courants (de O à R)

obéir (vt)	เชื่อฟัง	chêua fang
objecter (vt)	ค้าน	kháan
observer (vt)	สังเกตการณ์	săng-gàyt gaan
offenser (vt)	ลวงเกิน	lûang gern
omettre (vt)	เว้น	wén
ordonner (mil.)	สั่งการ	sàng gaan
organiser (concert, etc.)	จัด	jàt
oser (vt)	กล้า	glâa
oublier (vt)	ลืม	leum
ouvrir (vt)	เปิด	bpèrt
paraître (livre)	ออกวางจำหน่าย	òrk waang jam-nàai
pardonner (vt)	ยกโทษให้	yók thôht hâi
parler avec …	คุยกับ	khui gàp
participer à …	มีส่วนร่วม	mee sùan rûam
partir (~ en voiture)	ออกเดินทาง	òrk dern thaang
payer (régler)	จ่าย	jàai
pécher (vi)	ทำบาป	tham bàap
pêcher (vi)	จับปลา	jàp bplaa

pénétrer (vt)	แทรกซึม	sâek seum
penser (croire)	เชื่อ	chêua
penser (vi, vt)	คิด	khít
perdre (les clefs, etc.)	ทำหาย	tham hǎai
permettre (vt)	อนุญาตให้	a-nú-yâat hâi
peser (~ 100 kilos)	มีน้ำหนัก	mee nám nàk
photographier (vt)	ถ่ายภาพ	thàai phâap
placer (mettre)	วาง	waang
plaire (être apprécié)	ชอบ	chôrp
plaisanter (vi)	ล้อเล่น	lór lên
planifier (vt)	วางแผน	waang phǎen
pleurer (vi)	ร้องไห้	rórng hâi
plonger (vi)	ดำ	dam
posséder (vt)	เป็นเจ้าของ	bpen jâo khǒrng
pousser (les gens)	ผลัก	phlàk
pouvoir (v aux)	สามารถ	sǎa-mâat
prédominer (vi)	ชนะ	chá-ná
préférer (vt)	ชอบ	chôrp
prendre (vt)	เอา	ao
prendre en note	จด	jòt
prendre le petit déjeuner	ทานอาหารเช้า	thaan aa-hǎan cháo
prendre un risque	เสี่ยง	sìang
préparer (le dîner)	ทำ	tham
préparer (vt)	เตรียม	dtriam
présenter (faire connaître)	แนะนำ	náe nam
présenter (qn)	แนะนำ	náe nam
préserver (~ la paix)	รักษา	rák-sǎa
pressentir (le danger)	รับรู้	ráp róo
presser (qn)	รีบ	rêep
prévoir (vt)	คาดหวัง	khâat wǎng
prier (~ Dieu)	ภาวนา	phaa-wá-naa
priver (vt)	ตัด	dtàt
progresser (vi)	คืบหน้า	khêup nâa
promettre (vt)	สัญญา	sǎn-yaa
prononcer (vt)	ออกเสียง	òrk sǐang
proposer (vt)	เสนอ	sà-něr
protéger (la nature)	ปกป้อง	bpòk bpôrng
protester (vi, vt)	ประท้วง	bprà-thúang
prouver (une théorie, etc.)	พิสูจน์	phí-sòot
provoquer (vt)	ยั่วยุ	yûa yú
punir (vt)	ลงโทษ	long thôht
quitter (famille, etc.)	หย่า	yàa
raconter (une histoire)	เล่า	lâo
ranger (jouets, etc.)	เก็บที่	gèp thêe
rappeler (évoquer un souvenir)	นึกถึง	néuk thěung

réaliser (vt)	ทำให้...เป็นจริง	tham hâi...bpen jing
recommander (vt)	แนะนำ	náe nam
reconnaître (erreurs)	ยอมรับ	yorm ráp
reconnaître (qn)	จดจำ	jòt jam
refaire (vt)	ทำซ้ำ	tham sám

refuser (vt)	ปฏิเสธ	bpà-dtì-sàyt
regarder (vi, vt)	มองดู	morng doo
régler (~ un conflit)	ยุติ	yút-dtì
regretter (vt)	เสียใจ	sǐa jai

remarquer (qn)	เหลือบมอง	lèuap morng
remercier (vt)	แสดงความขอบคุณ	sà-daeng khwaam khòrp kun
remettre en ordre	จัดเรียง	jàt riang
remplir (une bouteille)	เติมให้เต็ม	dterm hâi dtem

renforcer (vt)	เสริม	sěrm
renverser (liquide)	ทำให้...หก	tham hâi...hòk
renvoyer (colis, etc.)	ส่งคืน	sòng kheun
répandre (odeur)	ปล่อย	bplòi

réparer (vt)	ซ่อม	sôrm
repasser (vêtement)	รีด	rêet
répéter (dire encore)	พูดซ้ำ	phôot sám
répondre (vi, vt)	ตอบ	dtòrp
reprocher (qch à qn)	ตำหนิ	dtam-nì

réserver (une chambre)	จอง	jorng
résoudre (le problème)	แก้ไข	gâe khǎi
respirer (vi)	หายใจ	hǎai jai
ressembler à ...	เหมือน	měuan
retenir (empêcher)	ยับยั้ง	yáp yáng

retourner (pierre, etc.)	พลิก	phlík
réunir (regrouper)	ทำให้...รวมกัน	tham hâi...ruam gan
réveiller (vt)	ปลุกให้ตื่น	bplùk hâi dtèun
revenir (vi)	กลับ	glàp

rêver (en dormant)	ฝัน	fǎn
rêver (faut pas ~!)	ฝัน	fǎn
rire (vi)	หัวเราะ	hǔa rór
rougir (vi)	หน้าแดง	nâa daeng

256. Les verbes les plus courants (de S à V)

s'adresser (vp)	พูดกับ	phôot gàp
saluer (vt)	ทักทาย	thák thaai
s'amuser (vp)	มีความสุข	mee khwaam sùk
s'approcher (vp)	เขาใกล้	khâo glâi

s'arrêter (vp)	หยุด	yùt
s'asseoir (vp)	นั่ง	nâng
satisfaire (vt)	ทำให้...พอใจ	tham hâi...phor jai
s'attendre (vp)	คาดหวัง	khâat wǎng

sauver (la vie à qn)	ช่วยชีวิต	chûay chee-wít
savoir (qch)	รู้	róo
se baigner (vp)	ว่ายน้ำ	wâai náam
se battre (vp)	สู้	sôo
se concentrer (vp)	ตั้งสมาธิ	dtâng sà-maa-thí
se conduire (vp)	ประพฤติตัว	bprà-phréut dtua
se conserver (vp)	ได้รับการรักษา	dâai ráp gaan rák-săa
se débarrasser de …	กำจัด…	gam-jàt…
se défendre (vp)	ปกป้อง	bpòk bpôrng
se détourner (vp)	มวนหนา	múan nâa
se fâcher (contre …)	โกรธ	gròht
se fendre (mur, sol)	แตก	dtàek
se joindre (vp)	เข้าร่วมใน	khâo rûam nai
se laver (vp)	อาบน้ำ	àap náam
se lever (tôt, tard)	ลุกขึ้น	lúk khêun
se marier (prendre pour épouse)	แต่งงาน	dtàeng ngaan
se moquer (vp)	เยาะเย้ย	yór-yóie
se noyer (vp)	จมน้ำ	jom náam
se peigner (vp)	หวีผม	wěe phŏm
se plaindre (vp)	บน	bòn
se préoccuper (vp)	กังวล	gang-won
se rappeler (vp)	จำ	jam
se raser (vp)	โกน	gohn
se renseigner (sur …)	สอบถาม	sòrp thăam
se renverser (du sucre)	หก	hòk
se reposer (vp)	พัก	phák
se rétablir (vp)	ฟื้นตัว	féun dtua
se rompre (la corde)	ขาด	khàat
se salir (vp)	สกปรก	sòk-gà-bpròk
se servir de …	ใช้	chái
se souvenir (vp)	จำ	jam
se taire (vp)	หยุดพูด	yùt phôot
se tromper (vp)	ทำผิดพลาด	tham phìt phlâat
se trouver (sur …)	อยู	yǒo
se vanter (vp)	อวด	ùat
se venger (vp)	แก้แค้น	gâe kháen
s'échanger (des …)	แลกเปลี่ยน	lâek bplian
sécher (vt)	ทำให้…แห้ง	tham hâi…hâeng
secouer (vt)	เขย่า	khà-yào
sélectionner (vt)	เลือก	lêuak
semer (des graines)	หว่าน	wàan
s'ennuyer (vp)	เบื่อ	bèua
sentir (~ les fleurs)	ดมกลิ่น	dom glìn
sentir (avoir une odeur)	มีกลิ่น	mee glìn
s'entraîner (vp)	ฝึก	fèuk

| serrer dans ses bras | กอด | gòrt |
| servir (au restaurant) | เชิรฟ | sêrf |

s'étonner (vp)	ประหลาดใจ	bprà-làat jai
s'excuser (vp)	ขอโทษ	khŏr thôht
signer (vt)	ลงนาม	long naam
signifier (avoir tel sens)	บงบอก	bòng bòrk

signifier (vt)	บ่งบอก	bòng bòrk
simplifier (vt)	ทำใหงายขึ้น,	tham hâi ngâai khêun
s'indigner (vp)	ขุนเคือง	khùn kheuang
s'inquiéter (vp)	เป็นหวง	bpen hùang

s'intéresser (vp)	สนใจ	sŏn jai
s'irriter (vp)	หงุดหงิด	ngùt-ngìt
soigner (traiter)	รักษา	rák-săa
sortir (aller dehors)	ออกไป	òrk bpai

souffler (vent)	เป่า	bpào
souffrir (vi)	ทรมวน	thor-rá-maan
souligner (vt)	ขีดเสนใต้	khèet sên dtâi
soupirer (vi)	ถอนหายใจ	thŏrn hăai-jai

sourire (vi)	ยิ้ม	yím
sous-estimer (vt)	ดูถูก	doo thòok
soutenir (vt)	สนับสนุน	sà-nàp-sà-nŭn
suivre ... (suivez-moi)	ไปตาม...	bpai dtaam...
supplier (vt)	ขอรอง	khŏr rórng

supporter (la douleur)	ทน	thon
supposer (vt)	สมมุติ	sŏm mút
surestimer (vt)	ตีคาสูงเกิน	dtee khâa sŏong gern
suspecter (vt)	สงสัย	sŏng-săi

tenter (vt)	ลอง	lorng
tirer (~ un coup de feu)	ยิง	ying
tirer (corde)	ดึง	deung
tirer une conclusion	สรุป	sà-rùp

tomber amoureux	ตกหลุมรัก	dtòk lŭm rák
toucher (de la main)	สัมผัส	săm-phàt
tourner (~ à gauche)	เลี้ยว	líeow
traduire (vt)	แปล	bplae

transformer (vt)	เปลี่ยนแปลง	bplìan bplaeng
travailler (vi)	ทำงาน	tham ngaan
trembler (de froid)	หนาวสั่น	năao sàn
tressaillir (vi)	สั่น	sàn

tromper (vt)	หลอก	lòrk
trouver (vt)	คนหา	khón hăa
tuer (vt)	ฆา	khâa
vacciner (vt)	ฉีดวัคซีน	chèet wák-seen

| vendre (vt) | ขาย | khăai |
| verser (à boire) | ริน | rin |

viser ... (cible)	เล็ง	leng
vivre (vi)	มีชีวิต	mee chee-wít
voler (avion, oiseau)	บิน	bin
voler (qch à qn)	ขโมย	khà-moi
voter (vi)	ลงคะแนน	long khá-naen
vouloir (vt)	ต้องการ	dtôrng gaan